Hauswirtschafts-technischer Betriebshelfer

eine praktische Arbeitslehre

von

Susanne Faxel, Köln
Irmgard Knapp, Köln
Waltraud Lüghausen, Köln
Doris Pulm, Köln

mit zahlreichen Abbildungen,
Aufgaben, Übungen, Versuchen

4. Auflage

DR. FELIX BÜCHNER – HANDWERK UND TECHNIK

HT 4296

INHALT			**LERNZIELE**

HW Haus- und Wäschepflege

INHALT			**LERNZIELE**
NZ Nahrungszubereitung			

INHALT			LERNZIELE

TV Textilverarbeitung

HW
Hauspflege und Wäschepflege

H 1. Arbeitskleidung – Arbeitshygiene – Arbeitsplanung

Arbeitsteilung: Hauswirtschaftliche Arbeiten werden meistens mit anderen Menschen zusammen durchgeführt, und zwar in Arbeitsteilung.
Hierbei muß man sich auf die Arbeitskollegen einstellen und sich in die Gemeinschaft einfügen.
Die Arbeit muß ordentlich verrichtet werden.

Die **Sicherheitsvorschriften** muß man kennen und beachten, um sich und die Arbeitskollegen nicht in Gefahr zu bringen.

Arbeitskleidung und persönliche Hygiene

Bei der Arbeit soll man sich zweckmäßig, sauber und adrett kleiden.
Körperpflege ist eine weitere, grundsätzliche Voraussetzung, die jeder Arbeitende von seinem Arbeitskollegen erwartet.

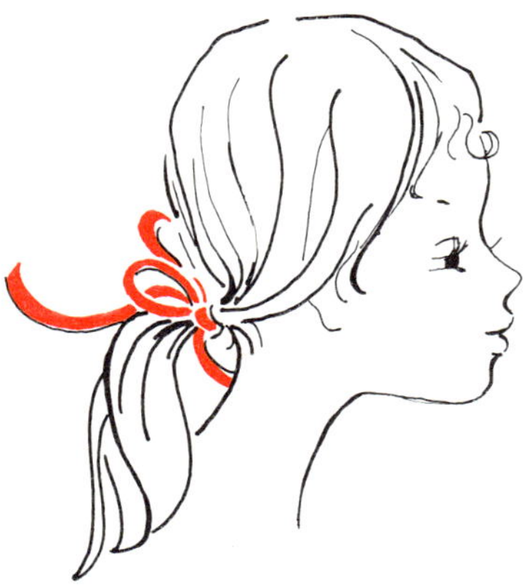

Ungepflegte Hände und lange, offene Haare sind besonders bei der Nahrungszubereitung unhygienisch.
Unsachgemäße Kleidung und unsachgemäßes Schuhwerk sind bei der Hausarbeit hinderlich.
Sie sind häufig Ursache für Unfälle.

Wir merken uns:

Hände
Auf saubere Hände achten.
Fingernägel kurz und sauber halten.
Schmuck bei der Hausarbeit ablegen.

Haare
Langes Haar zusammenbinden, besonders während der Nahrungszubereitung.

Kleidung
Die Kleidung soll bequem und leicht sein.
Die Stoffe sollen luftdurchlässig und waschbar sein.

Schuhe
Der Hausarbeit angemessene Schuhe tragen.
Sie müssen den Füßen festen Halt geben.

Arbeitsplanung

Die Arbeit im Haushalt und Betrieb muß gut geplant werden.
Durch die Arbeitsplanung spart man:

Zeit | **Kraft** | **Geld**

Zur Arbeitsplanung
gehört das Vorbereiten des Arbeitsplatzes.

Arbeitsplatzgestaltung
am Beispiel **Gemüseputzen.**

Arbeitsgeräte und Lebensmittel
griffbereit und übersichtlich zurechtstellen.
Die Arbeit wird dadurch erleichtert.

Eine weitere Arbeitserleichterung
ist das Arbeiten im Sitzen.

Bügeln

Kartoffeln schälen

Wir merken uns: Durch richtige Arbeitsplanung kann **Zeit, Kraft** und **Geld** gespart werden.

Aufgabe:

Nennen Sie weitere Möglichkeiten
der Arbeitserleichterung.

H 2. Unfallschutz im Haushalt und im Betrieb

Unfälle im Haushalt und im Betrieb werden verursacht

durch fehlerhafte und falsche Geräte,
durch falschen Umgang mit Geräten,

durch Sorglosigkeit
und durch Übermüdung.

Unfälle können vermieden werden durch richtiges Verhalten:

Sicherheitsleiter benutzen

Sturz

Abfälle aufkehren

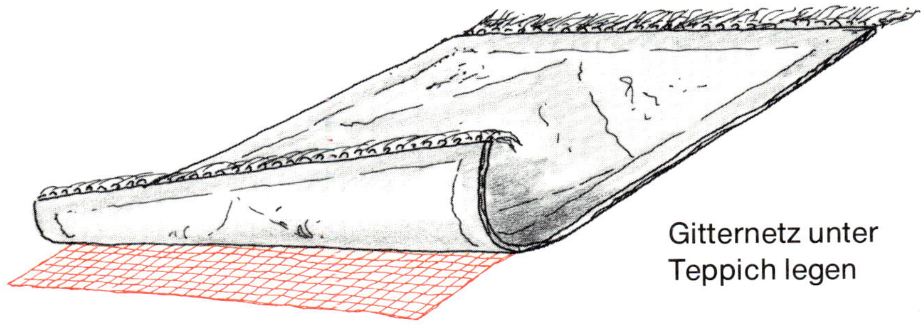

Gitternetz unter Teppich legen

Schnitt

Schneiden auf fester Unterlage

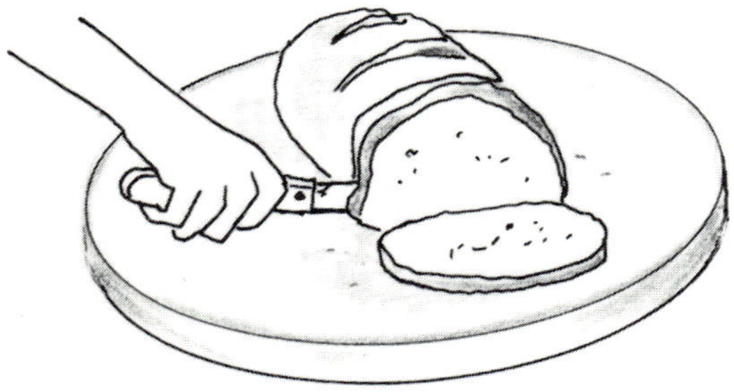

Schere richtig halten

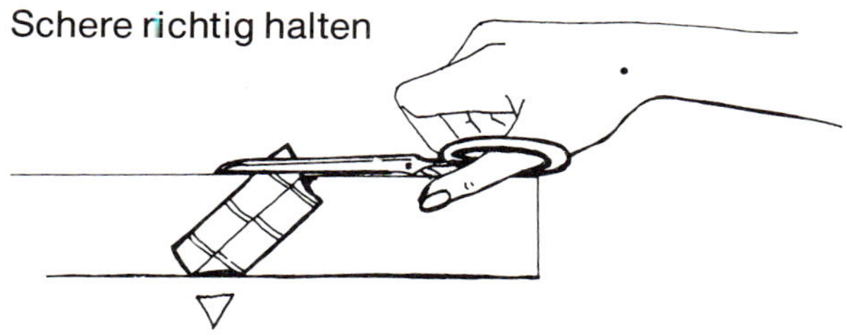

Flügeldosenöffner benutzen

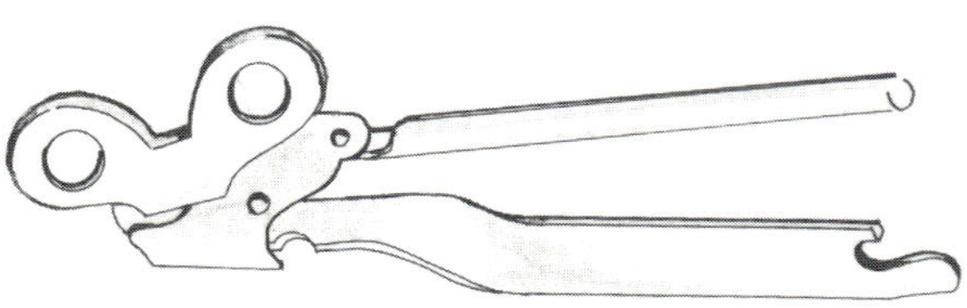

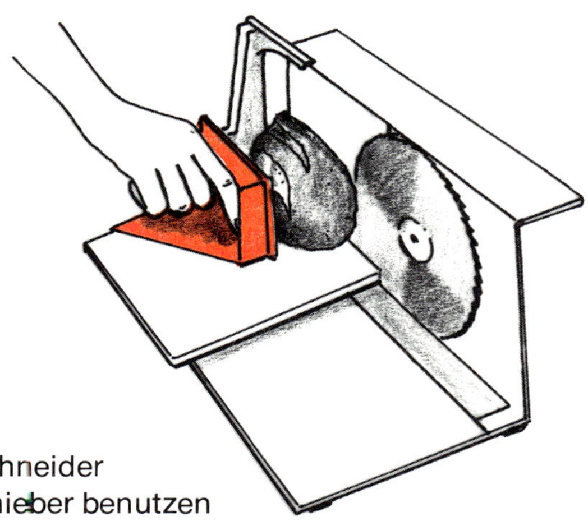

Allesschneider mit Schieber benutzen

Verbrennen

Backblech mit Topflappen anfassen

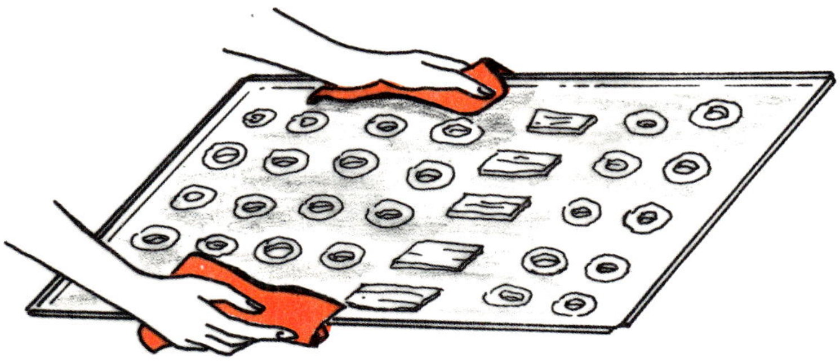

Stieltöpfe und Pfannen
unfallsicher
auf den Herd stellen

Strom

Elektrische Geräte
nur feucht
abwischen

Nur den
Stecker anfassen
beim Herausziehen
aus der Steckdose

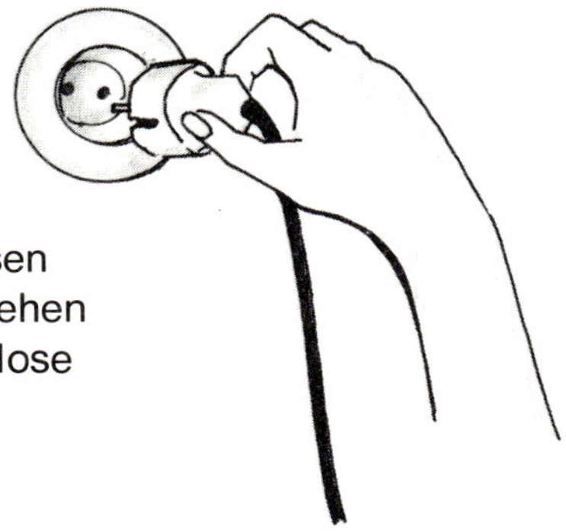

Schutz der Kinder vor:

Vergiftung

Hausapotheke
verschließen

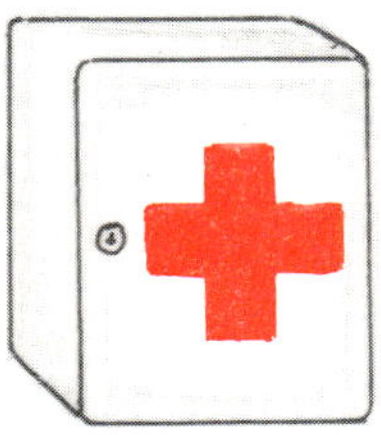

Reinigungsmittel
in den oberen Teil
des Putzschrankes
legen

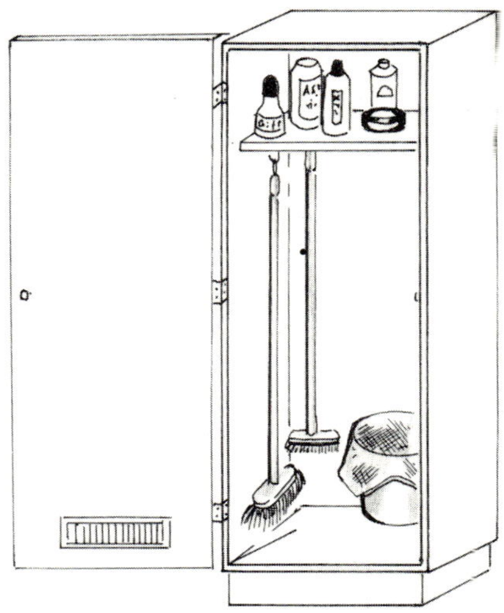

Strom

Steckdosen
mit Kinderschutz
versehen

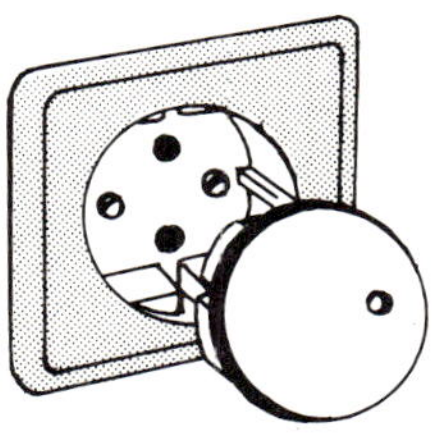

Hinweise:
Fehlerhafte Geräte nur vom Fachmann reparieren lassen.
Bei Unfällen sofort den nächsten Arzt anrufen oder das nächste Krankenhaus.
Unfallquellen sofort melden.

Aufgaben:
Kennen Sie noch andere Unfallquellen?
Wie kann man sie vermeiden?
Welche Unfallquellen melden Sie dem Hausmeister?

H 3. Fußbodenreinigung: Fegen – Wischen – Staubsaugen

Fegen

Alle Arbeitsgeräte bereitstellen. Alle Stühle, Hocker usw. hochstellen.
Erst Ränder und Ecken fegen. Danach den Raum zur Tür hin fegen.

Den Besen von sich weg führen.
Dabei auf gerade Körperhaltung achten.

Den Schmutz mit dem Handfeger
auf die Kehrschaufel fegen.

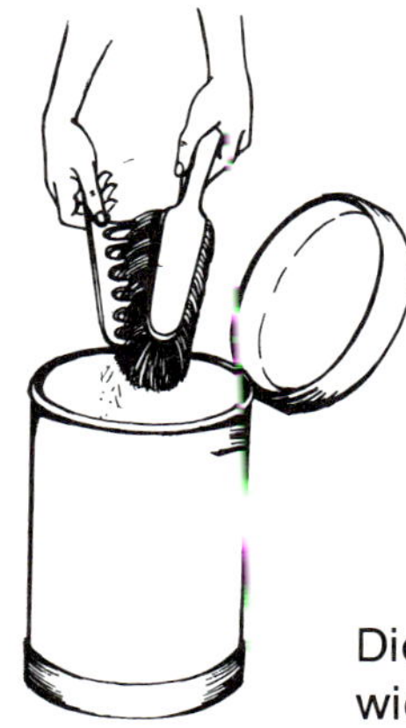

Den Schmutz in den Abfalleimer bringen
und dabei die Kehrschaufel abkehren.
Den Besen und Handfeger
mit einem Besenkamm
über dem Abfalleimer auskämmen.

Die gesäuberten Arbeitsgeräte
wieder an ihren Platz räumen.

Wir merken uns: Besen und Handfeger nur hängend aufbewahren!
Das Besteckungsmaterial wird sonst flach gedrückt!

Wischen

Reinigungsmittel nach Gebrauchsanweisung in das Wischwasser geben.
Den Aufnehmer in das Wischwasser
tauchen und leicht auswringen.

Erst Fußleisten und Ecken reinigen,
anschließend den Raum wischen.

Den Raum mit klarem Wasser nach-
wischen. Mit gut ausgewrungenem
Aufnehmer trockenwischen.

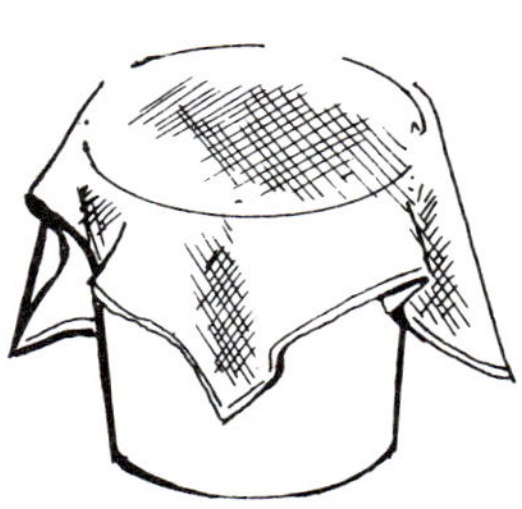

Reinigen der Arbeitsgeräte:

Aufnehmer auswaschen und gut aus-
wringen, Eimer auswaschen und aus-
trocknen.

Den Aufnehmer zum Trocknen
über einen Eimer hängen.

Alle Arbeitsgeräte forträumen.

Gerätewagen:

In Betrieben werden Gerätewagen eingesetzt.
Alle Pflege- und Reinigungsgeräte sind dann sofort einsetzbar.

Staubsaugen

Man unterscheidet:

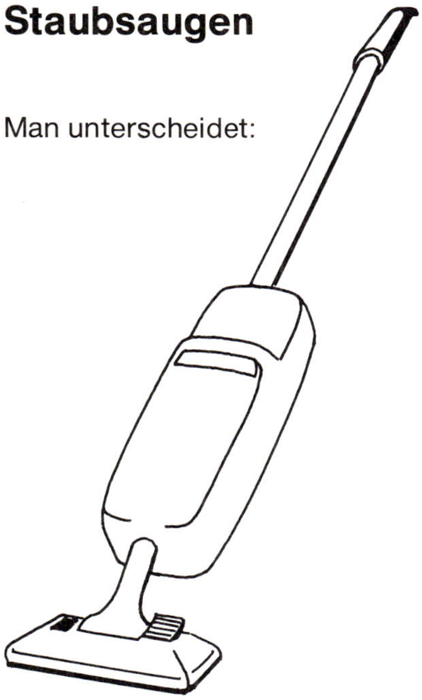

Handstaubsauger

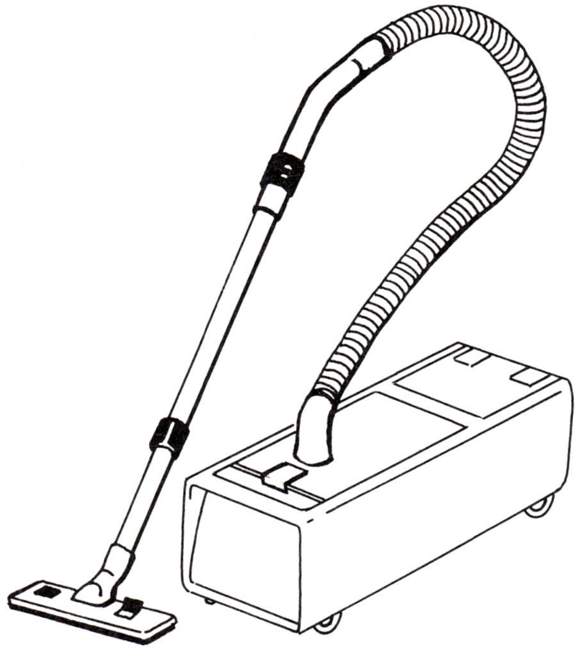

Bodenstaubsauger

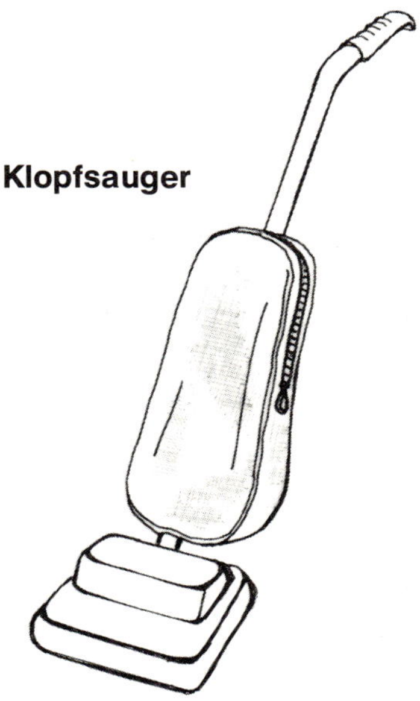

Klopfsauger

Staubsauger werden zum Reinigen
von Teppichen bzw. Teppichböden, Möbeln,
Matratzen oder Gardinen eingesetzt.

Bau der Geräte:

Ein Staubsauger besteht aus:

einem Kunststoffgehäuse
mit dem Motor und Gebläse,
einem innen- oder außenliegenden Staubfilter,
einem Saugrohr mit auswechselbaren Düsen,
Anschlußkabel und Schalter.

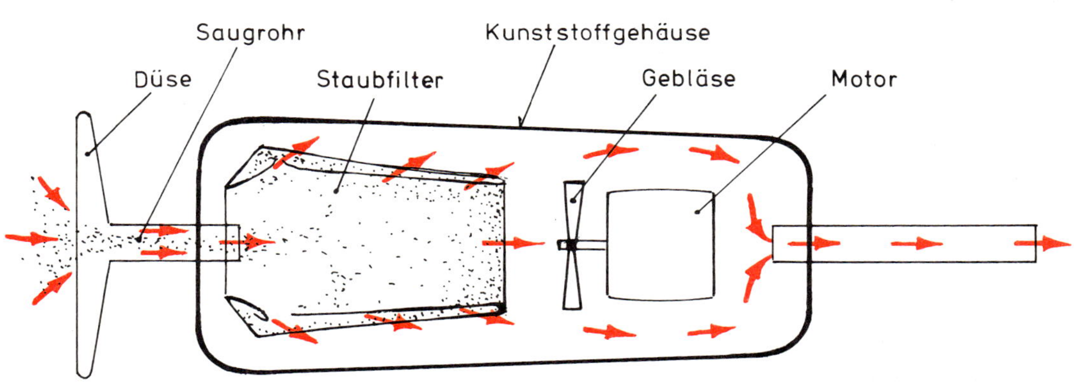

Einsatz der Staubsauger am Beispiel: Bodenstaubsauger

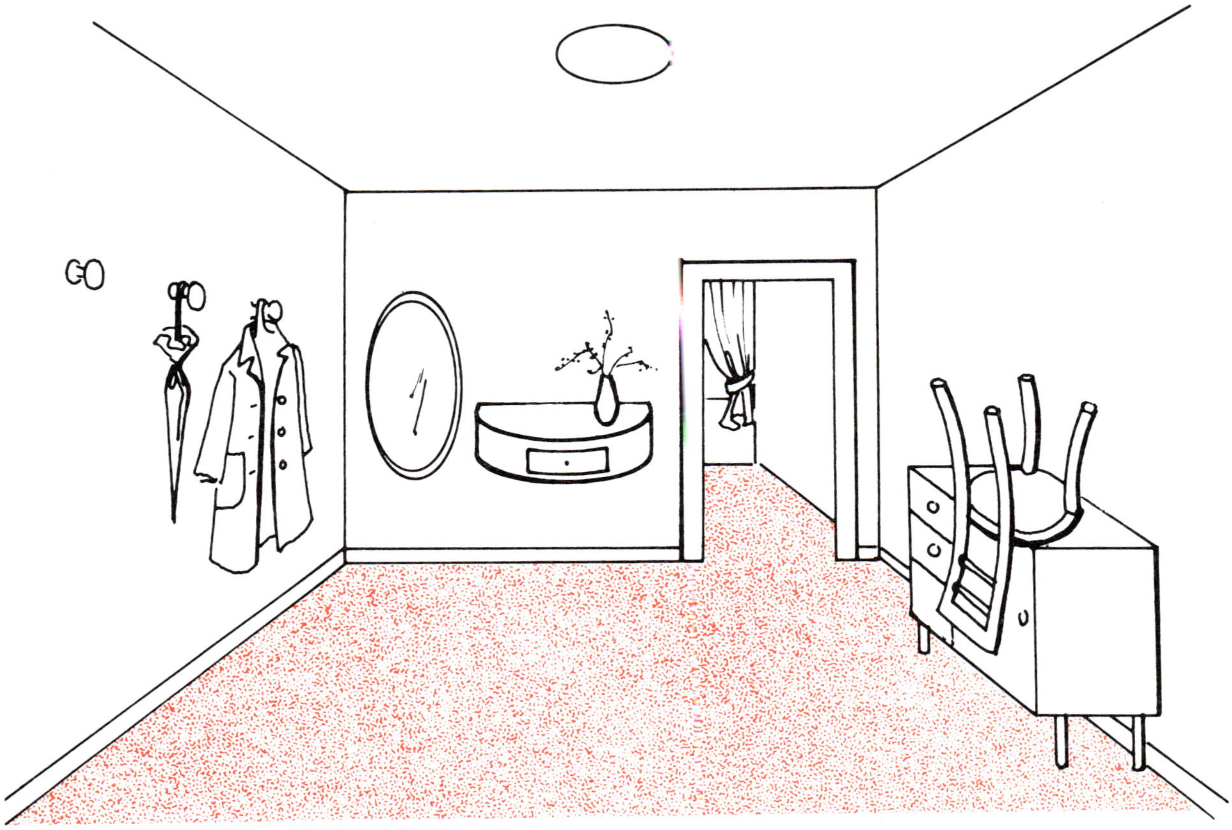

Staubsauger bereitstellen.
Kleinmöbel, z. B. Stühle, Sessel, Hocker, Tische zur Seite schieben.
Sauger bzw. Düse langsam und gleichmäßig über den Boden führen, damit auch Flusen aufgesaugt werden.
Nach dem Staubsaugen alle Möbelteile wieder an ihren Platz stellen.
Staubsauger forträumen.

Sonderzubehörteile

Als Sonderzubehör für die Staubsauger gibt es:

Fugendüse

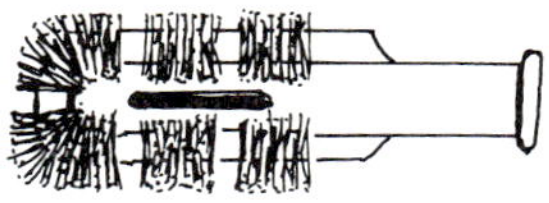

Heizkörperbürste

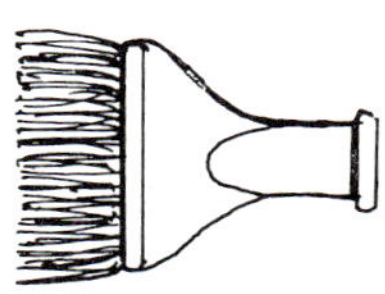

Saugpinsel

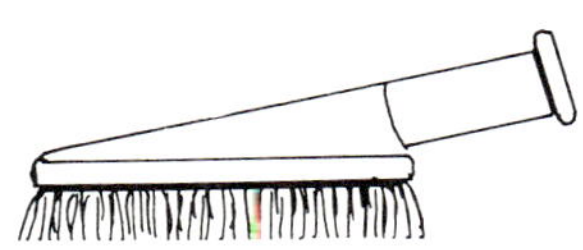

Polsterbürste

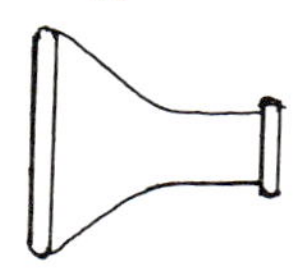

Polsterdüse

Hinweise: Staubfilter öfter auswechseln.
Von Zeit zu Zeit Düsen von Fäden und Flusen reinigen,
Kunststoffgehäuse feucht abwischen.

H 4. Glas und Keramik

Glas

Glas ist ein lichtdurchlässiges Material.

Grundstoffe für die Glasherstellung sind:

Quarzsand | **Kalk** | **Natron** oder **Pottasche**

Diese Grundstoffe werden zu feinem Pulver zermahlen und vermischt.

Das Gemisch wird bei 1400 °C geschmolzen.
Es entsteht eine zähflüssige Glasmasse.

Die Glasmasse wird geformt zu:

Flachglas
(Fensterscheiben, Spiegel)

Hohlglas
(Gläser, Vasen)

Infolge besonderer Zusammensetzung der Rohstoffe entsteht **feuerfestes Glas.**

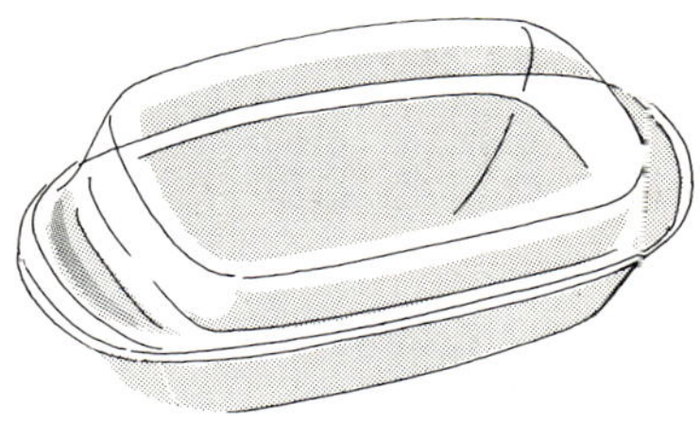

Eigenschaften:

Glas ist lichtdurchlässig.
Es läßt sich leicht reinigen.
Glas ist unempfindlich gegen Säuren, die im Haushalt vorkommen.
Glas ist empfindlich gegen Stoß und Fall.
Glas ist empfindlich gegen Kratzer.
Glas ist empfindlich gegen raschen Temperaturwechsel.

Pflege der Glaswaren

Alle Arbeitsgeräte und Reinigungsmittel bereitstellen:
Spültuch oder -bürste,
Gläsertuch aus Leinen
oder Halbleinen,
Spülmittel.

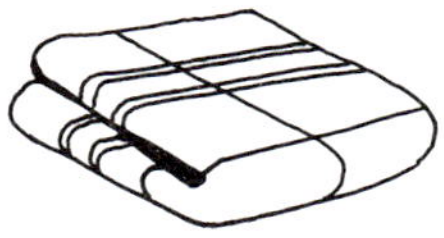

In das rechte und linke Spülbecken heißes Wasser einfüllen.
In das rechte Spülbecken Spülmittel zugeben.

Glaswaren einzeln spülen, sofort nachspülen
und zum Abtropfen auf das Ablaufbrett stellen.

Glaswaren immer mit einem **sauberen** Gläsertuch abtrocknen,
sonst wird Glas schmierig.
Stielgläser zum Abtrocknen immer am Kelch anfassen.

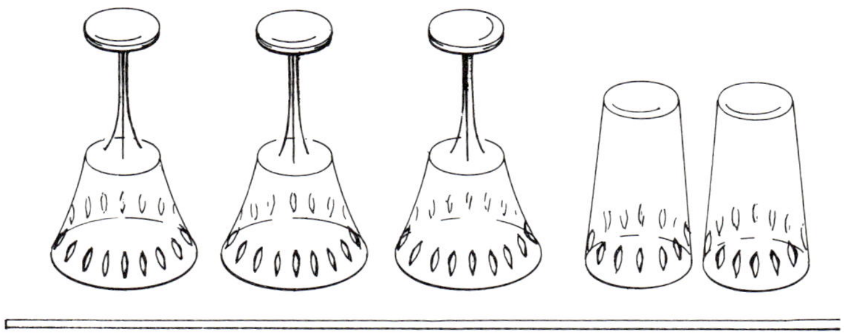

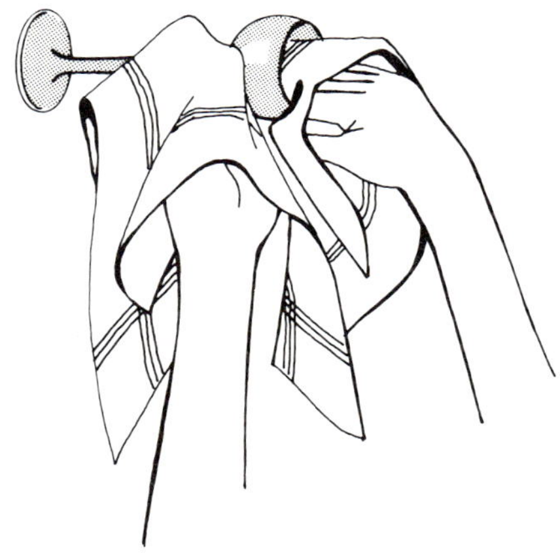

Gläser in den Schrank einordnen.
Mit der Öffnung nach unten stellen,
damit sie innen nicht verstauben.

Besondere Pflege:

Kalkansätze in Blumenvasen mit warmem Essigwasser und Salz entfernen.
Trüb gewordenes Glas mit Essig abreiben.
Verkrustungen an feuerfesten Glasformen einweichen.
Fest anhaftende Verkrustungen
mit verseifter Stahlwolle entfernen.

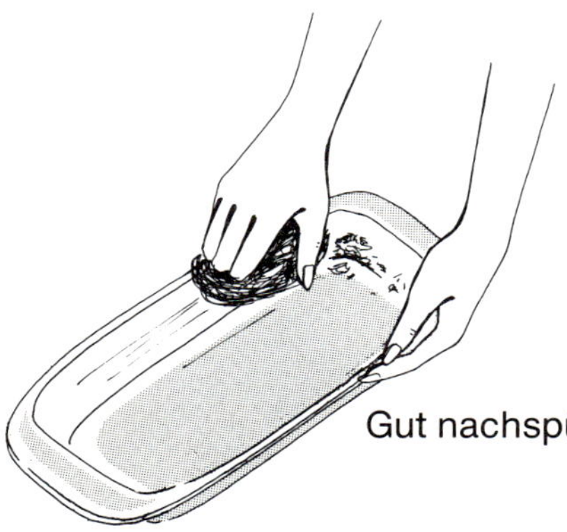

Gut nachspülen.

Enghalsige Vasen
mit einer
Flaschenbürste
reinigen.

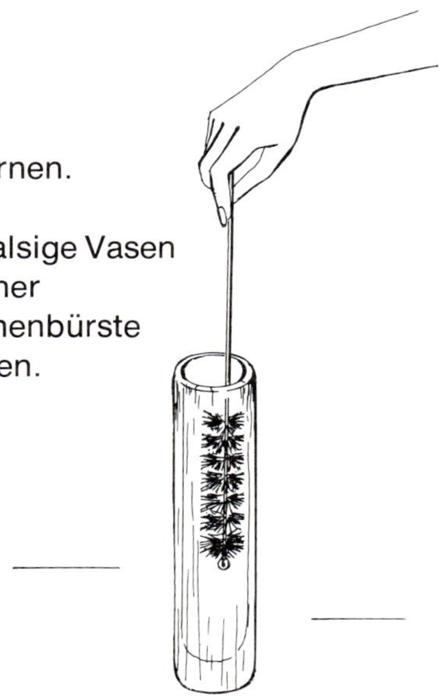

Wir merken uns: Glaswaren **einzeln** spülen.
Glaswaren mit einem sauberen Gläsertuch abtrocknen.
Glaswaren vor raschem Temperaturwechsel schützen.

Keramik

Keramische Erzeugnisse werden aus **Ton** hergestellt.
Der Ton wird geformt, getrocknet,
dann gebrannt und meistens glasiert.

Man unterscheidet:

Porzellan **Steinzeug** **Steingut** **Töpferware**

Porzellan und Steinzeug sind nach dem Brennen wasserundurchlässig (dicht).

Steingut und Töpferware sind wasserdurchlässig (porös).

Durch Glasieren werden Steingut und Töpferware wasserundurchlässig.

Eigenschaften:

Keramische Erzeugnisse sind:
empfindlich gegen Stoß und Fall,
empfindlich gegen raschen Temperaturwechsel.
Die Glasuren sind empfindlich
gegen grobe Scheuermittel.

Verwendungszweck

Küchengeschirr, Service, Krüge, Schalen,
Vasen, Ziergegenstände,
aber auch Wandkacheln, Fliesen,
Badewannen, Waschbecken, WC.

Reinigung

Keramische Erzeugnisse in einer Spülmittellösung spülen,
heiß nachspülen und anschließend abtrocknen.

Wandfliesen mit einer milden Reinigungslösung abwaschen,
anschließend mit einem Tuch oder Fensterleder trocken reiben.

Badewannen, Handwaschbecken und WC bei stärkeren Verschmutzungen
mit Spezial-Reiniger behandeln.

Wir merken uns: Keramische Erzeugnisse
nie mit Scheuermittel reinigen.
Keramische Erzeugnisse nie auf heiße Kochplatten
oder aufs offene Feuer stellen.

H 5. Tägliches Spülen

Zum Spülen benötigt man:

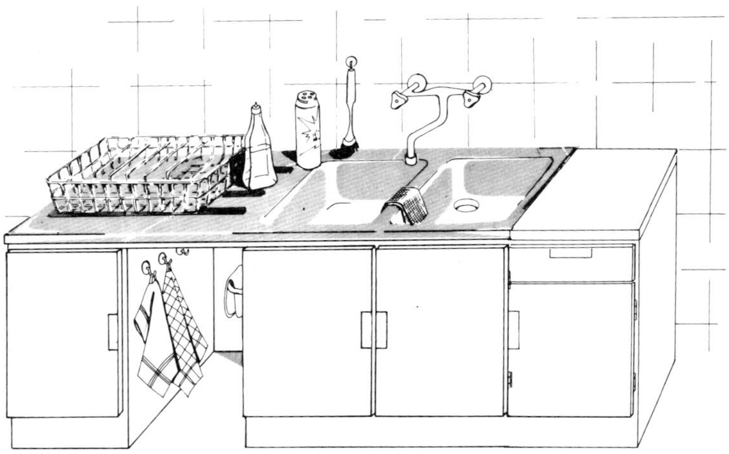

Arbeiten vor dem Spülen

Speisereste von Tellern, Platten,
aus Schüsseln, Töpfen und Pfannen **entfernen.**
Töpfe und Pfannen unter fließendem Wasser vorspülen.

Rechts neben der Spüle
das **Geschirr** der Reihe nach ordnen:
zuerst Glas, dann Porzellan, Bestecke,
Arbeitsgeräte, Töpfe, Pfannen.

In die rechte Spüle heißes Wasser einlaufen lassen
und Spülmittel zugeben.
In die linke Spüle heißes Wasser einlaufen lassen.

Spülen

Geschirr in der **rechten** Spüle **spülen,**
in der **linken** Spüle klar **nachspülen.**
Geschirr zum Abtropfen in den Geschirrkorb stellen,
anschließend abtrocknen.

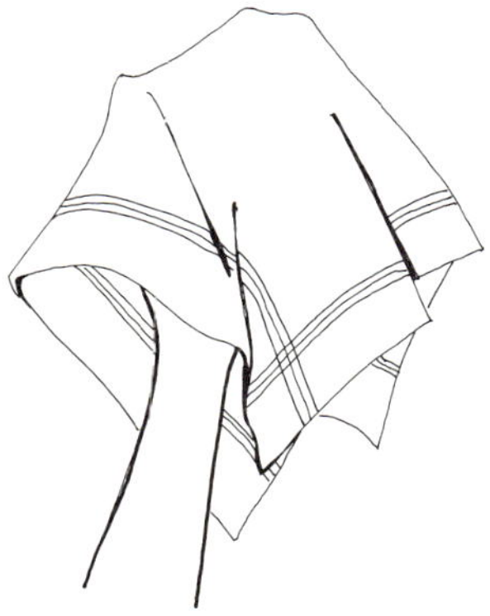

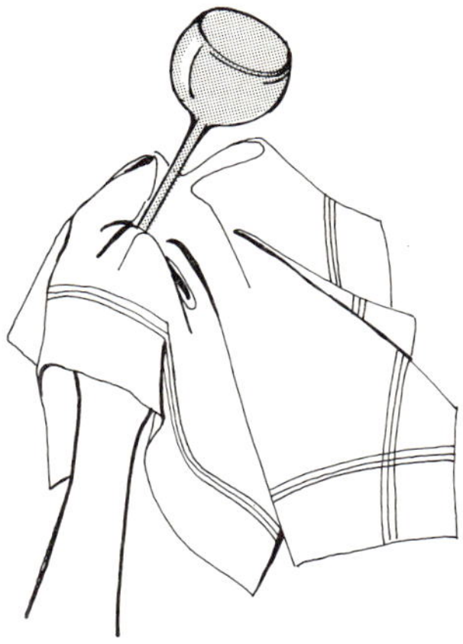

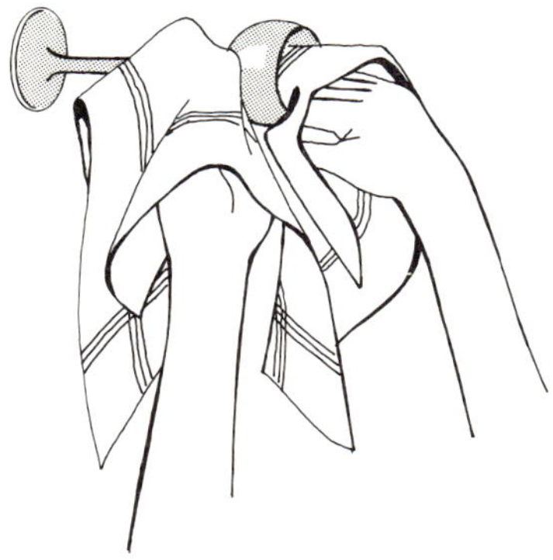

Hinweise:

Gläser einzeln spülen,
da sie leicht zerbrechlich sind.
Mit einem flusenfreien Leinentuch abtrocknen.
Stielgläser beim Abtrocknen immer am Kelch anfassen.

Porzellan: Zuerst Untertassen, dann Tassen, Teller und zum Schluß Schüsseln und Platten spülen.

Messer nie ins Wasser legen,
sondern in der Hand halten.
Mit einer Spülbürste spülen. **Verletzungsgefahr!**

Töpfe und **Pfannen** mit einem Topfschwamm reinigen.
Topf- und Pfannenböden von außen ab und zu mit einem Scheuermittel kreisförmig reiben.
Gut nachspülen.
Fest anhaftende Verkrustungen mit verseifter Stahlwolle entfernen.
Töpfe mit angebrannten Stellen mit Sodalösung auskochen.

Aufräumarbeiten

Nach dem Spülen die Spülgeräte säubern und zum Trocknen aufhängen.
Die Spüle mit Edelstahlreiniger säubern, nachwischen und gut trocken reiben.

Alle Arbeitsgeräte und Reinigungsmittel forträumen.

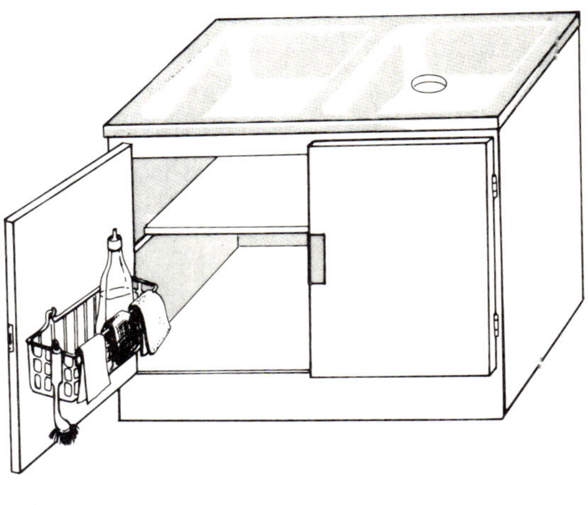

H 6. Metalle im Haushalt: Eisen – Aluminium

Haushaltsgeräte aus Eisen oder Aluminium

Man gewinnt Roheisen aus Eisenerz.
Durch weitere Behandlung erhält man **Gußeisen** oder **Stahl.**
Wird Stahl mit anderen Metallen, z. B. Chrom oder Nickel, vermischt (legiert), so entsteht **Edelstahl.**

Eigenschaften:

Hohe bis höchste **Festigkeit,** sehr gute Wärmeleitung, gute elektrische Stromleitung.

Gußeisen
gut gießbar, spröde, zerbrechlich

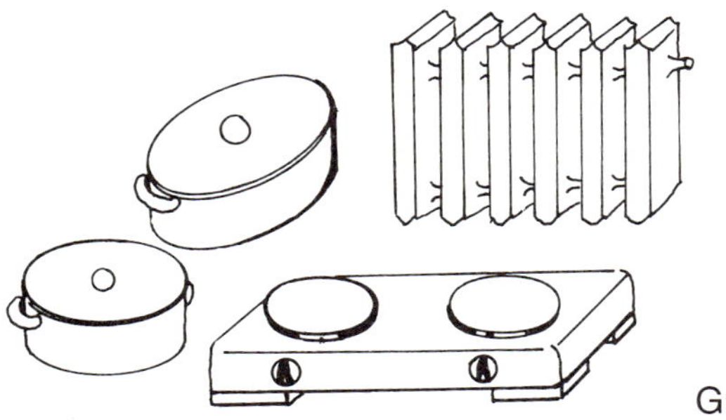

Stahl
ist elastisch, federnd, hart

Gußeisen und Stahl **rosten.**

Geräte aus Gußeisen und Stahl müssen mit einem **Überzug** vor Rost geschützt werden.

Überzüge: Farbe, z. B. Schwarzblech
Emaille
Metall, z. B. Zinn (Weißblech)
Kunststoff

Alle Überzüge haben eine glatte Oberfläche.

Sie sind empfindlich gegen Kratzer.

Edelstahl
ist elastisch, unempfindlich gegen Speisesäuren

Edelstahl
rostet nicht.

Pflege der Eisen- und Stahlgeräte mit Überzügen

Geräte spülen oder mit einer Spülmittellösung abwaschen, anschließend gut trocken reiben.

Nie grobe Reinigungsmittel und -geräte verwenden, sie rauhen die Oberfläche auf.

Tip: Zum Backen Backbleche mit Backtrennpapier auslegen.
Die Bleche werden geschont und die Reinigungsarbeiten erleichtert.

Pflege der Edelstahlgeräte

Geräte spülen und gut trocken reiben, sonst wird der Edelstahl fleckig.
Spülen mit Edelstahlreiniger leicht einreiben,
mit klarem Wasser abspülen und mit einem trockenen Tuch blank reiben.

Nie grobe Reinigungsmittel und -geräte verwenden, sonst können Kratzer entstehen.

Aluminium

Aluminium ist ein Leichtmetall.

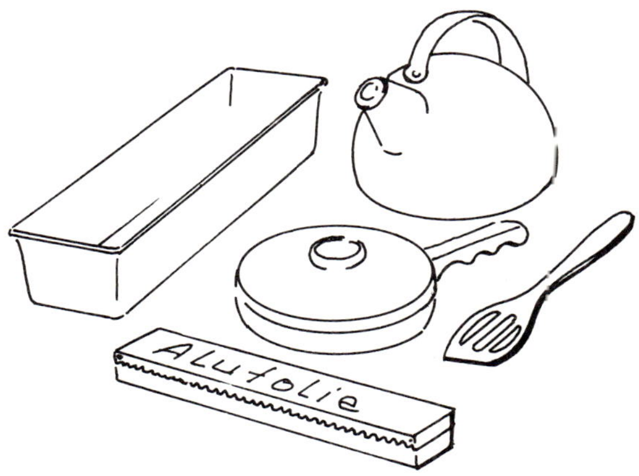

Eigenschaften:

Aluminium ist ein sehr guter Wärmeleiter.
Es läßt sich leicht formen.

Verwendungszwecke:

Kochtöpfe und Pfannen, Backformen,
Aluminiumfolie zum Verpacken von Nahrungsmitteln,
z. B. Butter, Käse, Brot, Schokolade.

Haushaltsgeräte werden häufig mit einer Schutzschicht (Eloxal) überzogen.

Wir merken uns: Eloxiertes Aluminium
nie mit groben Reinigungsmitteln oder -geräten reinigen.
Sie beschädigen die Schutzschicht.

H 7. Elektroherd

H 7.1. Kochteil

Größe der Kochplatten

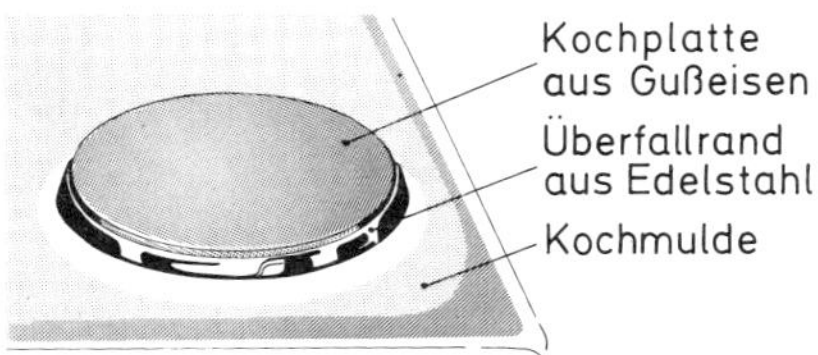

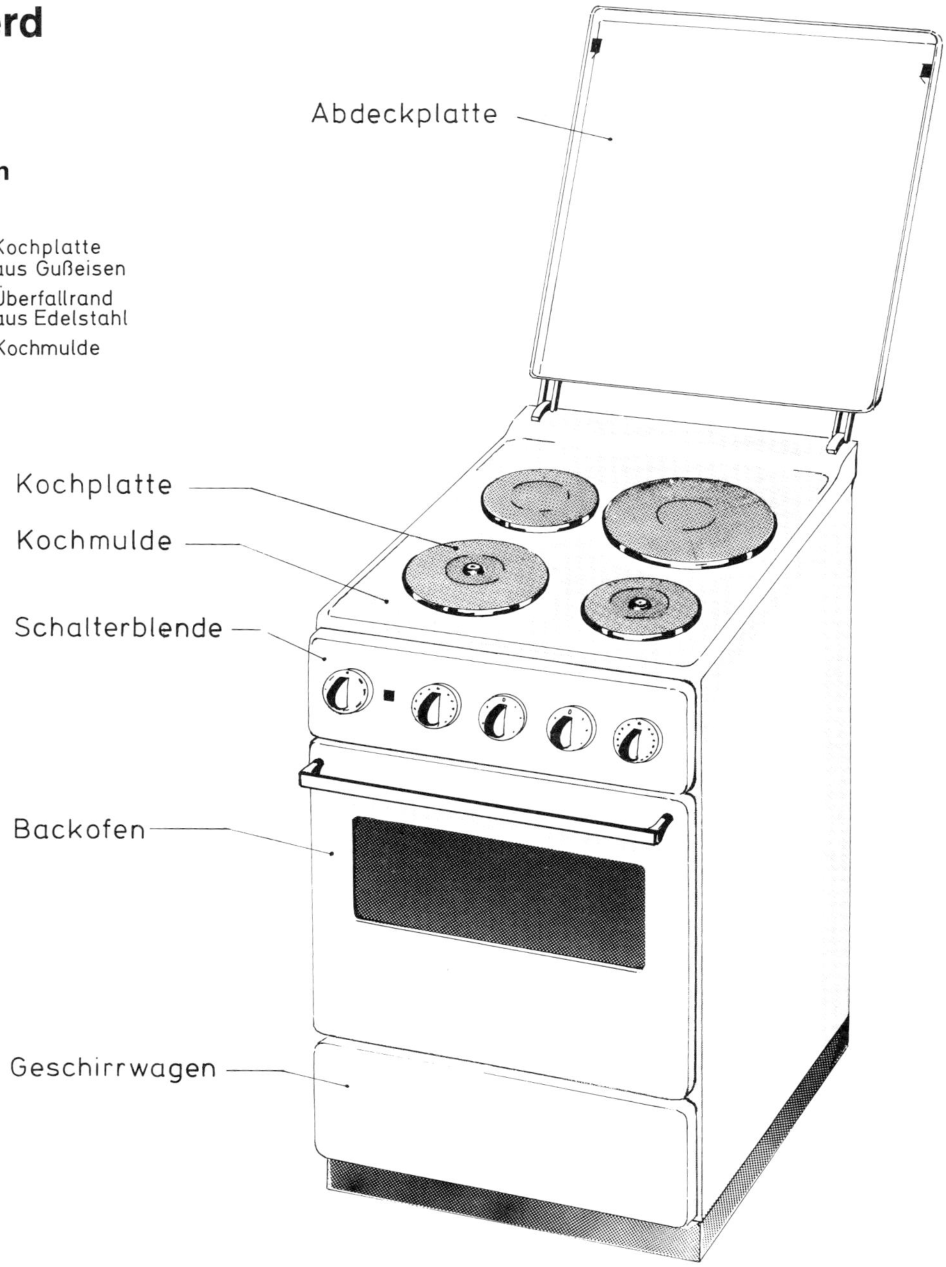

Kochplatten gibt es in drei Größen:

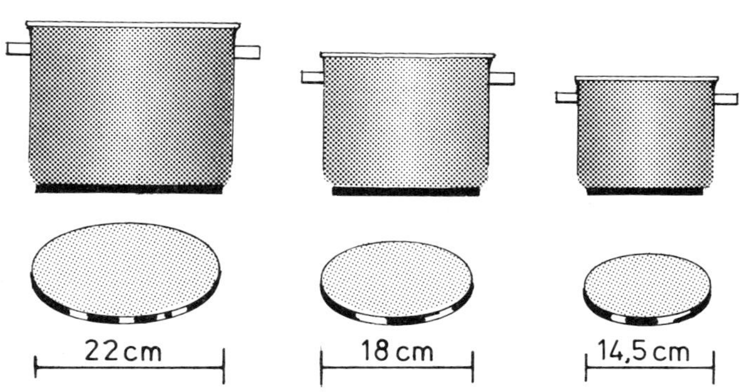

Kochtöpfe und Pfannen sollen so groß oder etwas größer als die Platten sein.
Dadurch wird die Wärme gut ausgenutzt und die Kochplatte vor Überhitzung geschützt.

Arten der Kochplatten:

Stufengeregelte Kochplatten
7-Takt-Schaltung

Temperaturgeregelte Kochplatten
Automatik-Platte

Stufengeregelte Kochplatte mit 7-Takt-Schaltung

Die Wärme wird bei dieser Kochplatte durch Umschalten des Knebels reguliert.
Der Knebel rastet beim Drehen nach jeder Stufe ein.

Versuch:
Für die folgenden Versuche benötigen Sie:
2 Kochplatten mit 7-Takt-Schaltung ∅ 18 cm
2 Kochtöpfe gleichen Materials ∅ 18 cm
2 Litermaße
2× 1 l kaltes Wasser
2 Thermometer (Skala über 100° C)

Versuchsdurchführung:
Stellen Sie die beiden Kochtöpfe mit kaltem Wasser auf die Kochplatten.
Legen Sie die Topfdeckel auf.
Schalten Sie die beiden Platten zur gleichen Zeit auf Stufe 3 ein.
Erhitzen Sie das Wasser bis zum Sieden.
Messen Sie die Wassertemperatur.

Versuchsergebnisse:
Wasser siedet bei 100° C.

Versuchsdurchführung:
Schalten Sie:
a) eine Kochplatte auf Stufe 1 zurück,
b) lassen Sie die andere Platte ca. 10 Min. auf Stufe 3 eingeschaltet
Beobachten Sie das siedende Wasser.

Messen Sie nach 10 Min. die Wassertemperaturen.

Messen Sie die Wassermenge der beiden Töpfe.

Bei a) siedet das Wasser **leicht,**
bei b) siedet das Wasser **stark.**
Die Wassertemperatur beträgt
a) 100° C,
b) 100° C.
Der Wasserverlust ist bei:
a) gering,
b) groß.

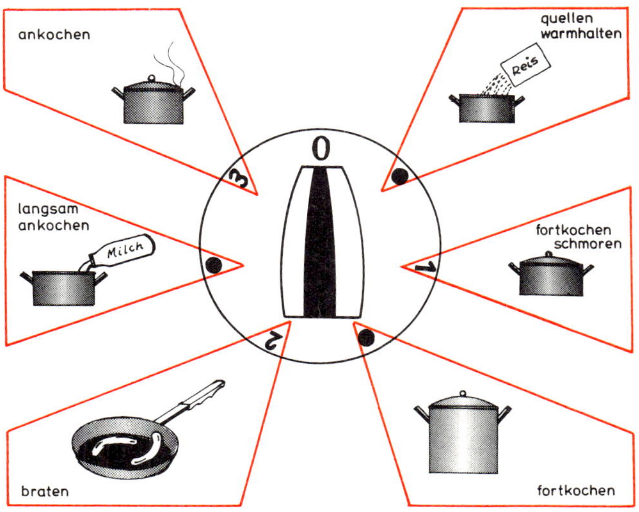

Erkenntnis:
Zum **Ankochen** der Speisen wird der Schalter auf **Stufe 3** eingestellt.
Zum **Fortkochen** wird auf **Stufe 1** zurückgeschaltet, zum **Braten** auf **Stufe 2.**

Temperaturgeregelte Kochplatten – Automatik-Platte

Bei der Automatik-Platte regelt sich die Temperatur selbsttätig.
In der Platte sind Regelorgane eingebaut,
die die Heizspiralen ein- und wieder ausschalten.
So wird eine gleichmäßige Wärme gewährleistet.

Der Schalter hat 12 Einstellungsbereiche.
Sie lassen sich stufenlos einstellen.

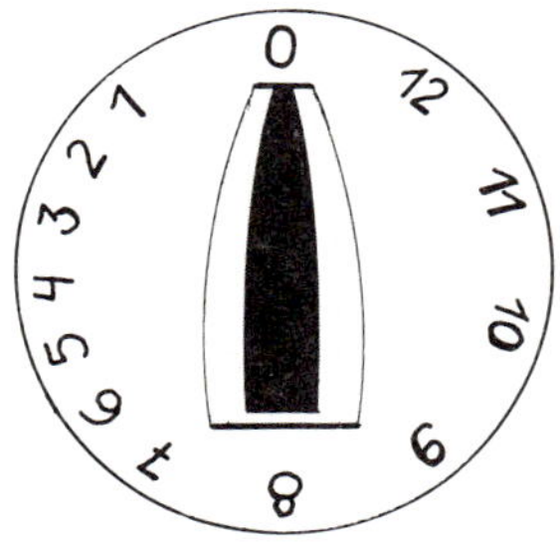

Versuch:

Für den folgenden Versuch benötigen Sie:

1 Automatik-Platte ∅ 18 cm
1 Kochtopf ∅ 18 cm
1 Litermaß
1 l kaltes Wasser
1 Thermometer (Skala über 100 °C)

Versuchsdurchführung:

Stellen Sie den Topf mit dem kalten Wasser
auf die Automatik-Platte.
Legen Sie den Topfdeckel auf.
Stellen Sie den Schalter
auf die **Einstellung 5** ein.

Beobachten Sie den Topf.

Messen Sie die Zeit vom Einschalten der Platte
bis zum Sieden des Wassers.
Lassen Sie die Platte 10 Min.
auf Einstellung 5 eingeschaltet.
Messen Sie nach 10 Min. die Wassertemperatur.

Messen Sie die Wassermenge.

Versuchsergebnis:

Das Wasser siedet nach ca. 5 Min.

Die Wassertemperatur beträgt
100 °C.
Der Wasserverlust ist
sehr gering.

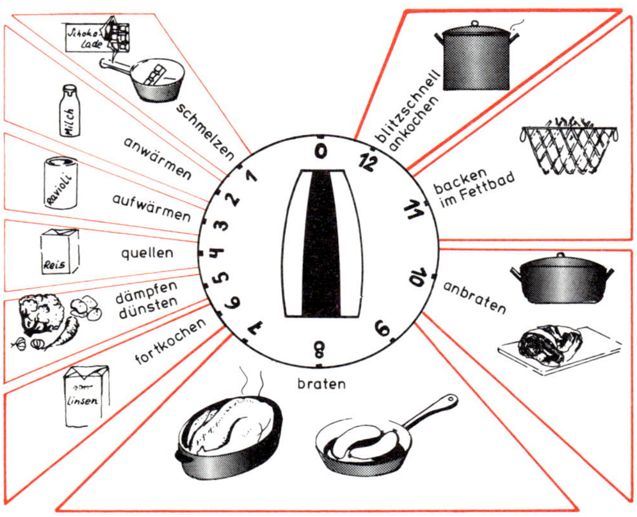

Erkenntnis:
Zum Garen einer Speise
wird der Schalter der Automatik-Platte
nur **einmal** eingeschaltet.
Es wird sofort die Einstellung gewählt,
die zum Garen einer Speise
notwendig ist.

Reinigung des Kochteils:

Alle Arbeitsgeräte und Reinigungsmittel bereitstellen:
1 kleiner Eimer mit heißem Wasser,
Abwaschtuch, Poliertuch,
Spülmittel, verseifte Stahlwolle,
feines Scheuermittel,
Vaseline, Haushaltspapier.

Alle Schalter auf „0" schalten.
Platten abkühlen lassen.

Die emaillierte Abdeckplatte
mit einer Spülmittellösung abwaschen
und anschließend trocken reiben.
Die Kochplatten feucht abwischen
und sofort trocken reiben,
damit sie nicht rosten.

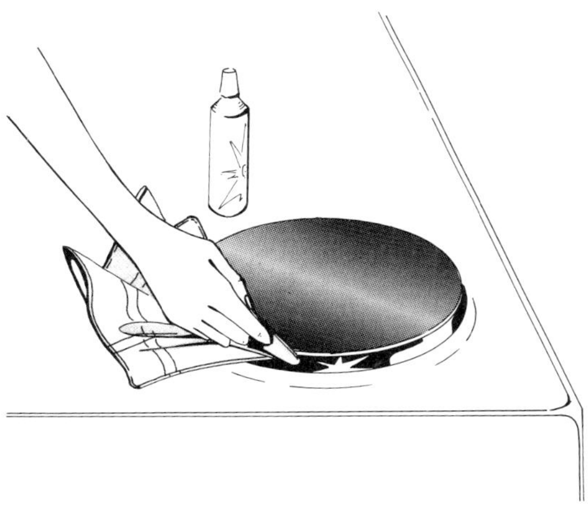

Stark verschmutzte Platten
mit verseifter Stahlwolle
oder Spezial-Herdputzmittel kreisförmig abreiben.
Gründlich nachwischen,
damit keine Reinigungsmittel
in den Plattenrillen zurückbleiben,
trocken reiben.

Den Überfallrand mit Metallpflegemittel
oder verseifter Stahlwolle reinigen.

Die Kochmulde und die übrigen emaillierten Herdteile
wie die Abdeckplatte reinigen.

Die Kochplatten zum Schluß mit Vaseline dünn einreiben.

Auf einer angewärmten Platte
läßt sich die Vaseline leicht und dünn auftragen.

H 7.2. Back- und Bratteil

Bedienung des Backteils

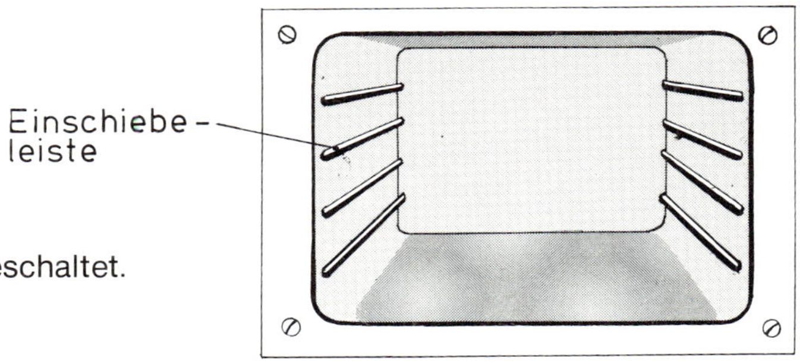

Die Ober- und Unterhitze
werden durch einen Temperaturwähler eingeschaltet.

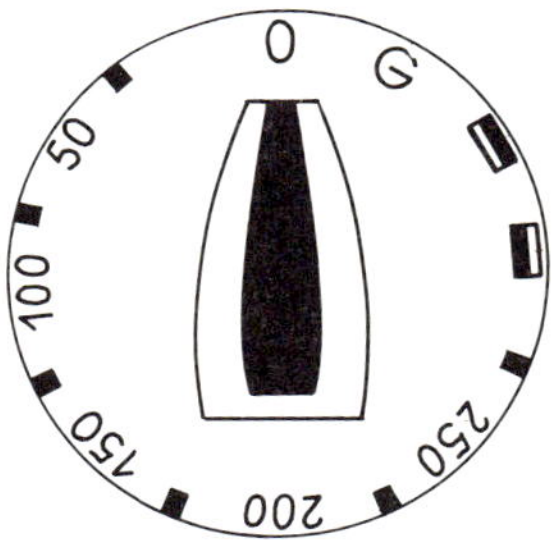

Der Backofen kann von 50 °C bis 275 °C aufgeheizt werden.
Die Temperatur wird durch einen Thermostaten geregelt.

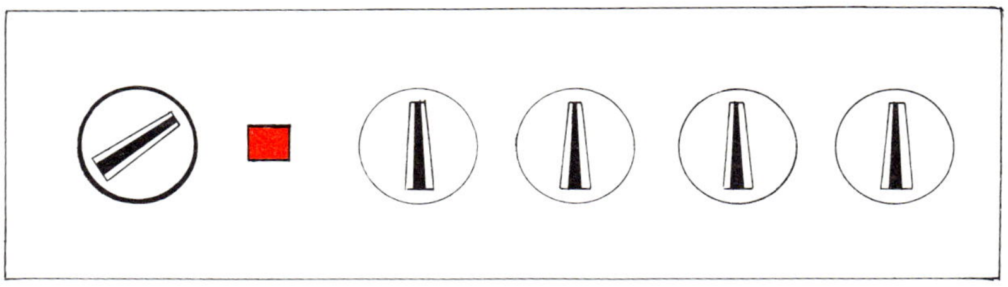

Beim Einschalten des Backofens
leuchtet an der Schalterblende
eine rote Kontrollampe auf.
Sie erlischt, wenn die eingestellte Temperatur erreicht ist.
Sinkt die Temperatur im Backofen,
werden Ober- und Unterhitze wieder eingeschaltet,
die Kontrollampe leuchtet wieder auf.

Zum Aufheizen benötigt der Backofen ca. 10 bis 20 Minuten.
Je höher die eingeschaltete Temperatur,
um so länger ist die Aufheizzeit.

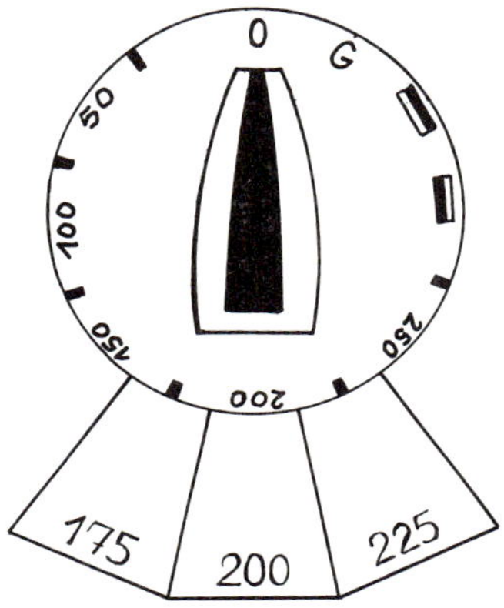

Backen im Backofen

Die wichtigsten Backtemperaturen liegen zwischen 175 °C und 225 °C.
Welche Temperatur zum Backen eingeschaltet werden muß,
hängt von der Höhe des Kuchens ab.

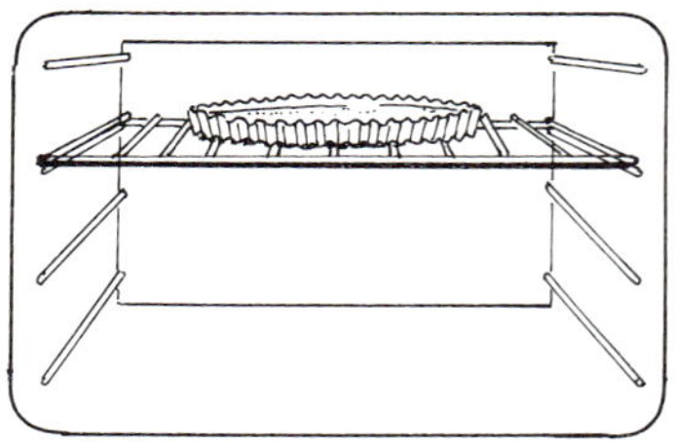

Die Höhe des Kuchens bestimmt die **Einschubhöhe.**

Regel:
Je höher der Kuchen,
um so **niedriger** die Backtemperatur.

Regel:
Je höher der Kuchen,
um so **niedriger** die Einschubhöhe.

Reinigung des Backofens

Den Backofen nach Gebrauch mit einer Spülmittellösung auswaschen.
Er läßt sich leichter reinigen, wenn er noch warm ist.
Verkrustungen mit verseifter Stahlwolle entfernen.
Für stark verschmutzte Backöfen gibt es Backofen-Spezial-Reiniger.
Vorsicht!

Beachten Sie:
Diese Reinigungsmittel nur nach Gebrauchsanweisung anwenden.
Sie sind stark ätzend.
Sie dürfen nicht auf die Haut gesprüht oder eingeatmet werden.

Beispiel für die Anwendung eines Backofen-Sprays:
Den ausgeräumten Backofen auf ca. 90 °C erwärmen.
Die Spraydose mit dem Reinigungsmittel gut schütteln.
Den Backofen-Reiniger mit ausgestrecktem Arm gleichmäßig auf die Backofenwände und den Boden sprühen.
Das Reinigungsmittel längere Zeit (ca. 1–2 Std.) einwirken lassen.
Den Backofen gründlich mit heißem Wasser auswaschen, anschließend trocken reiben.
Zum Schluß die Backofentür und die Rahmen abwischen, trocken reiben.

Reinigung der Backofen-Zubehörteile

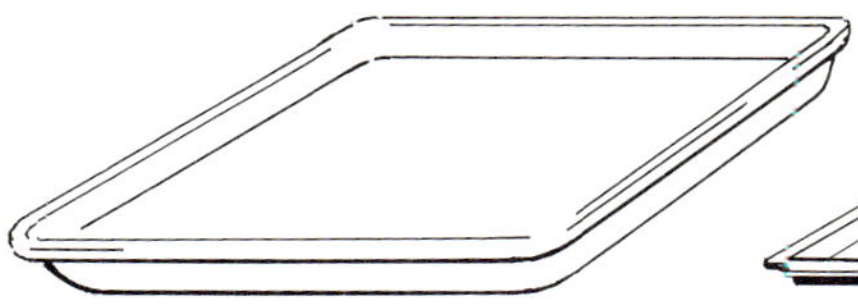

Emaille-Fettpfanne

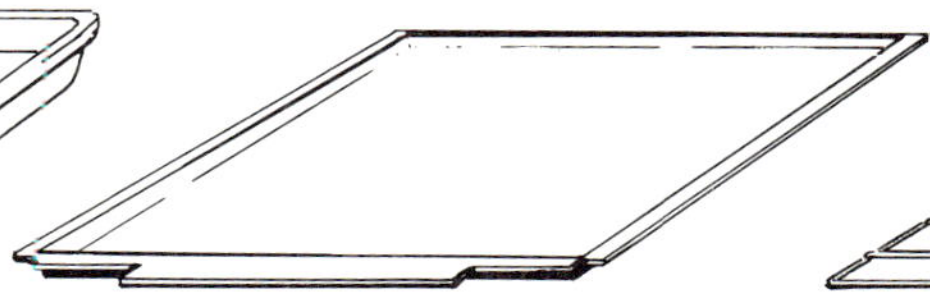

Backblech

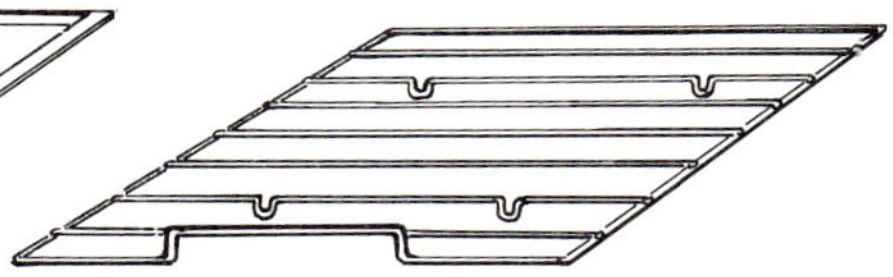

Auflagerost

Die Backofen-Zubehörteile sofort nach Gebrauch spülen und gut abtrocknen.
Verkrustungen mit verseifter Stahlwolle entfernen, dann spülen.

Ecken und Ränder mit einer Spülbürste gründlich reinigen.

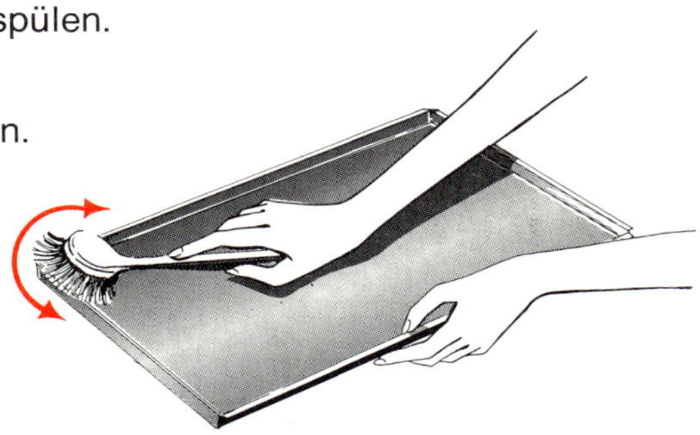

Verkrustete Auflageroste mit verseifter Stahlwolle reinigen.
Anschließend gut spülen und abtrocknen.

H 8. Sparsames Kochen mit richtigen Töpfen

Wichtig für das sparsame Kochen sind die richtige **Größe** und das geeignete **Material** der Töpfe und Pfannen.

richtig

Töpfe für den Elektroherd

Zum Garen auf der Kochplatte eignen sich am besten Töpfe und Pfannen mit verstärktem Boden. Der geschliffene Topfboden muß eben sein, damit die Wärme der Kochplatte schnell aufgenommen wird.

Der Topfboden soll so groß wie die Platte sein. Ist der Boden des Topfes kleiner als die Platte oder stark gewölbt, so entsteht ein hoher Wärmeverlust. – Die Kochplatte wird überhitzt.

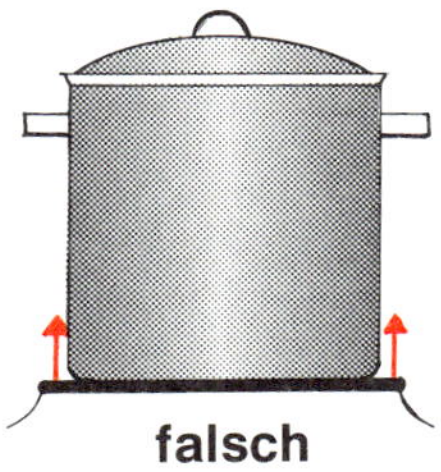

falsch

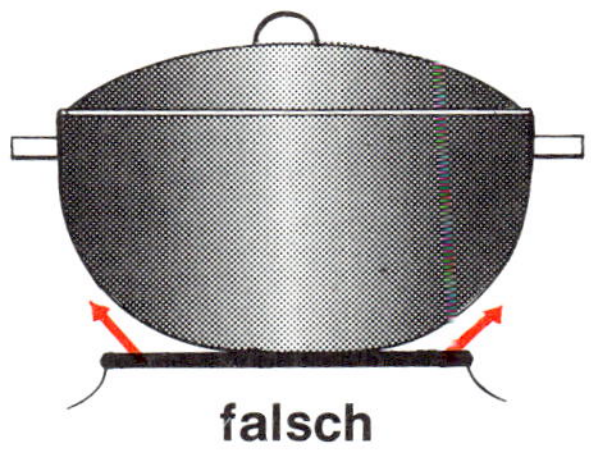

falsch

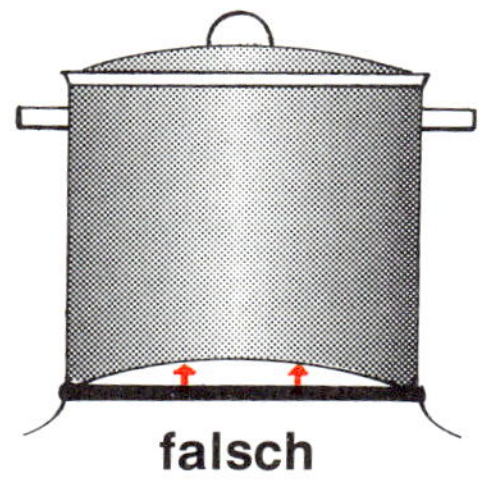

falsch

Das Material der Töpfe kann verschieden sein.
Die gebräuchlichsten Topfmaterialien für den Haushalt sind:

eloxiertes Aluminium

emaillierter Stahl

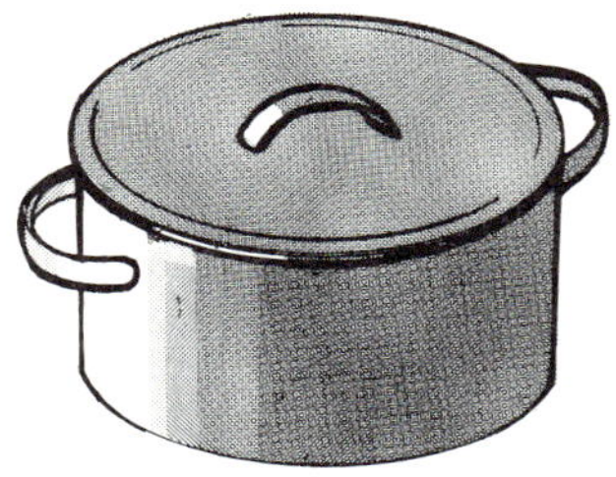

Edelstahl

Töpfe für den Gasherd

Die Topfböden brauchen für den Gasherd nicht verstärkt zu sein. Der Topfboden muß größer als die Gasflamme sein. Nur so wird die Energie voll ausgenutzt. Ist der Flammenring größer als der Topfboden, geht ein Teil der Wärme verloren.

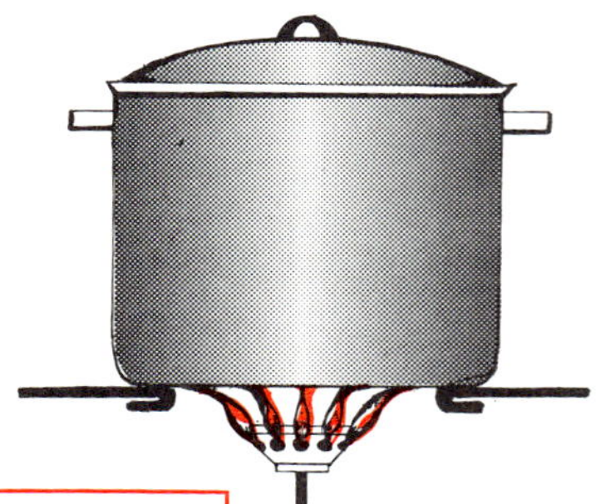

Wir merken uns: Das Topfmaterial soll die Wärme gut leiten. Es soll leicht zu pflegen sein. Der Topfboden soll für Elektroherde verstärkt und eben sein.

Der Übergang vom Topfrand zum Topfboden soll abgerundet sein, damit man im Topf besser rühren kann.

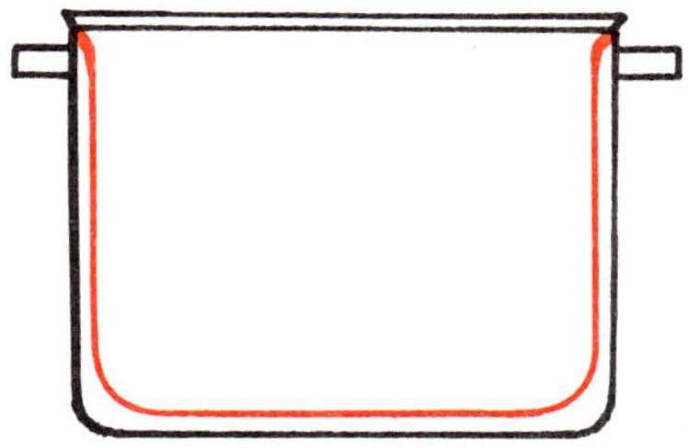

Der Topf soll zum besseren Ausgießen von Flüssigkeiten oder Speisen einen Schüttrand haben.

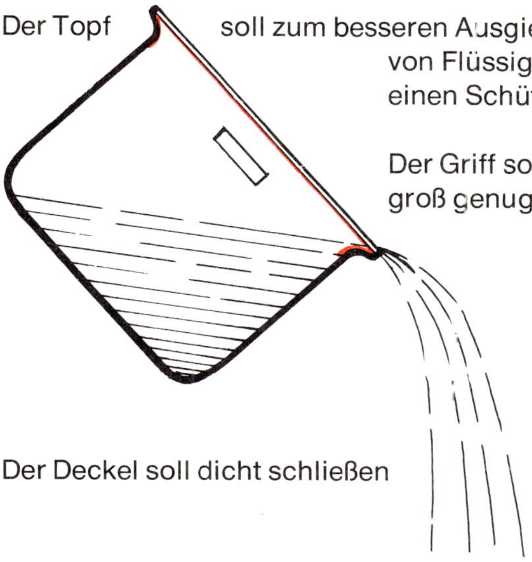

Der Griff soll handgerecht, groß genug und wärmeisoliert sein.

Der Deckel soll dicht schließen und einen Deckelknopf mit Fingerschutz besitzen.

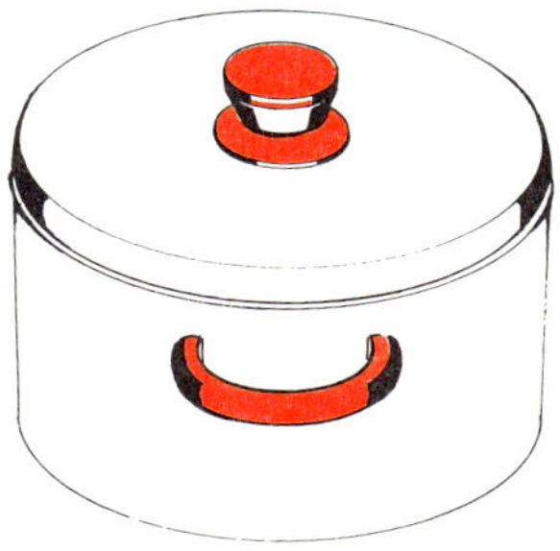

Pflege der Kochtöpfe

Nach dem Kochen warmes Wasser in die Töpfe einfüllen, damit die Speisenreste nicht antrocknen.
Vor dem Spülen das Wasser wieder ausgießen.

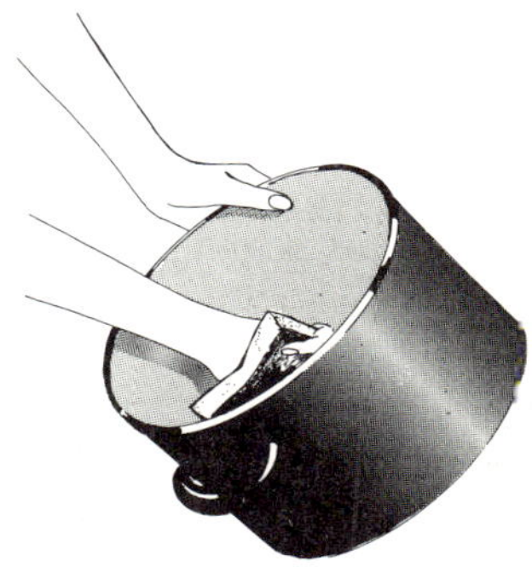

Den Topf zuerst innen und dann außen mit einer Spülbürste oder einem Topfschwamm spülen.
Beim Spülen auch auf die Stellen zwischen Griff und Rand achten.

Den Topfboden außen ab und zu mit Scheuermittel kreisförmig reinigen.
Töpfe in heißem, klaren Wasser nachspülen, anschließend gut abtrocknen.

Hinweis: Festgebrannte Speisereste durch Kochen mit Sodalösung aufweichen.
Kalkablagerungen mit heißem Essigwasser entfernen.
Kunststoffbeschichtete Töpfe und Pfannen sind besonders **kratzempfindlich,** darum zum Rühren oder Wenden Kunststofflöffel benutzen.

H 9. Holz: Rohholz-Möbel

Rohholz ohne Oberflächenschutz

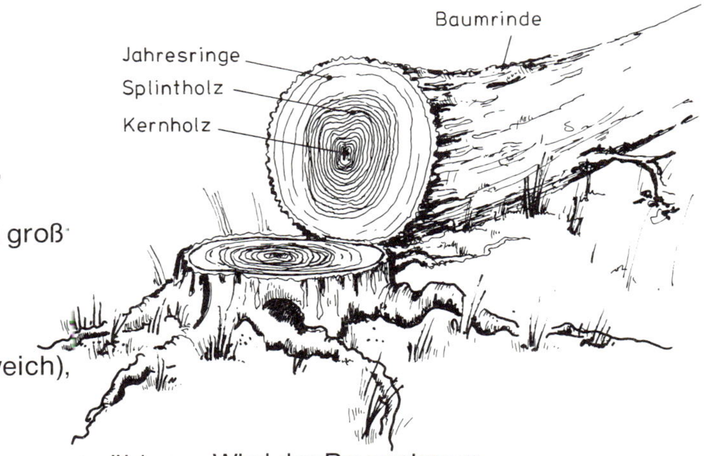

Holz ist ein Naturstoff. Es ist ein Pflanzengewebe,
das längs verlaufende Fasern aufweist.
Die **Festigkeit** des Holzes ist **in** der Faserrichtung groß·
quer zur Faser jedoch gering.
Holz ist daher leicht spaltbar.
Holz ist hart oder weich. Dies ist abhängig:
a) vom Wachstum – Kernholz (hart), Splintholz (weich),
b) von der Holzart.
Holz leitet die Wärme nicht.
An den **Jahresringen** kann man das Alter des Baumes abzählen.

Wird der Baumstamm
der Länge nach geschnitten,
so erkennt man den Faserverlauf
und die Holzzeichnung,
die **Maserung.**

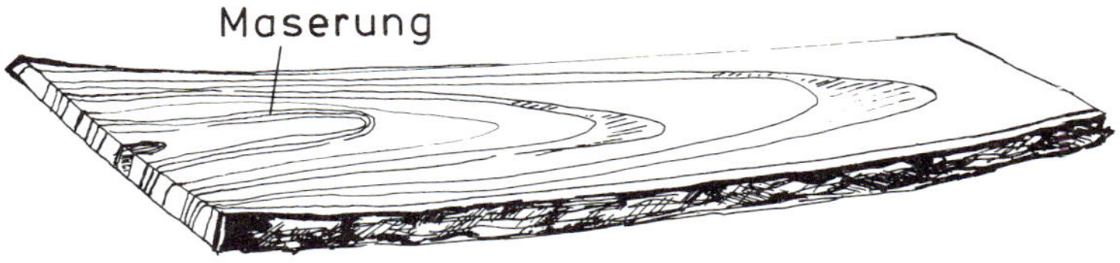

Aus Holz werden, z. B. Möbel,
Türen, Fenster, Haushaltsgegen-
stände, Ziergegenstände
hergestellt.

Versuch:
Geben Sie einige Tropfen
Wasser auf ein Rohholzbrett.

Ergebnis:
Das Wasser zieht
in das Holz ein.

Holz ist **porös.**

Farbstoffe, z. B. vom Petersiliensaft, und **Geschmacksstoffe,**
z. B. von Zwiebeln, werden vom Holz aufgenommen.
Darum Holzbretter **vor** Gebrauch mit Wasser abspülen,
damit die Stoffe nicht in das Holz einziehen.

Aus rohem Holz
werden z. B. hergestellt:
Schneidbretter, Backbretter,
Kochlöffel, Nudelhölzer.

Pflege der Rohholzgeräte

Rohholzgeräte schnell und gründlich spülen,
nachspülen und gut abtrocknen.
Rohholzgeräte an der Luft völlig trocknen lassen,
jedoch nicht in der Sonne oder auf der warmen Heizung.
Feucht weggeräumte Holzgeräte werden muffig
und können schimmeln.

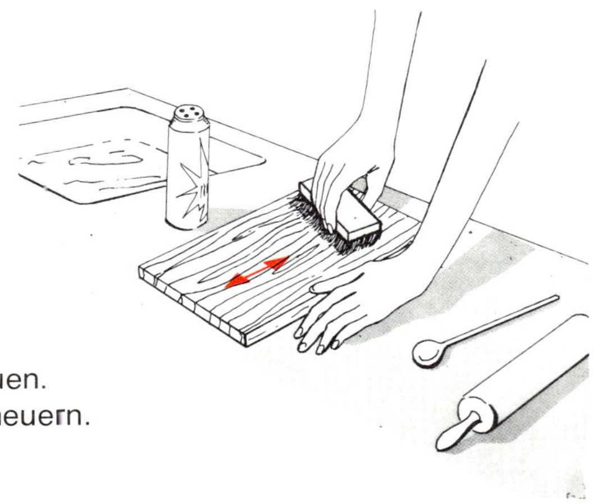

Gründliche Reinigung

Holzgeräte spülen.
Das feuchte Holz mit etwas feinem Scheuermittel bestreuen.
Mit einer Bürste gründlich in Richtung der Maserung scheuern.
Nach dem Scheuern die Holzgeräte
in klarem Wasser gründlich nachspülen,
damit das Reinigungsmittel entfernt wird.

Wir merken uns: Rohholzbretter vor und nach Gebrauch
mit Wasser abspülen.
Holz nie in Wasser liegen lassen.
Holz nie in der Sonne
oder auf der warmen Heizung
trocknen lassen.

Holz mit Oberflächenschutz – Möbel

Da Holz Feuchtigkeit aufnimmt, muß die Oberfläche geschützt werden.
Holzschutz erfolgt durch:

Beizen, Wachsen, Polieren, Anstreichen, Lackieren, Versiegeln.
Bei der Möbelherstellung unterscheidet man:

a) **massives Holz** – das Möbelstück ist aus einem Holz hergestellt.
Massive Möbel gibt es heute seltener,
da das Holz und die Herstellung der Möbel teuer ist.

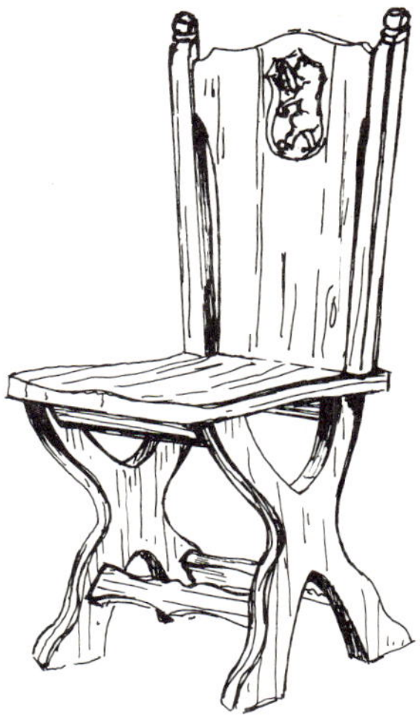

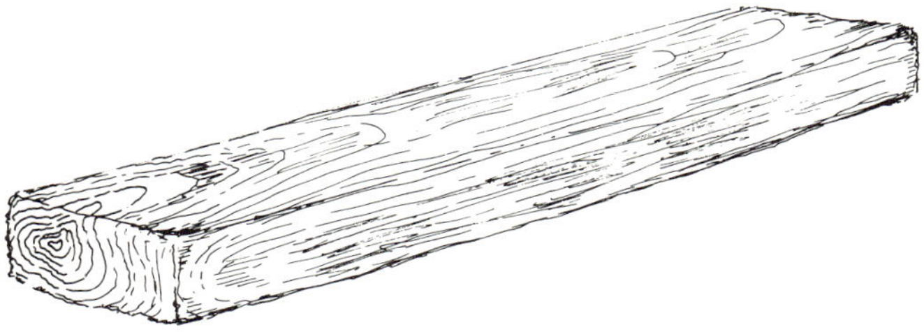

b) **furniertes Holz** – aus wertvollen Edelhölzern werden
dünne Platten geschnitten, das sogenannte **Furnier.**
Das Furnier wird auf weniger teures Holz oder auf Spanplatten verleimt.
Furnierte Möbel sind leichter und preiswerter als massive Möbel.

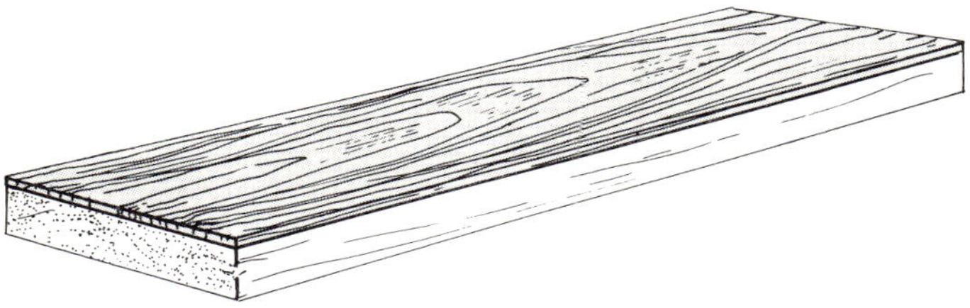

Pflege der Möbel

Möbel mit einem Staubtuch abstauben.
Es gibt Spezialtücher für die Möbelpflege,
die den Staub binden.
Verzierungen mit einer
weichen Bürste abstauben.
Gebeizte, polierte und gewachste Möbel
ab und zu mit einem
Spezialpflegemittel behandeln.

Da es eine große Auswahl
an Möbelpflegemitteln gibt,
sollte der Fachmann befragt werden.

Für die Anwendung aller Mittel gilt:
dünn und mit **kreisförmiger** Bewegung auftragen,
damit das Pflegemittel gleichmäßig verteilt wird.
Zum Schluß mit weichem Tuch nachpolieren.
Lackierte, angestrichene, versiegelte
und kunststoffbeschichtete Möbel
mit einer milden Reinigungsmittellösung
abwischen, mit klarem Wasser nachwischen,
anschließend trocken reiben.
Möbel, Türen, Fensterrahmen
von unten nach oben abwischen,
damit durch das herunterlaufende
Reinigungswasser keine Streifen entstehen.

Hinweise: Nie heiße Gegenstände auf Tisch- oder Schrankplatten stellen: Fleckenbildung.
Gläser und Flaschen auf Untersetzer stellen: Fleckenbildung.
Ziergegenstände mit angerauhter Unterseite mit Filz
oder Schaumstoff bekleben, damit die Holzoberfläche nicht verkratzt.
Schranktüren immer schließen, und nie Kleidungsstücke daran aufhängen,
damit sie sich nicht verziehen.

H 10. Besen und Bürsten

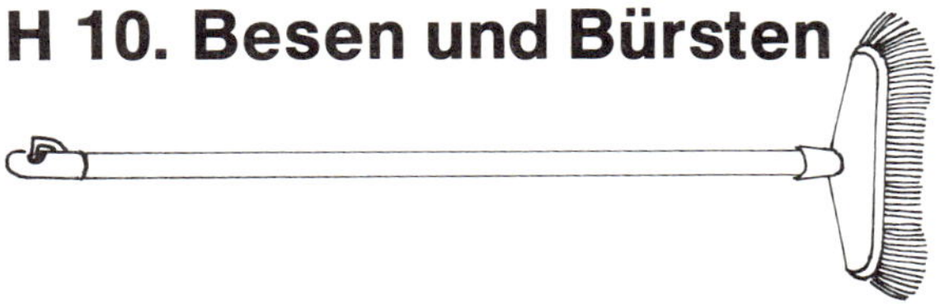

Besen und Bürsten bestehen aus:

Bürstenrücken

Besteckungsmaterial

Der Bürstenrücken ist aus Holz oder Kunststoff.

Als Besteckungsmaterial wird verwendet:

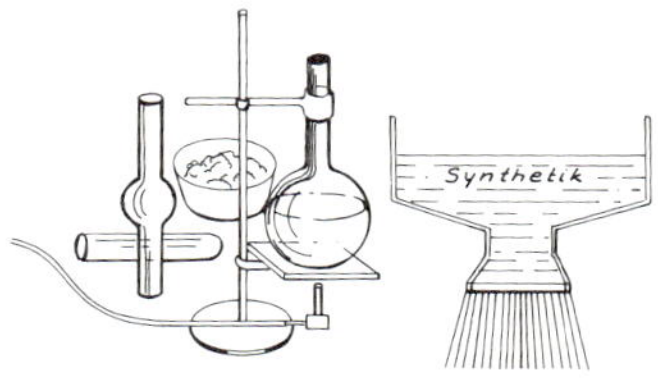

pflanzliches Material

Piassava
Fiber
Kokos

tierisches Material

Roßhaare
Schweineborsten
Ziegenhaare

synthetisches Material

Polyamid

Das Besteckungsmaterial wird in die Bürstenrücken

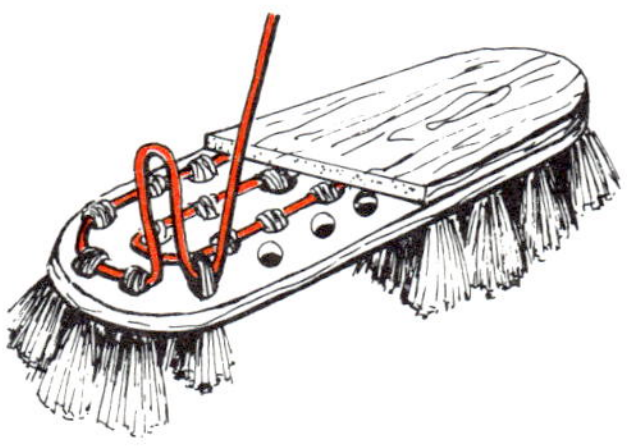

mit **Draht eingezogen**

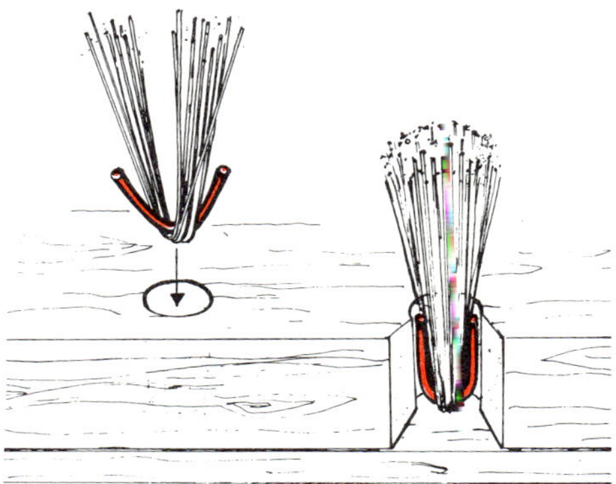

oder **mit der Maschine eingestanzt**

oder **verleimt.**

Eigenschaften des Besteckungsmaterials
Wichtig sind die Gebrauchseigenschaften:

pflanzliches Material	**tierisches Material**	**synthetisches Material**
hart	weich bis hart	weich bis hart
spröde	elastisch	elastisch
	hitzeempfindlich	hitzeempfindlich

Pflege der Besen und Bürsten:

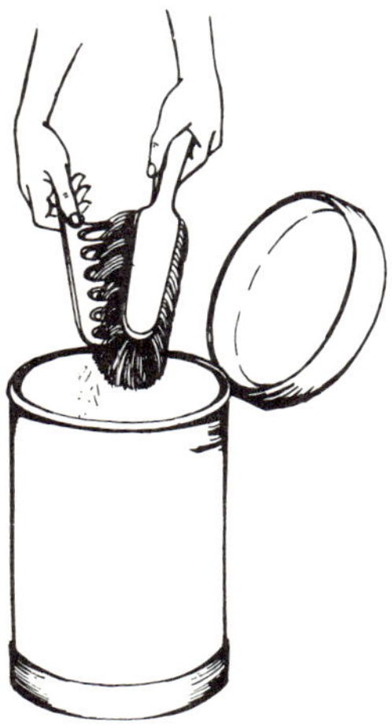

Besen und Bürsten nach Gebrauch mit einem Besenkamm auskämmen.

Besen hängend,
Bürsten auf der Seite liegend
aufbewahren,
damit das Besteckungsmaterial
nicht flach gedrückt wird.

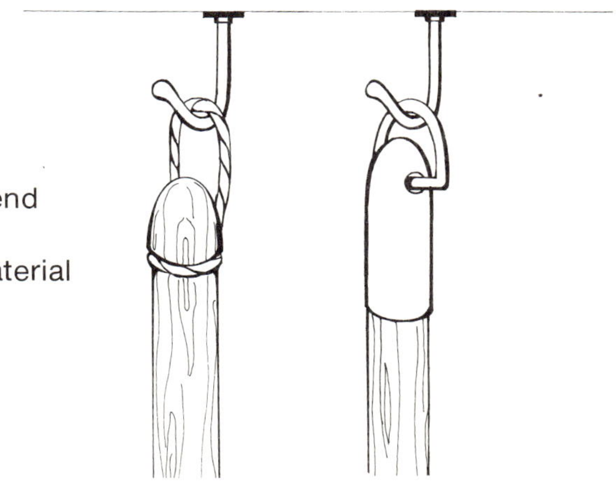

Gründliche Reinigung:

Besen und Bürsten auskämmen.
Lackierte Bürstenrücken
mit einem feuchten Tuch abwischen.
Rohholzrücken mit Scheuermittel gründlich scheuern.
Mit klarem Wasser gut nachspülen.
Trocken reiben.

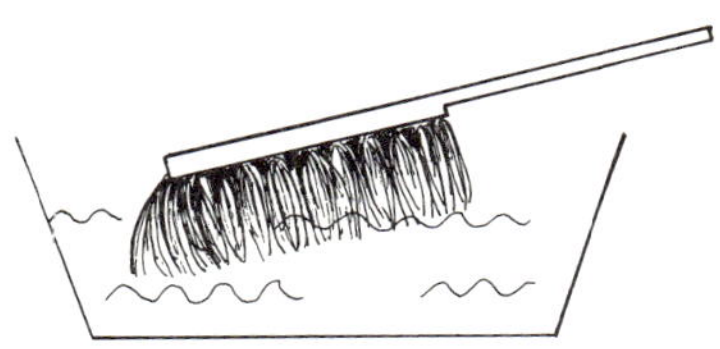

Lauwarmes Wasser in eine kleine Wanne füllen,
Feinwaschmittel zugeben und auflösen.
Das Besteckungsmaterial
in die Feinwaschmittellösung eintauchen,
durch Reiben mit der Hand gründlich reinigen.
Das Holz darf dabei nicht in das Wasser eingetaucht werden.
Das Besteckungsmaterial in klarem Wasser gut ausspülen,
damit das Reinigungsmittel entfernt wird.

Besen oder Bürste gut ausschlagen.
Besen zum Trocknen aufhängen.
Bürsten zum Trocknen auf die Seite legen,
damit kein Wasser
in die Bürstenrücken laufen kann.

Hinweise: Tierisches und synthetisches Besteckungsmaterial
nie heiß waschen.
Besen und Bürsten nie in der Sonne
oder auf der warmen Heizung trocknen lassen.
Fettpinsel in warmer Sodalösung einweichen,
dann reinigen.

H 11. Kunststoff

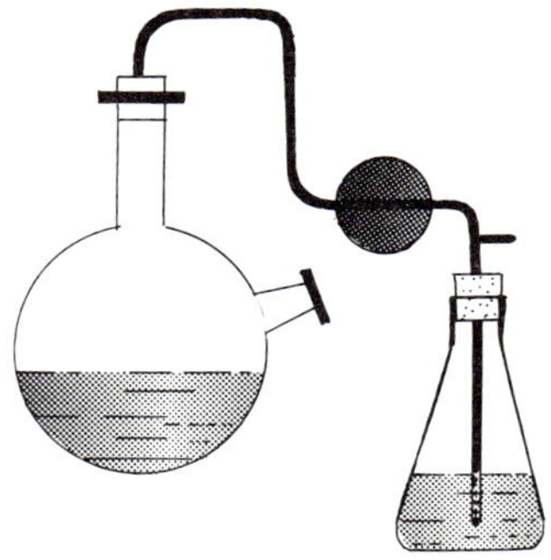

Kunststoffgeräte finden wir in zunehmendem Maße im Haushalt.
Der Kunststoff wird in Chemiewerken hergestellt.
Der Chemiker kann durch unterschiedliche Zusammensetzung der Grundstoffe bestimmen, welche Gebrauchseigenschaften der Kunststoff haben soll.

Man unterscheidet:

Thermoplaste

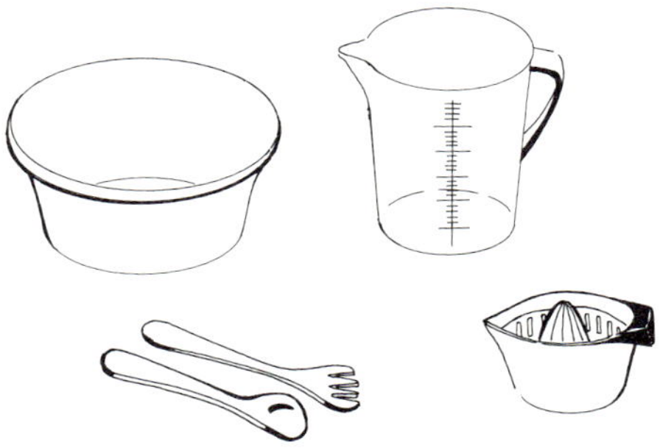

Kunststoffe, die sich bei Erwärmung verformen.

Duroplaste

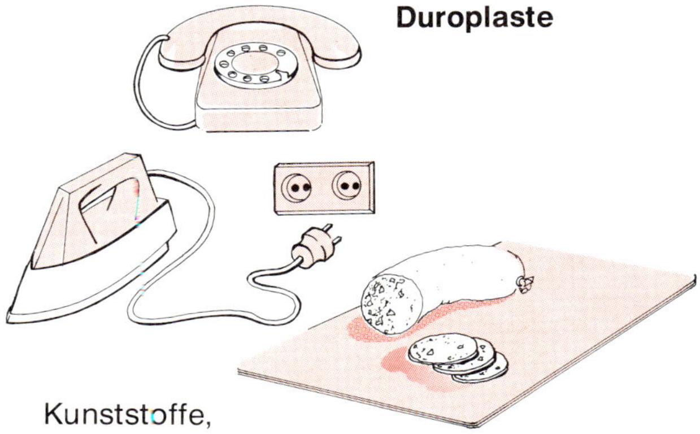

Kunststoffe, die sich bei Erwärmung nicht verformen, jedoch bei starker Hitzeeinwirkung verkohlen.

Kunststoffe können durch ihre Eigenschaften mehrere Naturstoffe ersetzen, z. B. Holz, Metall, Glas, Porzellan, Leder.

Eigenschaften:

bruchsicher, keine Splitter

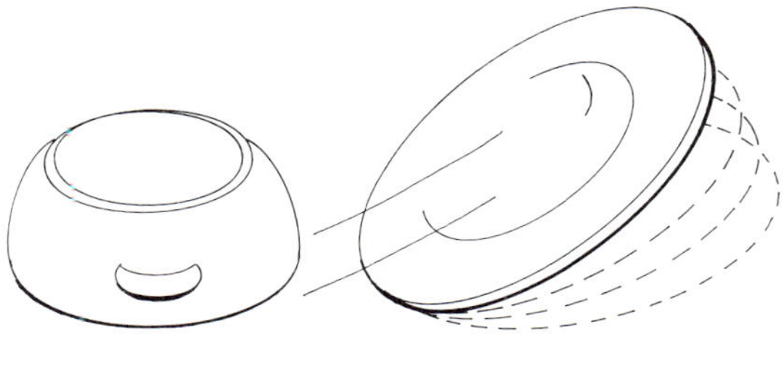

kratzempfindlich

geräuscharm, hygienisch

glatte Oberfläche

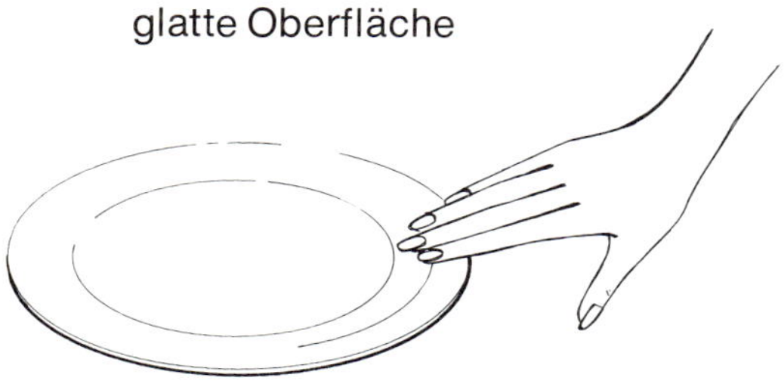

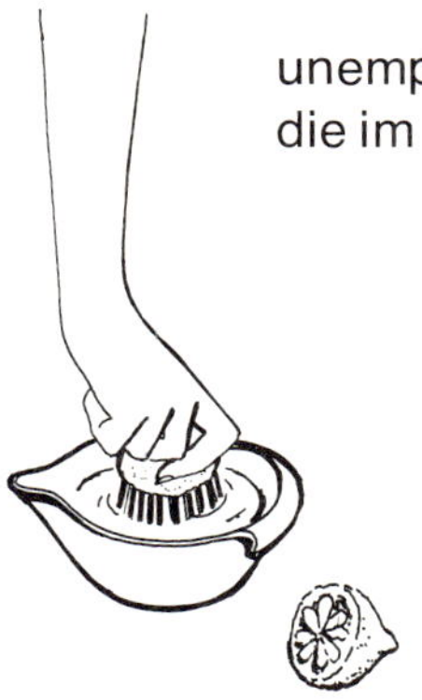

unempfindlich gegen Säuren,
die im Haushalt vorkommen

geschmacks- und geruchsfrei

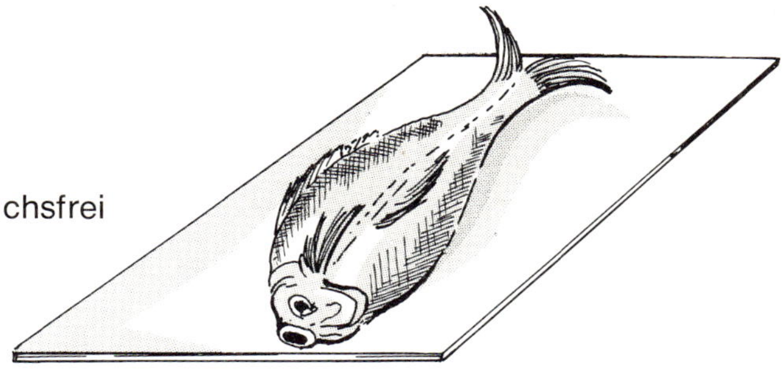

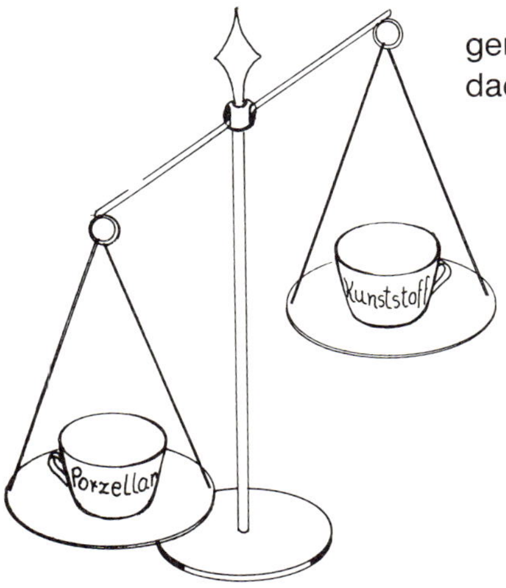

geringes Gewicht,
dadurch Kraftersparnis

gut stapelbar

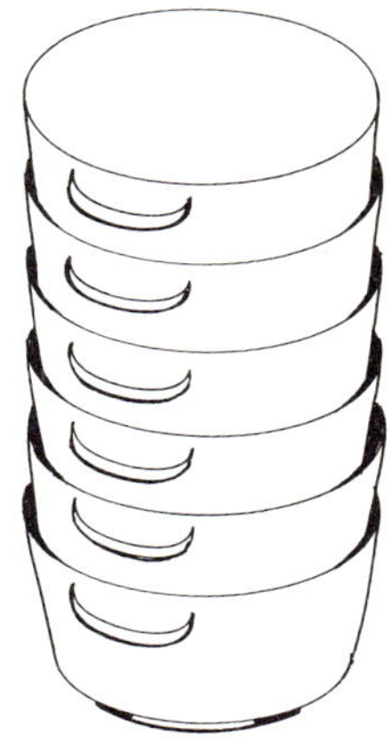

Schlechter Wärmeleiter, leitet den elektrischen Strom nicht, **jedoch:** hitzeempfindlich.

Beim Einkauf achten wir auf das **Gütezeichen.**
Dieser Kunststoff eignet sich für Lebensmittel.

Pflege der Kunststoffe:

Kunststoffgegenstände in einer heißen Spülmittellösung mit einem Spültuch oder einer weichen Spülbürste spülen. Grobe Reinigungsmittel rauhen die Oberfläche auf. Kunststoff an Möbeln und elektrischen Geräten mit einer milden Reinigungslösung feucht abwischen, dann trocken reiben.

Wir merken uns: Kunststoff ist hitzeempfindlich,
darum: nie auf Herdplatten ablegen,
nie heißes Fett in Kunststoffgefäße einfüllen.
Zur Reinigung nie grobe Reinigungsmittel und Geräte verwenden.

H 12. Leder

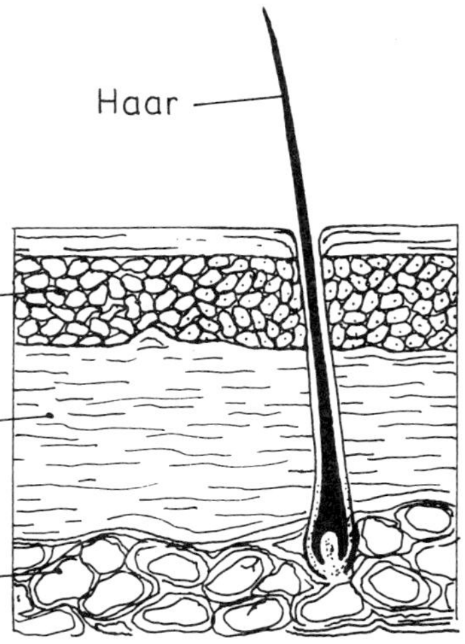

Leder ist ein tierischer Werkstoff.
Es ist die gegerbte Haut von:
Rind, Schwein, Ziege, Schaf, Reh, Schlange, Krokodil

Herstellung des Leders

Die Haut besteht aus:
Oberhaut, Lederhaut, Unterhaut.

Die Tierhaut wird **gereinigt.**
Dann werden die Oberhaut und die Unterhaut von der **Lederhaut getrennt.**
Danach wird die Lederhaut **gegerbt.**
Das Leder ist nun weich, geschmeidig, hart oder fest.
Nach dem Gerben wird das Leder **gefärbt.**

Gebrauchsgegenstände aus Leder:

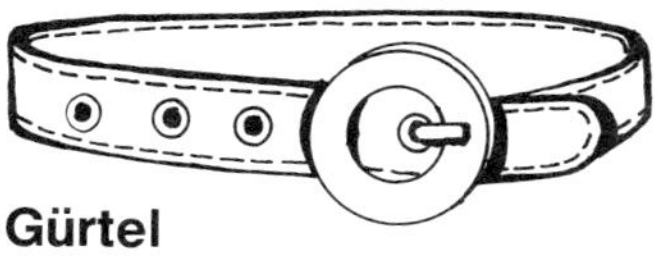

Gürtel

Taschen

Jacken

Schuhe

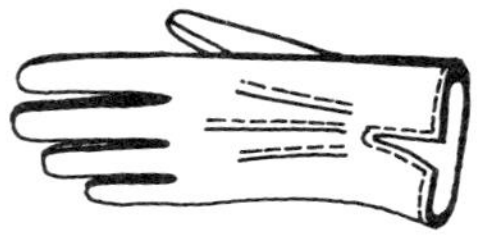

Handschuhe

Dickes Leder, z. B. vom Schwein oder Rind, kann gespalten werden.
Man erhält:

Volleder mit den natürlichen Narben	**Spaltleder** ohne Narben
Volleder ist: strapazierfähig, widerstandsfähig gegen Nässe formbeständig	Spaltleder ist: weniger strapazierfähig, weniger widerstandsfähig gegen Nässe weniger formbeständig
Verwendungszweck: Aktentaschen, Taschen, Gürtel, Schuhe, Lederbekleidung	preiswerte Aktentaschen, preiswerte Schultaschen, preiswerte Turnschuhe.

Echtes Leder erkennen wir ECHTES LEDER an diesem Zeichen.

Reinigung der Lederschuhe:

Leder muß gepflegt werden, damit es geschmeidig bleibt.
Für die Pflege **glatter** Leder gibt es:

Creme in Dosen
cremegetränkte Schwämme
Sprays

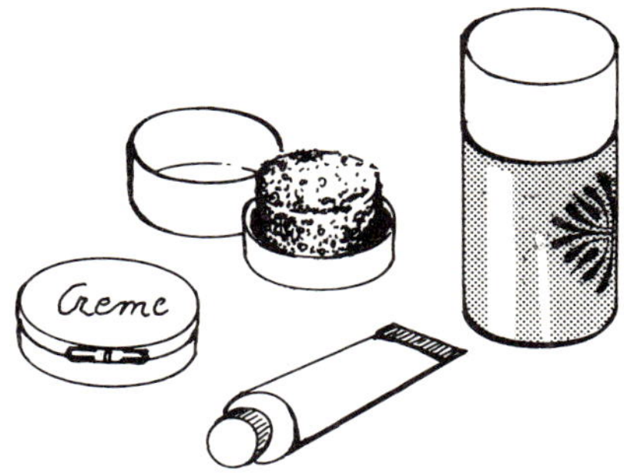

Die Cremes werden mit einem Lappen oder einer weichen Einreibebürste aufgetragen.
Zum Blankreiben verwendet man Poliertücher oder Polierbürsten.

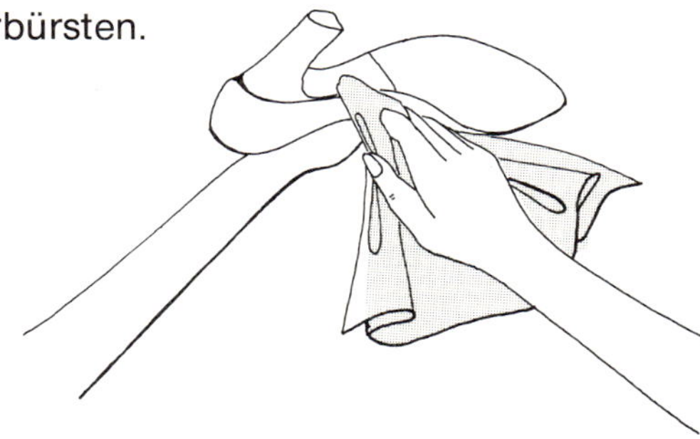

Reinigung von glatten Lederschuhen:
Schuhe mit einer Bürste vorreinigen.
Die Schuhcreme dünn und gleichmäßig auftragen.
Schuhnähte und Steg besonders eincremen.
Die Schuhcreme kurze Zeit einwirken lassen.
Zum Schluß die Schuhe mit einem Poliertuch oder einer Polierbürste blankreiben.

Für die Pflege **rauher** Leder gibt es:

Spezialschwämme
Gummi- oder Drahtbürsten
Sprays

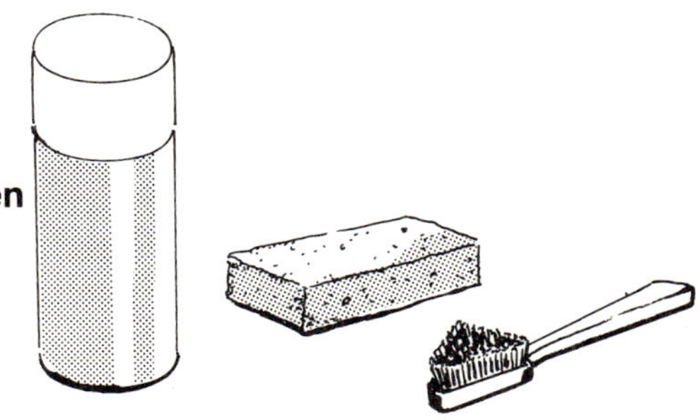

Reinigung von Rauhleder-Schuhen:
Schuhe mit einer Gummibürste abreiben.
Blank gewordene Stellen mit einer feinen Drahtbürste aufrauhen.
Die Farbe von Zeit zu Zeit mit Wildleder-Farbspray auffrischen.
Neue Rauhleder-Schuhe mit Imprägnierspray besprühen, damit sie vor Nässe geschützt werden.

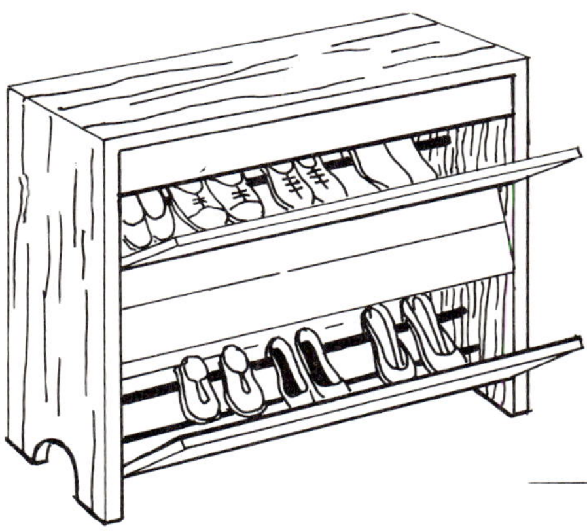

Aufbewahrung:
Schuhe luftig aufbewahren.
Schuhe häufig wechseln, damit sie ausdünsten können. Mit Schuhspannern behalten Schuhe besser die Form.

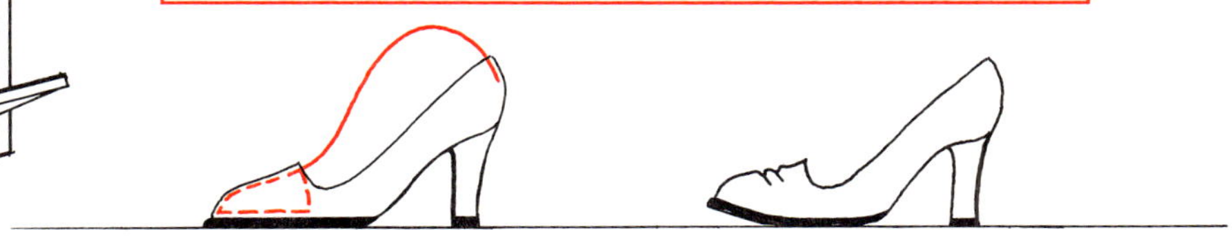

Pflegehinweise:
Nasse Schuhe mit saugfähigem Papier ausstopfen.
Auf der Seite liegend trocknen lassen, damit auch die Sohlen trocknen können.
Die Schuhe nie zum Trocknen in die Nähe der warmen Heizung stellen, das Leder wird sonst brüchig.
Beim Kauf von Schuhen den Verkäufer nach geeigneten Pflegemitteln fragen.

H 13. Fensterreinigung

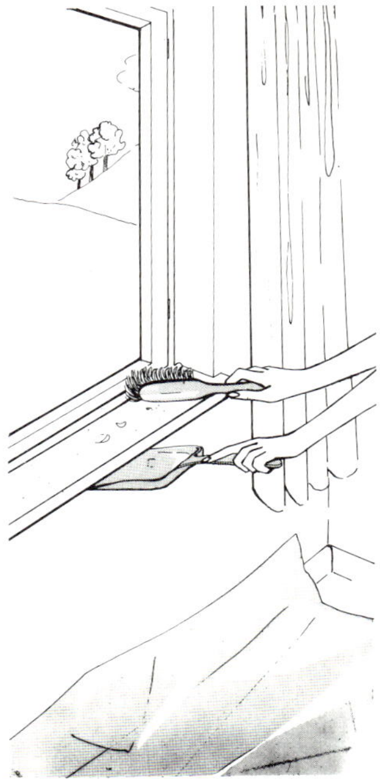

Vorarbeiten

Arbeitsgeräte und Reinigungsmittel bereitstellen:
1 kleiner Eimer mit heißem Wasser
und schmutzlösendem Reinigungsmittel,
Schwamm, Abwaschtuch, Staubtuch,
Handfeger, Kehrblech, Fensterwischer,
Fensterleder, Poliertuch.

Gardinen zurückziehen.
Blumen und Ziergegenstände
von der Fensterbank abräumen.
Empfindliche Fußbodenbeläge
mit Tüchern oder Folie abdecken.

Ablauf der Arbeit

Fensterrahmen innen und außen abstauben.
Fensterbänke innen und außen abkehren.
Fensterrahmen erst innen, dann außen mit der Reinigungslösung abwaschen.
Rahmen von unten nach oben abwaschen.
Wasser erneuern und die Fensterrahmen
mit dem klaren Wasser nachwischen, anschließend trockenreiben.

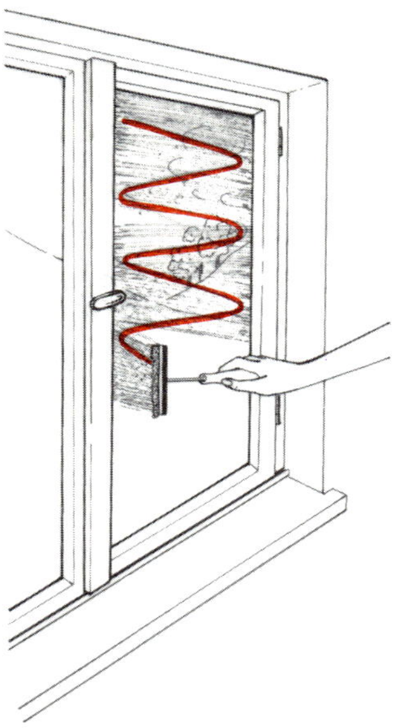

Fensterscheiben
innen mit Schwammseite
des Fensterwischers
von oben nach unten
reinigen.

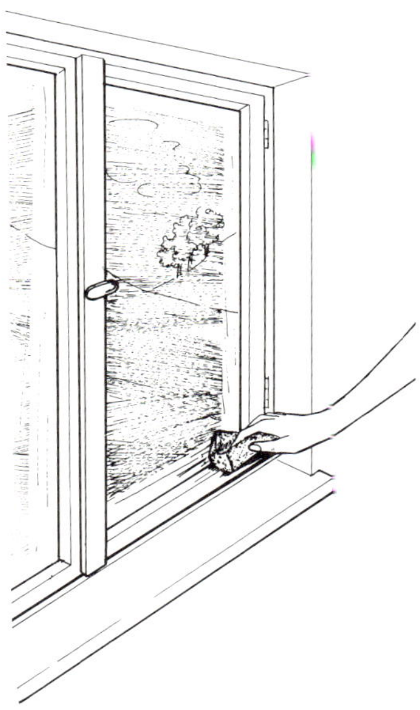

Ecken und Ränder
mit einem Schwamm
säubern.

Fensterscheibe
mit der Gummiseite
des Fensterwischers
abziehen.

Mit einem feuchten, gut ausgedrückten Fensterleder die Ränder und Ecken nachtrocknen.
Fensterscheibe außen wie innen säubern.
Fensterbänke feucht abwischen und trockenreiben. Die Fenster schließen.

Nacharbeiten

Blumen und Ziergegenstände wieder auf die Fensterbank stellen.
Gardinen vorziehen.
Zum Schluß die Arbeitsgeräte reinigen und forträumen.

Praktische Hinweise: Zum Reinigen hoher Fenster nur **Sicherheitsleitern** benutzen. Fenster nie bei Regen putzen, sie werden wieder schmutzig. Fenster nie putzen, wenn die Sonne darauf scheint. Durch die Sonnenstrahlen läuft Glas bläulich an.

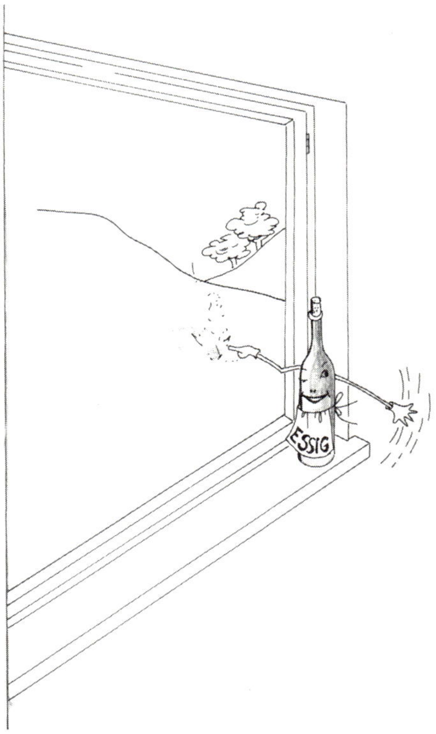

Kalkspritzer mit Essig entfernen.
Ölfarbe mit Terpentin abreiben.

Leicht verschmutzte Scheiben können mit Spezial-Fensterputzmitteln gereinigt werden.

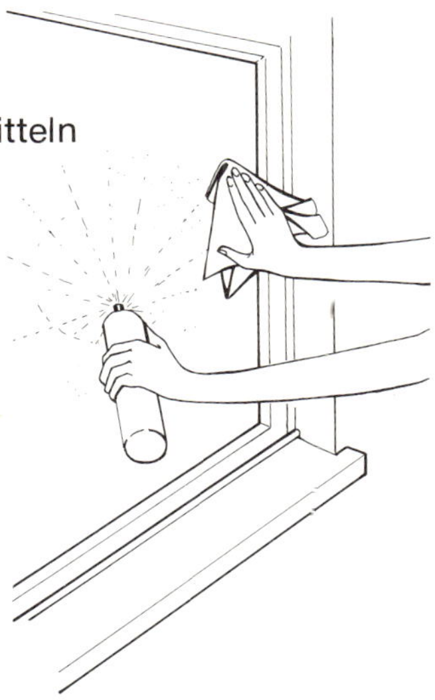

W 1. Einführung in die Wäschepflege

Wäsche muß gepflegt werden durch:

Waschen	**Bügeln**	**Instandhalten**
Entfernen von Verschmutzungen	Glätten der Oberfläche	Ausbessern schadhafter Stellen

Faserarten

Textilien werden aus reinen Fasern oder aus Fasermischungen hergestellt.

Man unterscheidet:

tierische Fasern	**pflanzliche Fasern**	**synthetische Fasern**	**Mischfasern**
z. B. Wolle, Seide	z. B. Leinen, Baumwolle	z. B. Acetat, Viskose, Modal, Polyamid, Polyacryl, Polyester, Elasthan	z. B. Wolle + Polyester, Baumwolle + Leinen, Baumwolle + Viskose, Polyester + Viskose

Fasermischungen:
Besonders **gute Gebrauchseigenschaften** erzielt man, wenn man unterschiedliche Fasern miteinander mischt. Die Pflege derartiger Textilien richtet sich nach der empfindlichsten Faserart.

Aus welchem Material die Textilien hergestellt sind, steht auf Etiketten, die eingenäht sind. Bei manchen Textilien steht die Faserart auf der Verpackung oder auf beiliegenden Hinweiszetteln.

100 % BAUMWOLLE
100 % COTTON 25
100 % COTON
100 % KATOEN

Pflegekennzeichen

In Wäsche- und Kleidungsstücken sind **Pflegekennzeichen** eingenäht. Sie geben an, wie die Textilien gepflegt werden müssen.

Die Pflegekennzeichen bedeuten:

Waschen — Chloren — Bügeln — Chem. Reinigung

Waschen

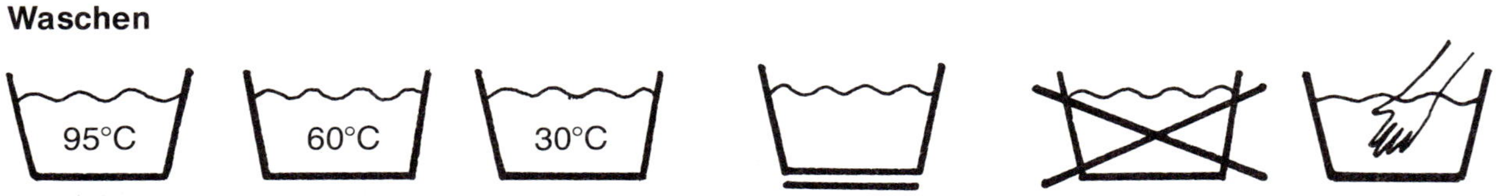

Kochwäsche — Heißwäsche — Lauwarmwäsche — Schonwaschgang — nicht waschen — Handwäsche

Ein **dicker Strich** unter dem Bottich bedeutet **Schonwäsche.**

Bügeln

hohe Temperatur Leinen, Baumwolle	**mittlere Temperatur** Wolle, Seide, Polyester, Viskose	**niedrige Temperatur** Acetat, Polyamid	**Nicht bügeln**

Chemische Reinigung

alle Lösungen	Perchlorethylen Benzin	nur Benzin	nicht chemisch reinigen

Für das Bleichen der Weißwäsche gibt es folgendes Zeichen:

Chloren möglich — nicht chloren

Aufgaben:

Überlegen Sie,
wie Sie derartige Wäschestücke
behandeln müssen.

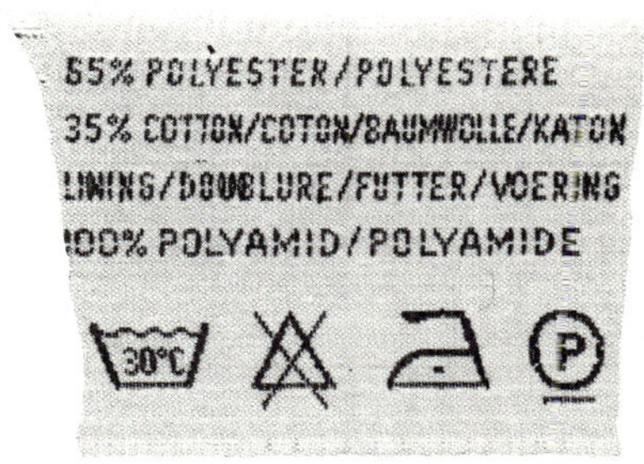

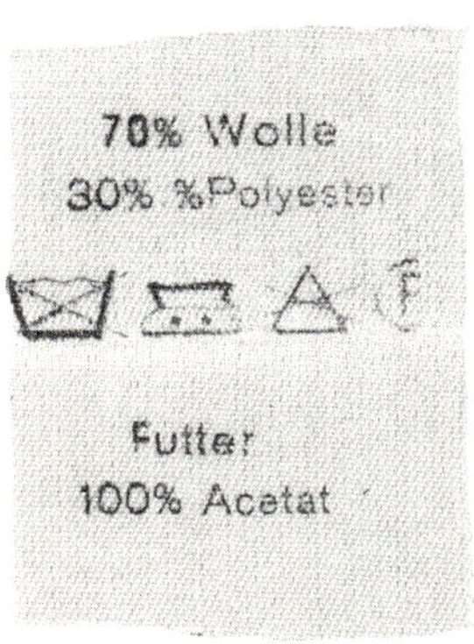

Waschmittel

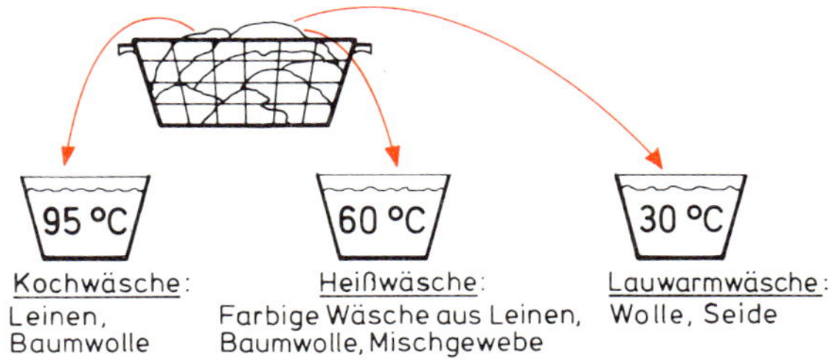

Aufgaben der Waschmittel: den Schmutz lösen,
die Flecken entfernen,
die Faser schonen.

Einteilung der Waschmittel:

Man unterscheidet:

Vollwaschmittel | **Spezialwaschmittel** | **Waschhilfsmittel**

Die Vollwaschmittel kann man für alle Waschtemperaturen verwenden.

Spezialwaschmittel gibt es für bestimmte Faserarten.

Man unterscheidet:

Spezialwaschmittel für	Kochwäsche	Heißwäsche	Lauwarmwäsche
	95° C	60° C	30° C

Spezialwaschmittel gibt es auch **nur** für die Vorwäsche, für pflegeleichte Weißwäsche und für Wolle.

> **Hinweis:**
> Die **Mengenangabe** der Hersteller muß genau beachtet werden.

Bei **zu wenig** Waschmitteln wird die Wäsche nicht sauber.

Bei **zu viel** Waschmitteln bildet sich zu viel Schaum. Die Wäsche wird in der Waschlösung nicht richtig bewegt, daher nicht sauber.

Waschhilfsmittel gibt es als:

Wasserenthärtungsmittel | **Vorbehandlungsmittel**

Wasserenthärtungsmittel gibt man bei sehr kalkhaltigem Wasser der Heiß- und Kochwäsche zu.

Vorbehandlungsmittel lockern vor dem Waschen hartnäckige Verschmutzungen, z. B. an Kragen und Manschetten.

Nachbehandlungsmittel

Nachbehandlungsmittel geben der Wäsche ein schöneres Aussehen.
Die Textilien werden **nach** dem Waschen damit behandelt.

Es gibt:

Weichspülmittel | **Stärkemittel – Steifungsmittel**

Die Wäsche wird weich und flauschig, z. B. Frottiertücher, Unterwäsche, Strickwaren.

Die Wäsche bekommt eine glattere und festere Oberfläche, z. B. Tischwäsche, Schürzen, Kittel, Kragen.

Aufbewahren der Schmutzwäsche

Die Schmutzwäsche in **luftdurchlässigen** Behältern aufbewahren, – sonst wird die Wäsche muffig.

Durch Feuchtigkeit und Wärme entstehen kleine, schwarze **Stockflecken.**

Verschmutzte Wäsche so schnell wie möglich waschen. Es gibt Verschmutzungen, die durch langes Liegen stärker in die Faser eindringen.

Strümpfe und Socken getrennt von der übrigen Wäsche aufbewahren.

Kippschrank

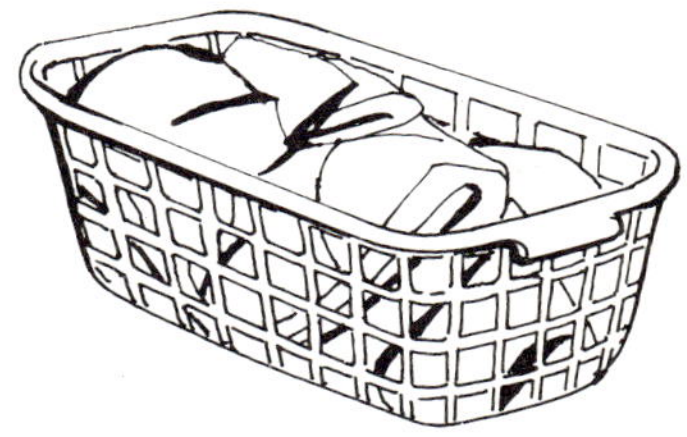

Wäschekorb

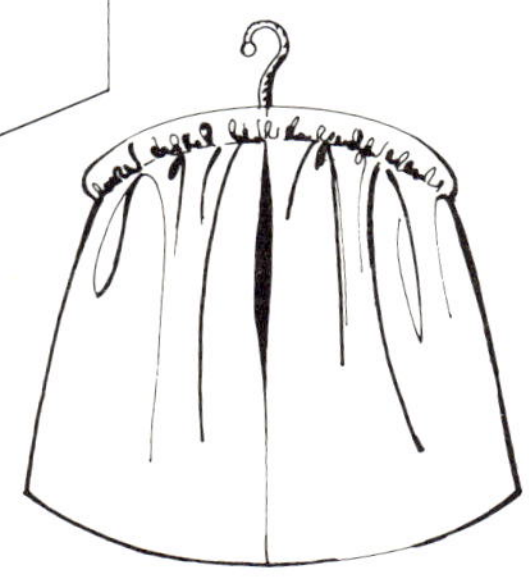

Wäschebeutel für Strümpfe

Wir merken uns: Kranken-, Baby- und Berufswäsche grundsätzlich getrennt von der Haushaltswäsche aufbewahren. Schmutzwäsche locker, luftig und trocken aufbewahren.

Sortieren der Schmutzwäsche

Die Wäsche muß sortiert werden, bevor sie gewaschen wird.
Sie wird sortiert nach:

den **Waschtemperaturen**	dem **Gebrauch**	dem **Waschverfahren**
95°C 60°C 30°C	z. B. Haushaltswäsche, Berufswäsche Krankenwäsche, Babywäsche	z. B. Handwäsche, Maschinenwäsche

Vorbereitungsarbeiten für das Waschen

Um Wäscheschäden vorzubeugen, muß die Wäsche **vor** dem Waschen **kontrolliert** und vorbereitet werden.

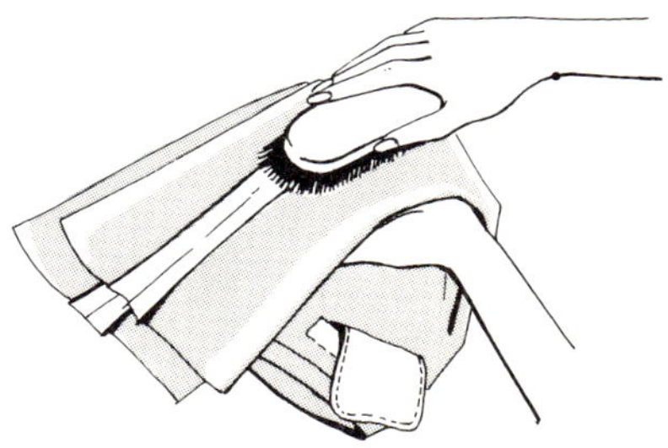

Taschen und Nähte ausbürsten.
Lose Bänder locker verknoten.
Flecken vor dem Waschen behandeln.
Schadhafte Stellen ausbessern.
Reißverschlüsse schließen.
Beschädigte Knöpfe abtrennen.
Bezüge auf die linke Seite ziehen.
Jeden zweiten Knopf schließen.
Ecken und Nähte ausbürsten.

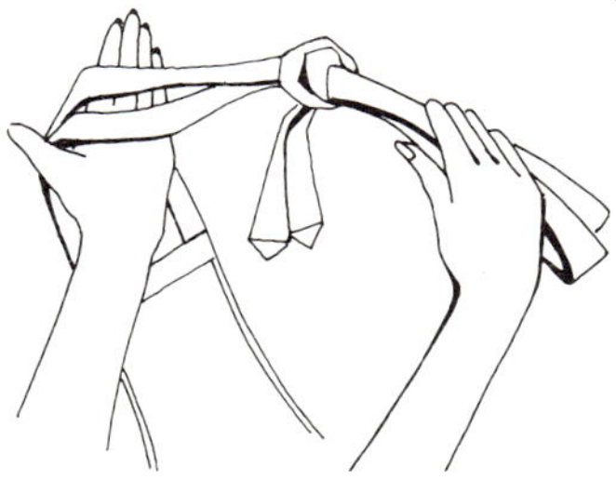

Indanthren

Neue, farbige Wäsche, die nicht ein Farbechtheitszeichen trägt, gesondert waschen, um Farbüberschüsse herauszuwaschen.

Wir merken uns: Die Schmutzwäsche vor dem Waschen sorgfältig sortieren und kontrollieren.

W 2. Maschinenwäsche

Waschmaschine

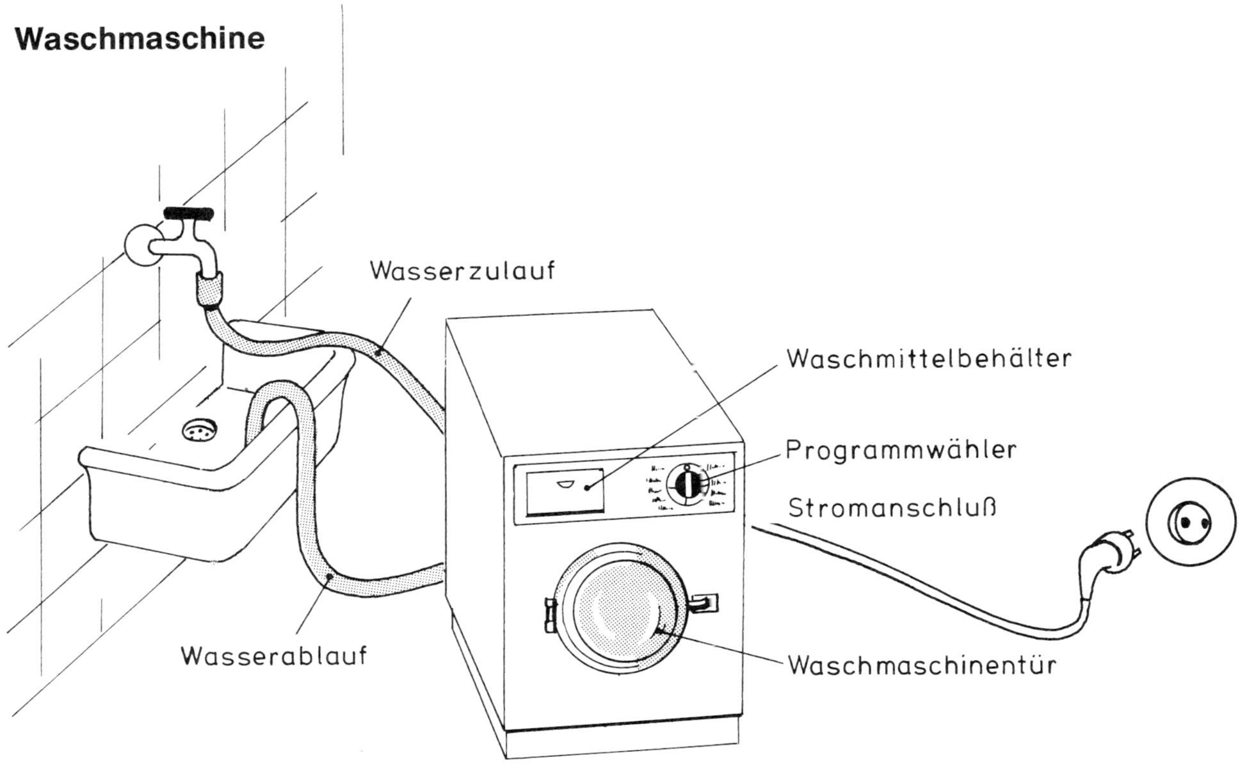

Man unterscheidet:

Waschautomaten

Hier wird die Wäsche
gewaschen und gespült.
Zum Schleudern muß die Wäsche
in die Schleuder umgefüllt werden.

Waschvollautomaten

Hier wird die Wäsche gewaschen,
gespült und zum Schluß geschleudert.
Es gibt auch Maschinen,
die die Wäsche nach dem Schleudern
trocknen (Waschtrockner).

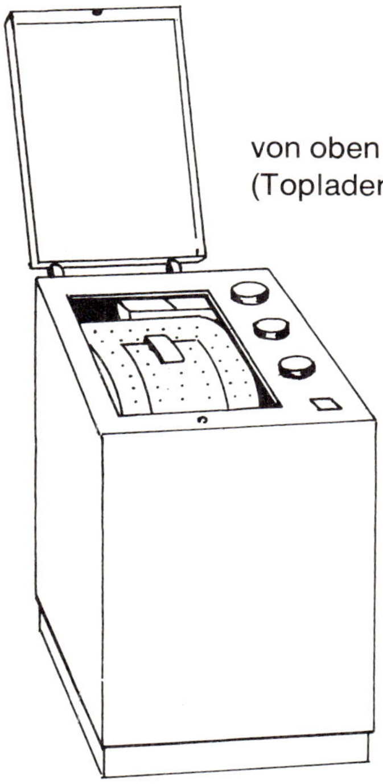

von oben beladene Maschine
(Toplader – mantelbeschickt)

von vorne beladene Maschine
(Frontlader – stirnbeschickt)

Das Waschprogramm wird mit dem Programmwähler eingeschaltet. Die gelochte Wäschetrommel wird im Laugenbehälter hin und her gedreht. Dadurch wird die Wäsche in der Waschlösung bewegt.

Bedienung eines Waschvollautomaten

Wäsche locker in die Maschine legen.
Nur so viel Wäsche einfüllen,
daß man eine Hand zwischen der Wäsche
und dem oberen Trommelrand frei bewegen kann.
Türe richtig verschließen.
Wasserhahn öffnen.

Waschmittel abmessen
und in den Waschmittelbehälter einfüllen.
Waschprogramm wählen.
Maschine einschalten (starten).

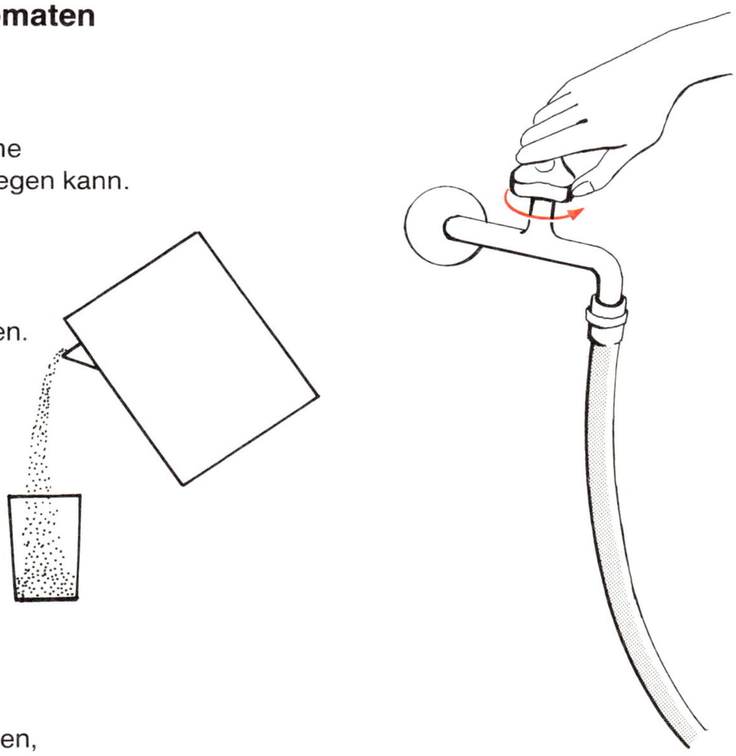

Nach dem Waschen:

Wasserhahn schließen.
Türe öffnen.
Maschine ausschalten.
Wäsche entnehmen.
Waschtrommel kontrollieren,
ob **alle** Wäsche entnommen ist.
Waschmaschinentüre offen stehen lassen,
damit die Trommel trocknen kann.

Wir merken uns: Wäsche locker in die Maschine einfüllen.
Waschmaschinen nie überladen.
Waschmittel nach Herstellerangaben abmessen.
Wasserhahn immer nach dem Waschen schließen.

W 3. Trocknen der Wäsche

Nach dem Waschen und Schleudern muß die Wäsche getrocknet werden.

Geräte zum Trocknen:

Das Trocknen der Wäsche kann erfolgen:

im Freien

Leine

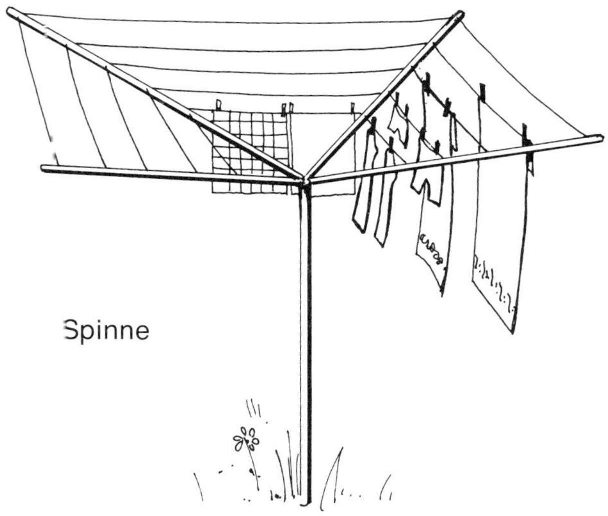

Spinne

im Raum

Wäscheständer

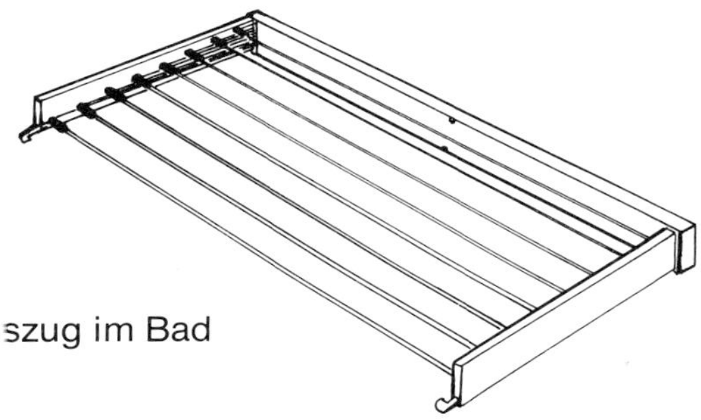

Auszug im Bad

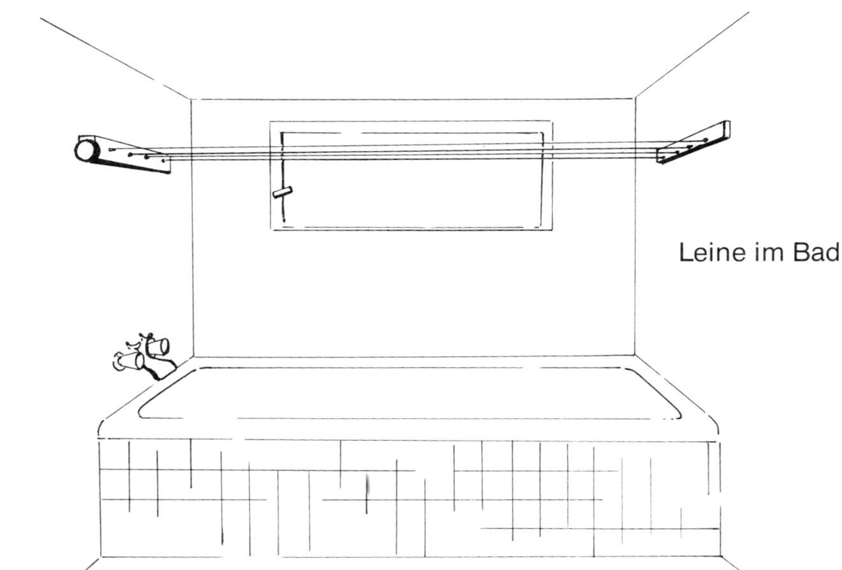

Leine im Bad

Die Wäschetrockner im Bad können je nach Fabrikat zusammengeklappt oder aufgerollt werden.

Trocknet die Wäsche im Freien, so wird sie mit Wäscheklammern an der Leine festgeklammert. Die Wäscheklammern sollten in einem Klammerbeutel aufbewahrt werden.

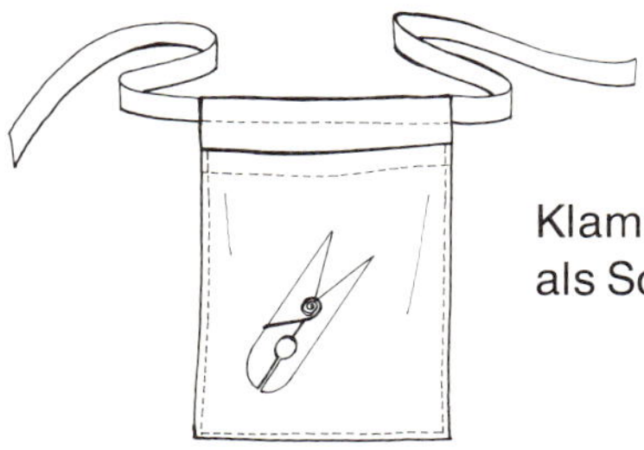

Klammerbeutel
als Schürze zum Umbinden

Klammerbeutel mit
Aufhängevorrichtung

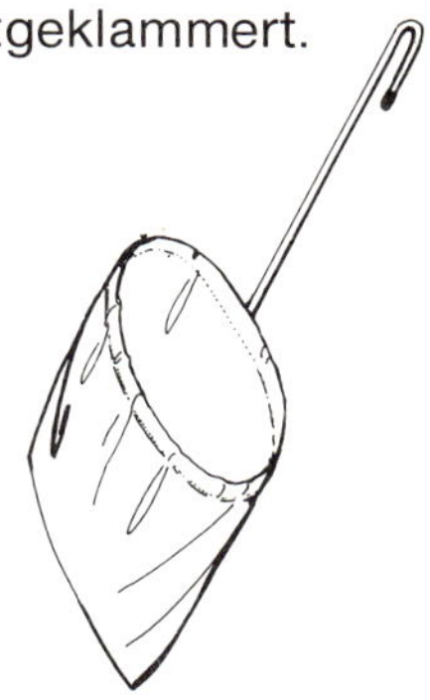

Aufhängen der Wäsche

Wäscheleine mit einem feuchten Tuch abwischen.
Wäschekorb mit der Wäsche auf einen Hocker stellen.
Wäschestücke einzeln ausschlagen, somit wird die Wäsche gelockert.
Gleiche Wäschestücke, z. B. Unterwäsche, Bettwäsche, Küchenwäsche, nebeneinander hängen.

Die Wäsche soll sich beim Aufhängen nicht verziehen, deshalb:
die Wäsche immer **fadengerade,**
die Wäsche bis zur **Hälfte über** die Leine,
Oberhemden, Blusen, Kittel am besten auf einen **Kunststoffbügel** hängen

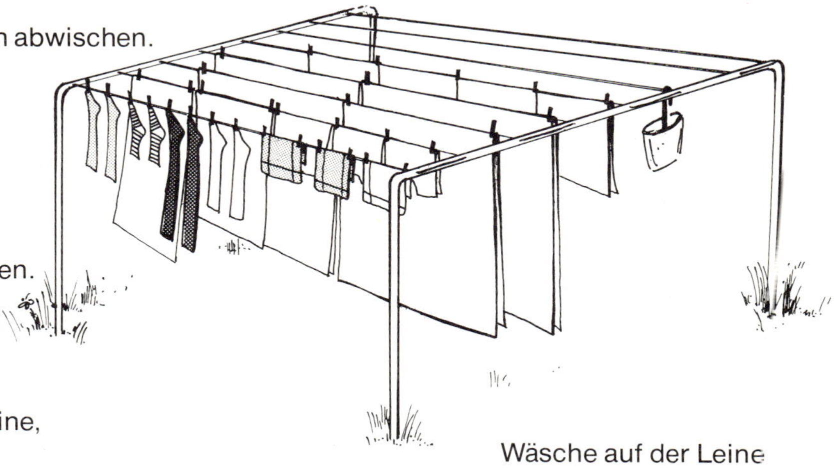

Wäsche auf der Leine

Wir merken uns: Bunte Wäsche und weiße Wäsche aus synthetischen Fasern **nicht in der Sonne** trocknen lassen;
denn bei bunter Wäsche **verblaßt** die Farbe,
weiße Wäsche aus synthetischen Fasern **vergilbt.**

Abnehmen der Wäsche

Die getrocknete Wäsche sorgfältig zusammenlegen und in den Wäschekorb legen, um unnötige Faltenbildung zu vermeiden.
Die Bügelwäsche, z. B. Tisch-, Bettwäsche, sollte nicht ganz trocken sein, wenn sie sofort gebügelt wird.

Trockenautomat

Trocknen der Wäsche im Trockenautomat

Im Trockenautomat wird die Wäsche in einer Drehtrommel durch ein Warmluftgebläse getrocknet.
Für das Trocknen im Trockenautomat gilt:
Die Wäsche besonders gut schleudern.
Nur Wäschestücke mit gleicher Trockenzeit in den Trockenautomat einfüllen, z. B. Tischwäsche mit Küchenwäsche und Bettwäsche, Frottierwäsche mit Unterwäsche.
Nach dem Trocknen die Wäsche sofort entnehmen, um unnötige Faltenbildung zu vermeiden.

W 4. Handwäsche

Einzelne Wäschestücke, z. B. Pullover oder Strickjacken, Schals aus Wolle oder Seide, kleinere Teile wie Strumpfhosen, Strümpfe oder Socken wäscht man mit der Hand.

Beispiel: Waschen eines Wollpullovers

Vorbereiten:

Lauwarmes Wasser in ein Waschbecken
oder in eine Waschschüssel einlaufen lassen (ca. 3/4 füllen).
Feinwaschmittel nach Gebrauchsanweisung abmessen,
in das Wasser geben und auflösen.

Waschen:

Den Pullover in die Waschmittellösung geben.
Mit beiden Händen den Pullover
in der Waschmittellösung gut **drücken.**
Kragen und Ärmel besonders waschen und kontrollieren

Wolle nie reiben oder wringen,
sonst verfilzt sie.

Nach dem Waschen den Pullover gut ausdrücken.
Das Wasser erneuern.
Den Pullover in dem klaren Wasser spülen.
So oft spülen, bis das Wasser klar bleibt.
In das letzte Spülbad nach Gebrauchsanweisung Weichspüler geben.

Trocknen:

Den Pullover gut ausdrücken und auf ein ausgebreitetes Frottiertuch legen.
Alles zusammen aufrollen und fest ausdrücken.
Ist eine Wäscheschleuder vorhanden,
kann der eingerollte Pullover in der Schleuder
kurz angeschleudert werden.
Den Pullover aus dem nassen Frottiertuch herausnehmen
und auf ein trockenes Frottiertuch legen.
Den Pullover glatt legen, damit sich keine Falten bilden.

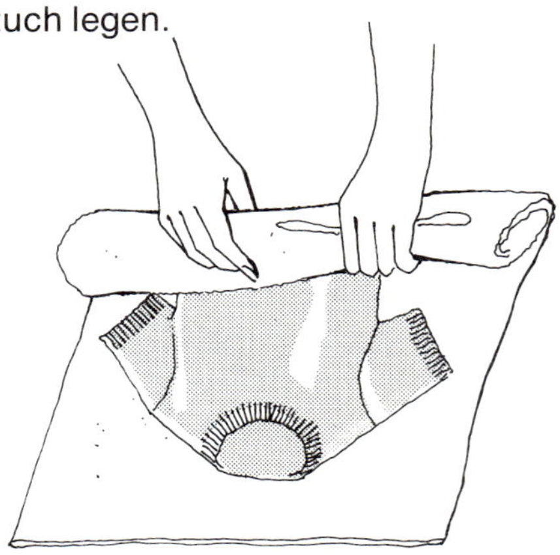

Tip: Farbige Pullover bekommen durch Spülen
in Essigwasser eine frischere Farbe.

Wir merken uns: Wolle nur bis 30 °C waschen.
Wolle nie reiben oder wringen.
Wolle nie mit zu viel Waschmittel waschen.
Wolle und andere Feinwäsche nie in der Sonne
oder auf der warmen Heizung trocknen.

W 5. Bügeln

Vorbereiten der Bügelwäsche

Arbeitsgeräte:
Waschkorb, Einsprenger, Kunststoff-Folie

Sortieren

Bügelwäsche sortieren:

kleine glatte Teile

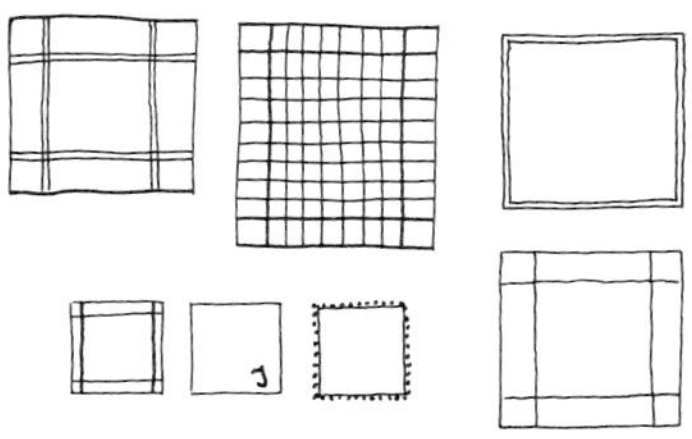

große glatte Teile

geformte Teile

Einsprengen

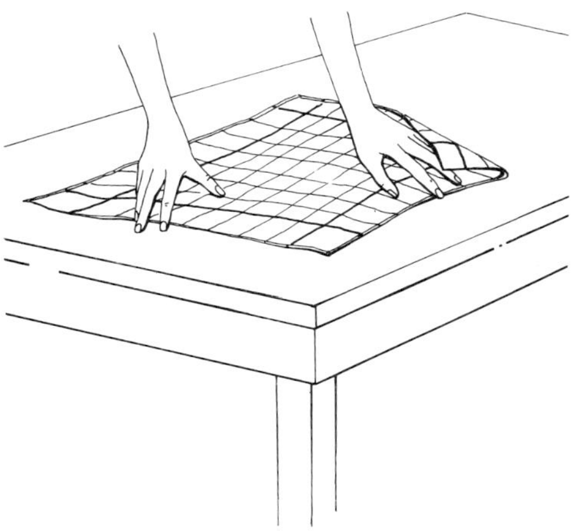

Wäschesprenger mit warmem Wasser füllen.
Warmes Wasser zieht besser in die Faser ein.
Beim Einsprengen der Wäsche
mit großen glatten Teilen beginnen.

Das Wäschestück mit der langen Seite
parallel zur Tischkante legen, die linke Seite nach oben.
Das Wäschestück glatt streichen,
besonders auf die Säume achten.

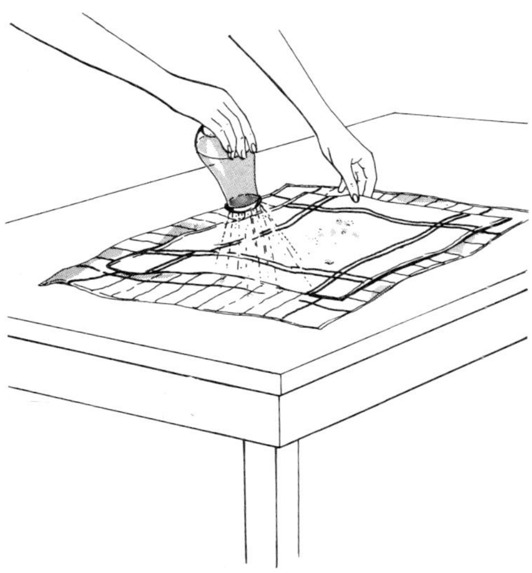

Das Wäschestück leicht einsprengen.
Das nächste Wäschestück darauf legen,
ebenfalls einsprengen.

Einrollen der eingefeuchteten Wäsche

Kleine glatte Teile:

Zuerst die langen Seiten zur Tuchmitte falten.
Dann die schmalen Seiten zur Tuchmitte falten.
Anschließend die gefalteten Tücher zusammenrollen.

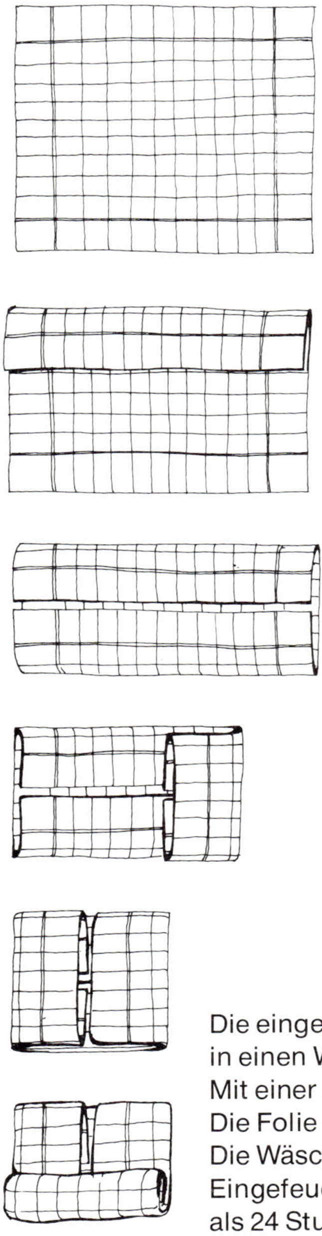

Große glatte Teile:

Erst einsprengen und dann recken,
damit sie glatt werden.
Die Teile zusammenlegen,
dann zusammenrollen.

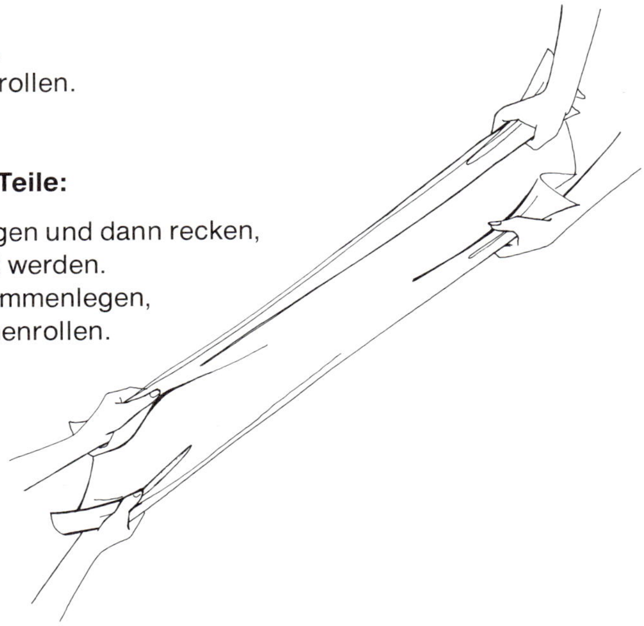

Geformte Teile:

Ärmel und Bänder werden **vor** dem Einsprengen zur Mitte gelegt.
Die eingefeuchteten Teile glatt streichen,
falten und zum Schluß einrollen.

Die eingerollte Wäsche zum Durchfeuchten
in einen Wäschekorb legen.
Mit einer Kunststoff-Folie abdecken.
Die Folie verhindert das Austrocknen.
Die Wäsche 3–4 Stunden durchfeuchten lassen.
Eingefeuchtete Wäsche nie länger
als 24 Stunden liegen lassen,
sie bekommt sonst Stockflecken.

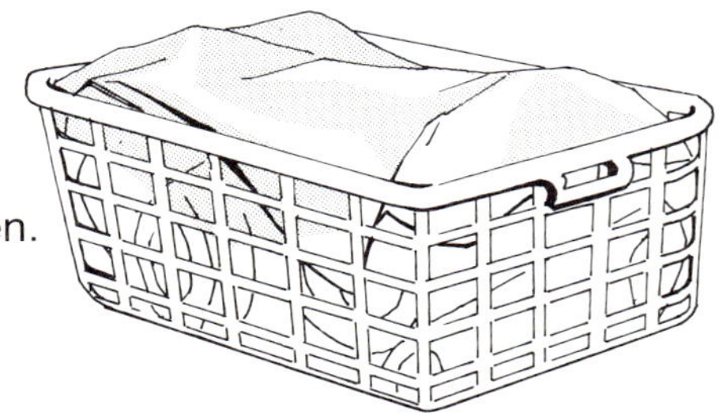

Wir merken uns: Die Bügelwäsche immer vor dem Einsprengen sortieren.
Die Wäsche zum Einfeuchten glatt streichen.
Die eingefeuchtete Wäsche zum besseren Durchfeuchten
einrollen. Feuchte Wäsche nie länger als 24 Stunden liegen lassen.

Vorbereiten des Bügeltisches

Arbeitsgeräte:
1 Moltondecke, 1 Leinentuch,
1 Bügeleisen, 1 Schälchen mit Wasser,
1 kleiner Schwamm, 1 Hocker

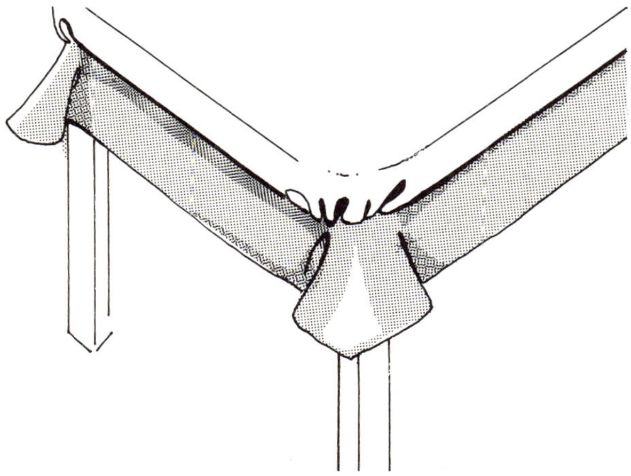

Die Moltondecke auf dem Tisch ausbreiten und glatt streichen.
Das Leinentuch über die Moltondecke spannen.

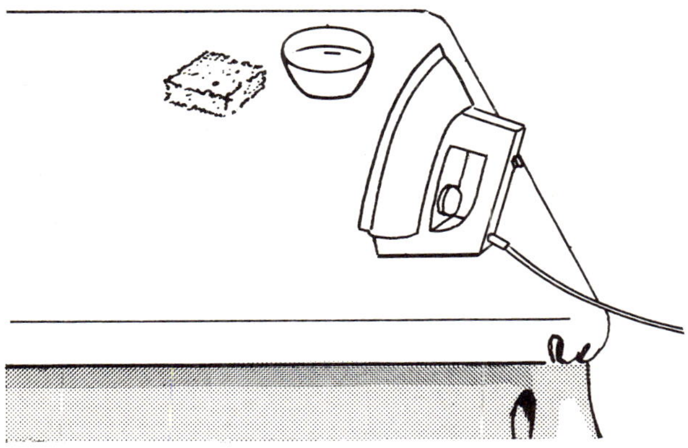

Das Bügeleisen (mit Abstellplatte), Schälchen und Schwamm rechts auf den Tisch stellen.

Hocker mit Wäschekorb **rechts** neben den Tisch stellen.

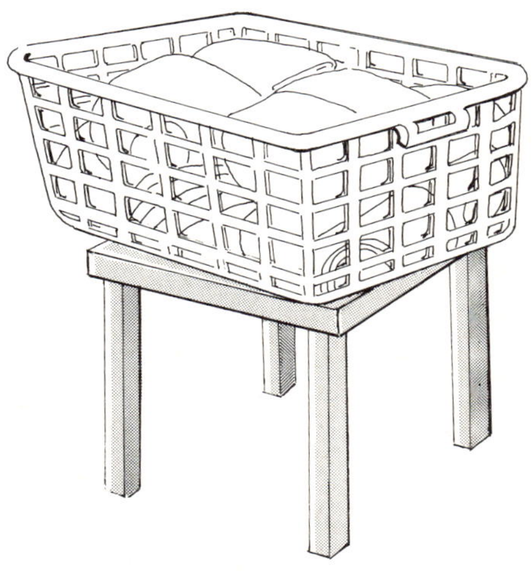

W 6. Bügelgeräte

Man unterscheidet:

- **Handbügler**
  - Bügeleisen
  - Dampfbügel-eisen
- **Bügelmaschinen**
  - Tischbügel-maschine
  - Standbügel-maschine

Bügelautomat

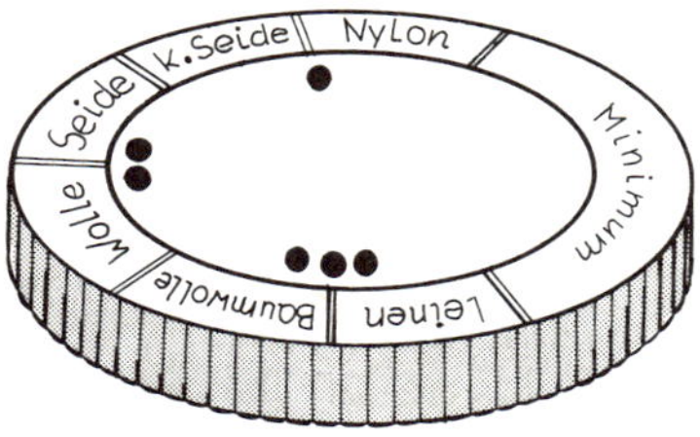

Das Bügeleisen wird mit Hilfe des Temperaturwählers eingeschaltet.
Wird der Temperaturwähler eingeschaltet,
so leuchtet eine Kontrollampe auf.
Sie erlischt, wenn die eingestellte Temperatur,
z. B. für Baumwolle, erreicht ist.
Ein Temperaturregler sorgt für gleichbleibende Temperatur
während des Bügelns.

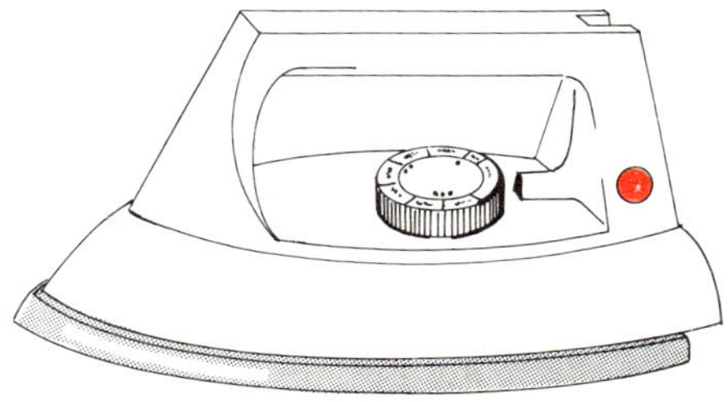

Dampfbügeleisen

Das Dampfbügeleisen gleicht dem Bügeleisen.
Es hat jedoch zusätzlich:

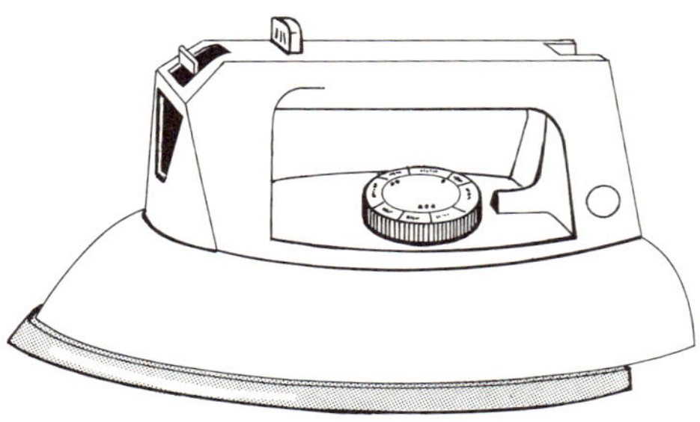

einen Wassertank

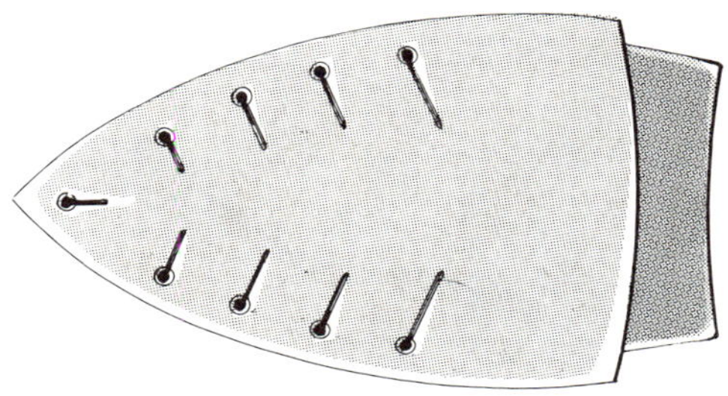

Düsen an der Bügelsohle

Während des Bügelns verdampft das Wasser.
Der Dampf tritt durch die Düsen aus und befeuchtet die Wäsche.
Das Einsprengen vor dem Bügeln entfällt.

In den Wasserbehälter darf nur **kalkfreies,** z. B. abgekochtes, Wasser gefüllt werden.
Im Handel gibt es Entkalkungsgeräte, die das Leitungswasser entkalken.
Mit dem Dampfbügeleisen kann auch trocken gebügelt werden.

Tischbügelmaschine

Die Tischbügelmaschine wird mit Hilfe
eines Kippschalters eingeschaltet.
Der Temperaturregler befindet sich an der Bügelwange.
Er hat die gleichen Temperaturbereiche
wie die Handbügler.
Die Bügelwalze ist gepolstert
und mit einem Leinentuch bezogen.

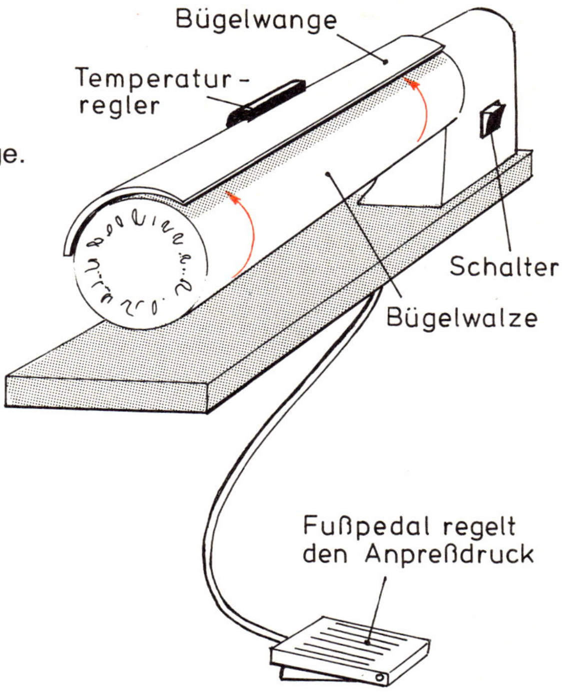

Die Walze wird durch einen Motor gedreht.
Die Bügelwange wird an die Walze gepreßt.
Dies erfolgt durch einen Hebel oder ein Fußpedal.

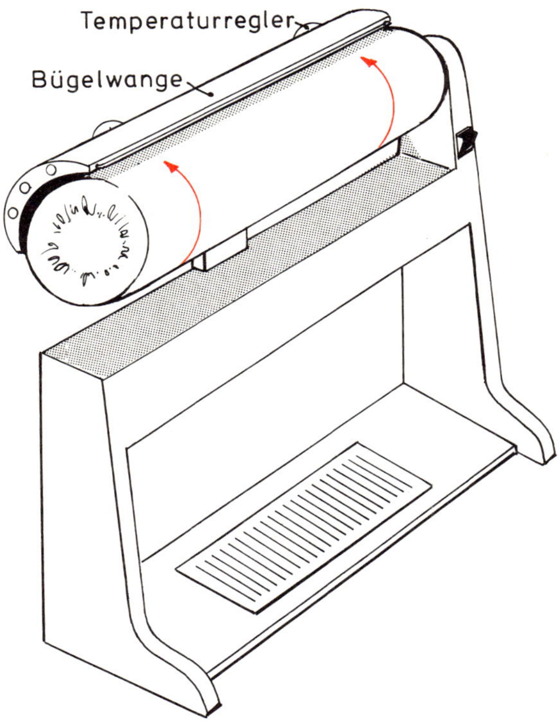

Standbügelmaschine

Die Standbügelmaschine unterscheidet sich
von der Tischbügelmaschine dadurch,
daß sie fest auf einem Metallrahmen
montiert ist.

Pflege der Bügelgeräte

Bügeleisen nie auf rauhe Ablagen stellen. Die Bügelsohle verkratzt sonst.
Verschmutzte Bügelsohlen mit Spezialreiniger für Bügelgeräte
reinigen oder mit Stahlreiniger leicht abreiben.
Gut nachpolieren. Nie kratzende Reinigungsmittel verwenden.
Kunststoffbeschichtete Bügelsohlen mit einem feuchten Tuch abreiben.
Den Wasserbehälter der Dampfbügeleisen nach dem Bügeln entleeren.
Bügelgeräte erst abkühlen lassen, dann wegräumen.
Bügelmaschinen nach dem Abkühlen mit einer Schutzhaube abdecken, damit sie nicht verstauben.

W 7. Bügeln und Falten glatter Teile

Beispiel: Geschirrtuch

Bügeln

Die eingesprengten Geschirrtücher ordentlich über den Korbrand legen.
Ein Geschirrtuch nehmen und mit der rechten Seite auf den Tisch legen.
Die lange Seite parallel zur Tischkante legen.
Das Geschirrtuch glatt streichen.
Zuerst die Ränder bügeln, dann die Tuchmitte.

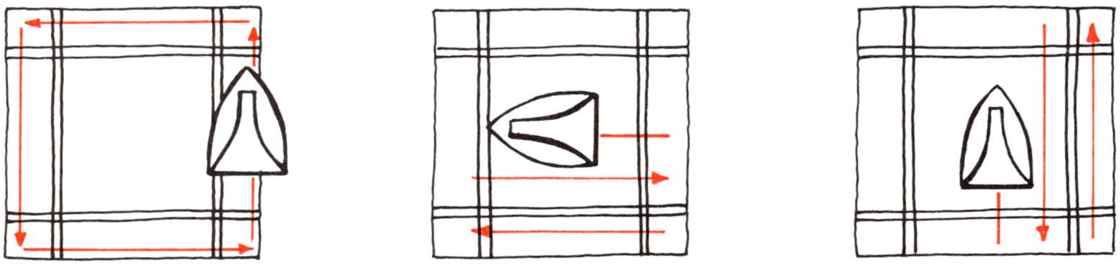

Die Wäsche immer **fadengerade** bügeln, damit der Stoff sich nicht verzieht.

Falten

Die lange Seite aufnehmen
und auf die gegenüberliegende Seite legen.
Den unteren Stoff etwas vorstehen lassen.

Die lange Seite nochmals zur Hälfte falten.
Das Tuch glatt streichen.

Die linke Hand auf die Tuchmitte legen.
Mit der rechten Hand
das linke Tuchende aufnehmen
und nach rechts falten.

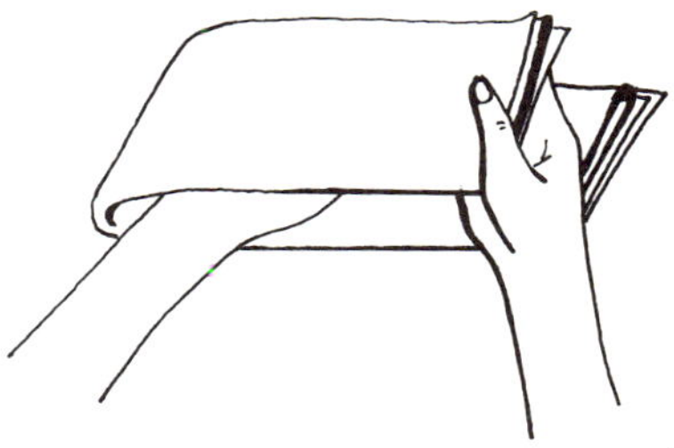

Das Tuch nochmals zur Hälfte falten und glatt streichen.

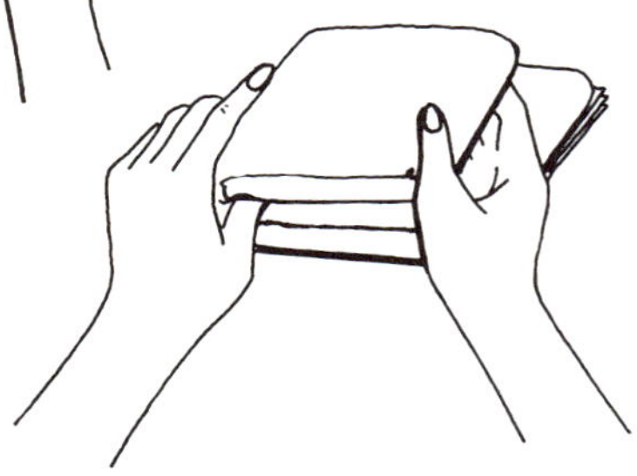

Das gefaltete Geschirrtuch auf die Seite legen.
Mit den restlichen Geschirrtüchern genauso verfahren.

Beim Stapeln der Geschirrtücher müssen die geschlossenen Kanten aufeinander liegen.

W 8. Bügeln und Falten geformter Teile

Beispiel: Latzschürze

Bügeln

Die eingesprengte Schürze auseinander rollen.
Die Schürze am Bund anfassen und ausschlagen.
Die Bindebänder glatt streichen.
Die Bänder zuerst von links
und dann von rechts bügeln.
Man beginnt mit den Rockbändern.
Die Latzbänder bis zum Bund bügeln,
anschließend den Schürzenlatz.
Die Schürze auf dem Bügeltisch so drehen,
daß der Latz nach links zeigt.
Das vordere Latzband soll parallel zur Tischkante liegen.
Den Rockteil bügeln.
Immer darauf achten, daß fadengerade gebügelt wird.
Die Schürze so weit nach hinten ziehen,
daß der ungebügelte Teil des Schürzenrockes
auf dem Tisch liegt.
Den restlichen Teil bügeln.

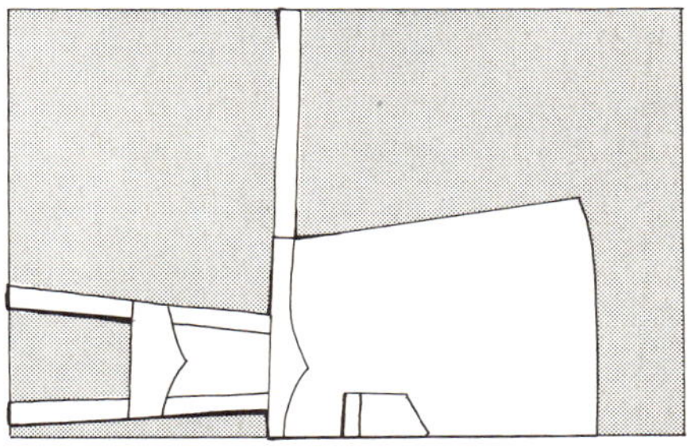

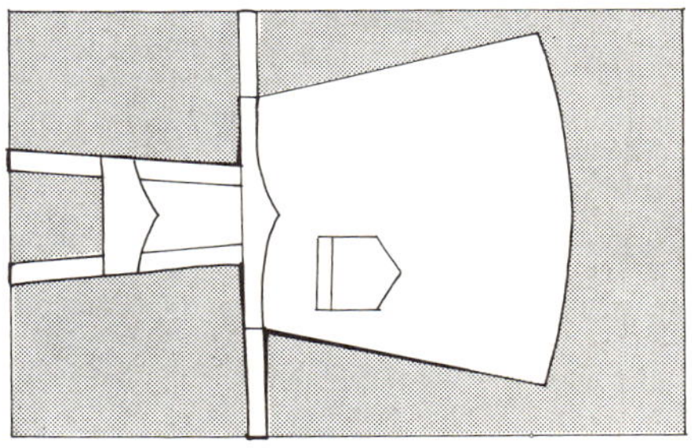

Falten

Mit der linken Hand die Mitte des oberen Latzrandes,
mit der rechten die Mitte des Rocksaumes fassen.

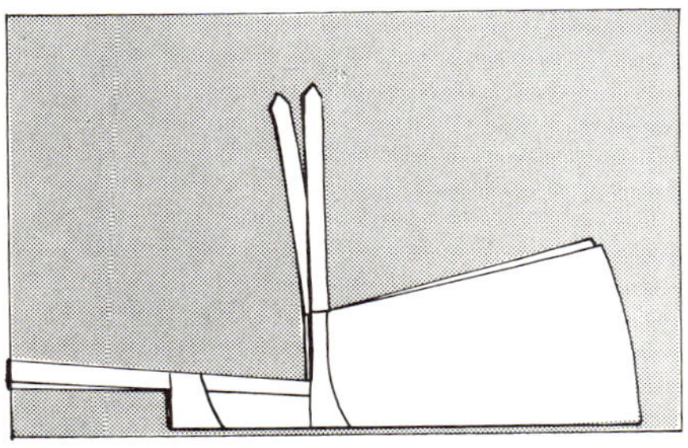

Die Schürze hochheben und mit der Bruchseite
parallel zur Tischkante legen.

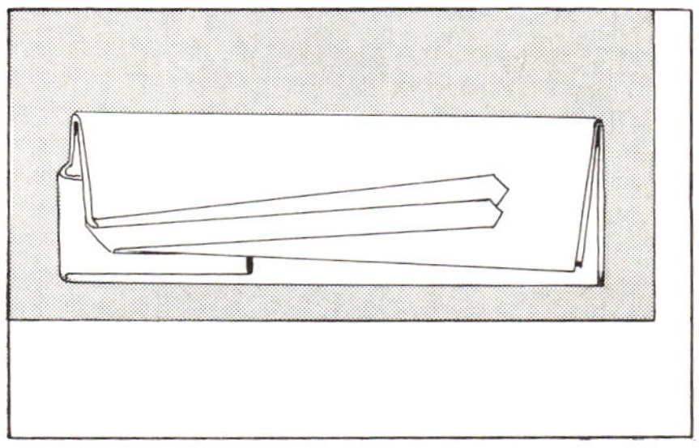

Die offene lange Rockseite
mit den Bändern zum Stoffbruch falten.
Die Rockbänder zum Saum einschlagen.

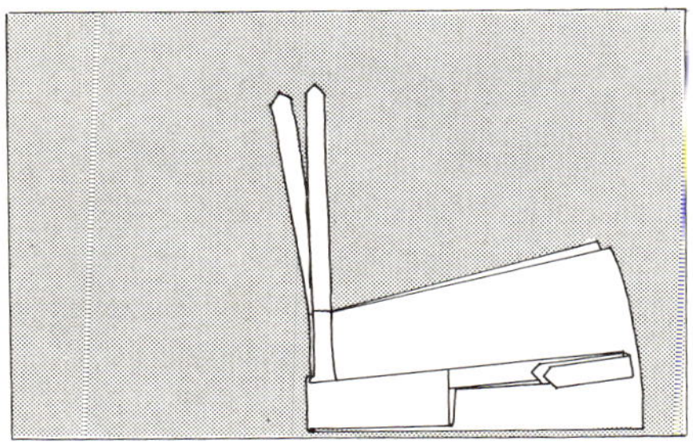

Den Latz mit den Bändern nach rechts
auf die Schürze legen.
Sehr lange Bänder zurücklegen.

Die linke Hand auf die Mitte
des Schürzenrockes legen.
Mit der rechten den Bund aufnehmen
und zum Saum hin falten.
Glatt streichen.

W 9. Bügeln mit der Bügelmaschine

Beispiel: Geschirrtücher

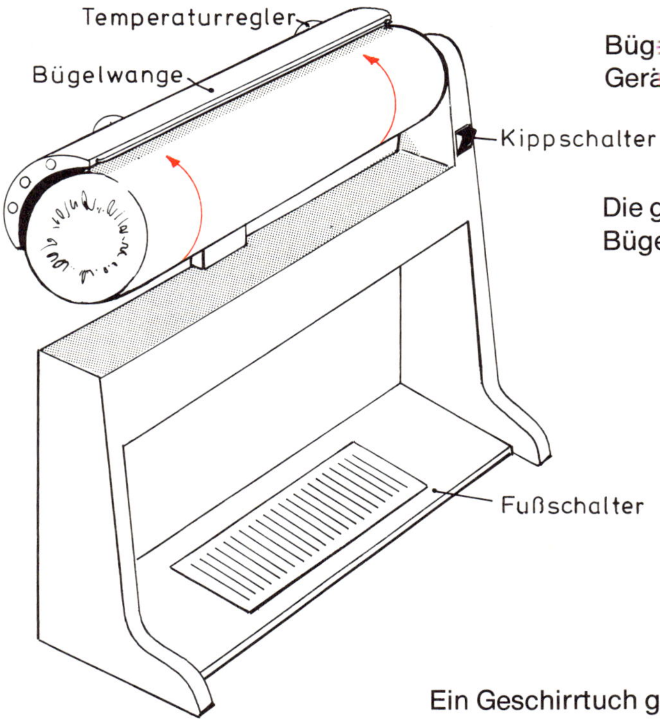

Bügelmaschine an die Steckdose anschließen.
Gerät einschalten (Kippschalter).

Die gewünschte Bügeltemperatur einstellen.
Bügelmaschine aufheizen lassen.

Ein Geschirrtuch glatt auf die Bügelwalze legen.

Vorsicht, nicht unter die Bügelwange greifen.

Das Geschirrtuch so auf die Walze legen,
daß die gesamte Walzenbreite genutzt wird.

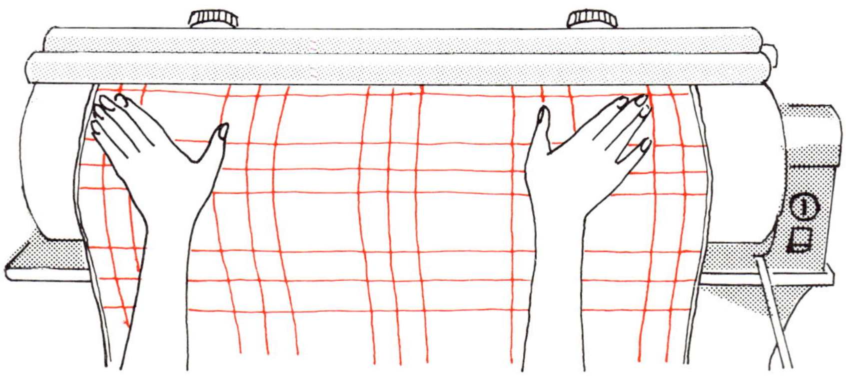

Die Bügelwalze durch Herunterdrücken des Fußschalters einschalten.
Die Walze wird so gedreht,
und die beheizte Bügelwange legt sich an die Walze an.

Die Wäsche während des Durchlaufens leicht zur Seite glatt streichen.
Den Fußdruck zurücknehmen, wenn die Wäsche durchgelaufen ist.

Die gebügelte Wäsche auf der Wäschestange ablegen.
Die gebügelte Wäsche erst falten, wenn **alle** Teile gebügelt sind.

NZ
Nahrungszubereitung

NZ 1. Nahrungsmittel und ihre Nährstoffe

Wir unterscheiden nach Herkunft:

pflanzliche Nahrungsmittel | **tierische Nahrungsmittel**

Die Nahrungsmittel gelangen in unseren Körper entweder **roh** oder **gegart.**
Die Nahrungsmittel enthalten **Nährstoffe.**
Die Nährstoffe werden **verdaut.**
Sie verbleiben im Körper
und erfüllen **bestimmte Aufgaben** als:

Baustoffe:
- **Eiweiß**
- **Wasser**
- **Mineralstoffe**
(z. B. Kalk, Eisen, Jod)

Baustoffe benötigt der Körper
zum **Aufbau**
und zur **Erhaltung.**

Brennstoffe:
- **Fett**
- **Kohlenhydrate**

Brennstoffe benötigt der Körper
zur **Krafterzeugung**
und zur **Wärmeerzeugung.**

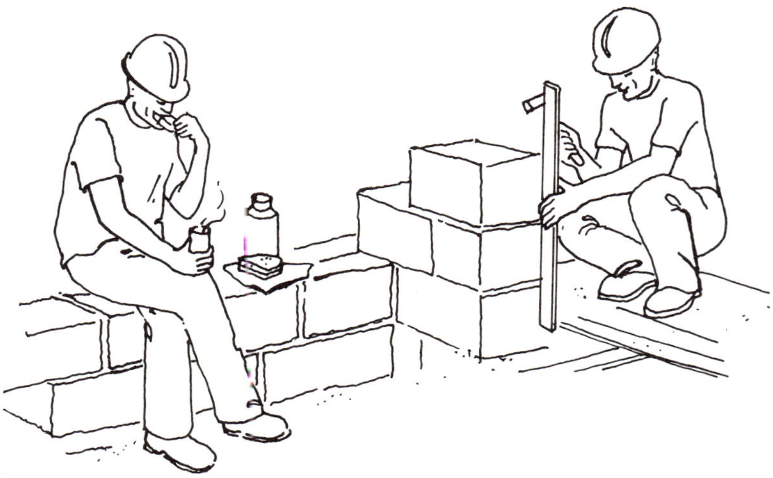

Die Nahrungsmittel enthalten auch **Ballaststoffe.**
Die Ballaststoffe benötigt der Körper, um die Darmtätigkeit zu fördern.
Die Ballaststoffe scheidet der Körper **unverdaut** aus.

Wir verarbeiten Nahrungsmittel, die Nährstoffe enthalten.

Nachweis von **Eiweiß** + **Fett** + **Kohlenhydraten.**

Versuche:

Ergebnisse:

Versuch 1

Geben Sie ein Stück
Fleisch oder Fisch in kochendes Wasser.
Beobachten Sie.

Flockenbildung an der Wasseroberfläche.

Eiweiß gerinnt bei Hitzezufuhr.

Eiweiß ist enthalten z. B. in:
Fleisch, Fisch, Ei, Milch, Kartoffeln, Hülsenfrüchten.

Versuch 2

Geben Sie:
einige Tropfen Öl, gemahlene Haselnußkerne,
eine Scheibe Plockwurst,
eine dünne Scheibe Käse
auf saugfähiges Papier.

Ergebnis:

Fettflecken zeichnen sich ab.

Einige Nahrungsmittel enthalten **Fett.**

Fett ist enthalten z. B. in:
Butter, Margarine, Öl, Käse, Fleisch, Wurst, Nüssen.

Versuch 3

Probieren Sie ein Stück
reife Birne oder reife Pflaume.
Probieren Sie ein Stück
gegarte Kartoffel oder einige Gemüseerbsen.

Ergebnis:

Süßer Geschmack

Mehliger Geschmack

Einige Nahrungsmittel enthalten
Zuckerstoffe + **Mehlstoffe** = **Kohlenhydrate.**

Kohlenhydrate sind enthalten z. B. in:
Obst, Gemüse, Kartoffeln, Getreideerzeugnissen, Mehl, Reis, Nudeln.

Der Körper braucht ebenfalls **täglich Vitamine.**

Vitamine sind enthalten z. B. in:
rohem Obst, Gemüse, Küchenkräutern, Fisch, Fleisch.

NZ 2. Vorbereitungsarbeiten: Obst und Gemüse

Waschen

Obst und Gemüse müssen gewaschen werden, um Staub, Schmutz, Erde und Schädlingsbekämpfungsmittel zu entfernen:
mit **kaltem Wasser**
unzerkleinert
gründlich und **schnell**

Putzen

Obst und Gemüse müssen geputzt werden.
Putzen heißt:
welke Blätter,
Stengel, Stiele,
angefaulte Stellen,
Steine, Kerngehäuse,
Schalen
entfernen.

Die Reihenfolge dieser Vorbereitungsarbeiten richtet sich nach den Obst- und Gemüsesorten.

Praktische Hinweise

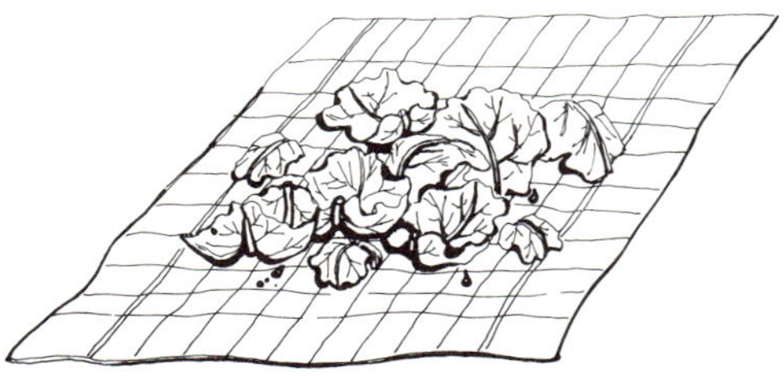

Salat putzen und zerlegen,
Salat gründlich und schnell
in viel stehendem Wasser waschen,
Salat locker aus dem Wasser nehmen,
auf einem sauberen Geschirrtuch
oder Durchschlag
abtropfen lassen.

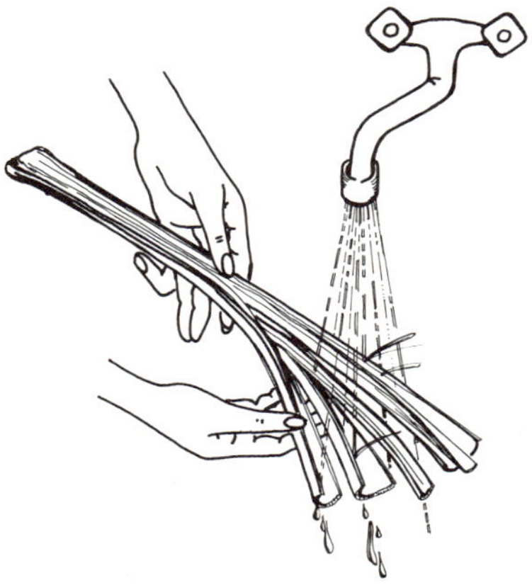

Blumenkohl putzen,
in Salzwasser legen,
um Ungeziefer zu entfernen.

Porree putzen,
längs halbieren
und unter fließendem kalten Wasser
gründlich und schnell waschen.

Kartoffeln waschen,

putzen –

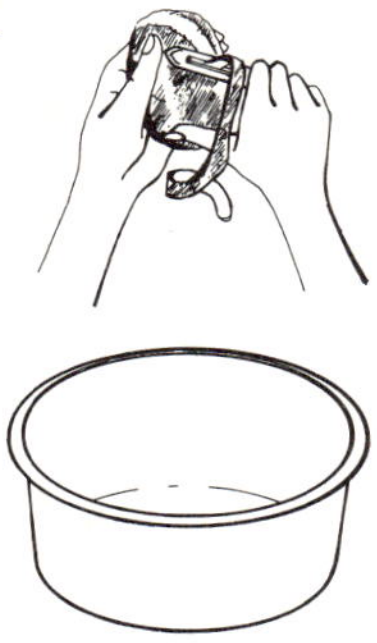

dann nochmals waschen,
um noch vorhandene Schmutzreste
zu entfernen.

Paprika waschen, putzen –
dann nochmals waschen,
damit alle Kerne herausgespült werden.
Kerne verursachen
einen bitteren Geschmack beim Garen.

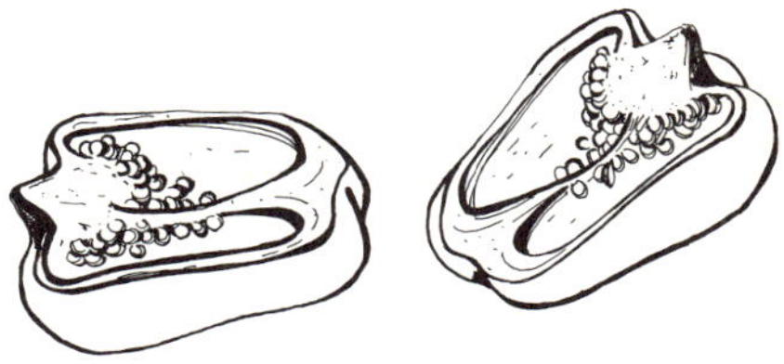

Diese **Gemüsesorten** waschen, dann putzen.
Bei Kohlrabi und Sellerie
erst die Blätter und Stiele entfernen.

Küchenkräuter putzen,
dann gründlich und schnell waschen.

Schnittlauch

Dill

Petersilie

Diese **Obstsorten** waschen, dann putzen.

Bei der Nahrungszubereitung muß **besonders** auf **Sauberkeit** geachtet werden, **darum Hände waschen.**

NZ 3. Wasser

Eigenschaften

Wir benötigen zur Nahrungsvorbereitung und zur Nahrungszubereitung Wasser.
Wasser hat 3 wichtige Eigenschaften:

Versuche:	**Ergebnisse:**
Versuch 1 Geben Sie Salz, Zucker in kaltes Wasser. Wir beobachten:	Wasser löst.
Versuch 2 Geben Sie Salz, Zucker in heißes Wasser.	Heißes Wasser löst schneller.
Versuch 3 Geben Sie einen Teebeutel in kaltes Wasser.	Wasser laugt aus.
Versuch 4 Geben Sie einen Teebeutel in heißes Wasser. Probieren Sie.	Heißes Wasser laugt schneller aus.
Versuch 5 Geben Sie einen Teebeutel in kaltes Salzwasser. Lassen Sie die Versuche 3, 4 und 5 ca. 20 Min. stehen.	Salzwasser laugt langsamer aus.
Versuch 6 Kochen Sie 50 g fettes Schweinefleisch in 1/8 l Wasser.	Eiweiß gerinnt. Fettaugen schwimmen auf der Kochflüssigkeit.

Wasser entzieht den Nahrungsmitteln:
Nährstoffe + Geschmacksstoffe + Farbstoffe + Aromastoffe.

Versuch 7	**Ergebnis:**
Geben Sie Backpflaumen oder Brötchen in kaltes Wasser.	Wasser bringt zum Quellen.

Die Nahrungsmittel nehmen Flüssigkeit auf.

NZ 4. Garmachungsarten

NZ 4.1. Garen durch Kochen – Beispiel: Kartoffelsuppe

Versuche auf einer Kochplatte mit 7-Takt-Schaltung.

Versuche:

Versuch 1

a) Bringen Sie $^1/_2$ l Wasser auf der Ankochstufe zum Kochen.

Messen Sie die Temperatur.

b) Lassen Sie das Wasser auf der Ankochstufe weiterkochen, ca. 5 Min. Messen Sie die Temperatur.

Ergebnisse:

Es bildet sich Wasserdampf. Wasserdampf kühlt sich ab und wird wieder zu Wasser.

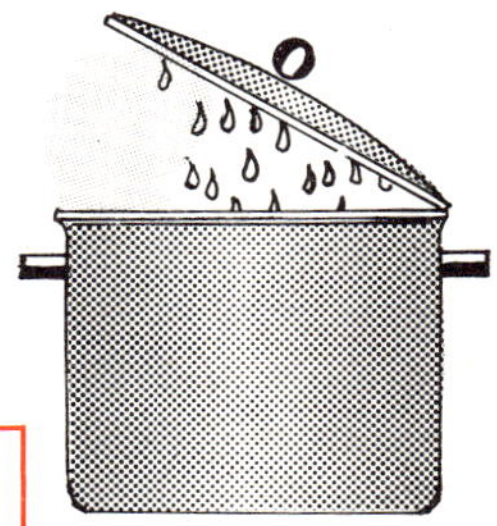

Die Temperatur des Wassers beträgt 100 °C.

Wasser kocht bei 100 °C.

Die Temperatur steigt nicht über 100 °C.

Versuch 2

Wiederholen Sie Versuch 1 a, lassen Sie das Wasser auf der Fortkochstufe weiterkochen. Messen Sie die Temperatur.

Die Temperatur bleibt auf 100 °C. Auch bei geringer Hitzezufuhr kocht das Wasser weiter.

Wir merken uns: Ankochen bei großer Hitzezufuhr,
fortkochen bei geringer Hitzezufuhr.

Versuch 3

Geben Sie kleingeschnittenes Gemüse, z. B. Möhren, Porree, Sellerie, in kochendes Wasser. Lassen Sie es garen. Probieren Sie die Kochflüssigkeit und das Gemüse.

Ergebnis:

Die Nahrungsmittel werden **gar.**
Geschmacksstoffe lösen sich im Wasser,
Aromastoffe sind durch Riechen wahrzunehmen.
Nährstoffe sind in der Kochflüssigkeit.

Wir merken uns: Geschmacksstoffe, Aromastoffe, Nährstoffe, Vitamine und Mineralstoffe sind in der Flüssigkeit enthalten.

Garen in viel siedender Flüssigkeit heißt Kochen.

Rezept: Kartoffelsuppe

1 l Wasser 1 Fleischbrühwürfel Salz, Gewürze	Auf der **Ankochstufe** zum Kochen bringen.
1 kg Kartoffeln 1 Möhre $^1/_4$ Sellerieknolle 1 St. Porree 1 Zwiebel	In Würfel schneiden (Porree in Streifen). In die Flüssigkeit geben, einmal aufkochen lassen, auf der **Fortkochstufe** ca. 20 Min. garen lassen,
4 Brühwürstchen	dazugeben und ca. 10 Min. bei geringer Hitzezufuhr garziehen lassen.

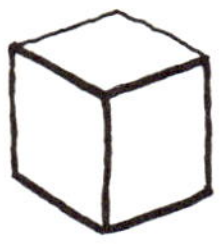
Kartoffeln in Würfeln

Möhre in Würfeln

Sellerie in Würfeln

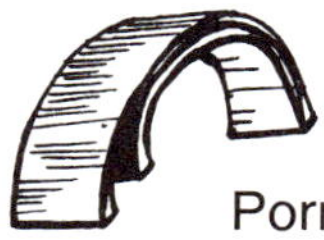
Porree in Streifen

Zwiebel in Würfeln

Vorschlag: Zum Anrichten gehackte Petersilie darüberstreuen.
Man kann frische Brötchen oder Brot zu der Suppe essen.

Praktische Hinweise: Töpfe fest schließen, nicht unnötig hineinsehen, nicht unnötig rühren } Aromastoffe gehen verloren. Vitamine sind sehr empfindlich. Kochflüssigkeit verdampft. Energieverlust!

Mengenangabe:

Zur Gemüsesuppe als **Hauptgericht** rechnet man ca. **1 l Flüssigkeit** und ca. **1 bis 1,5 kg Gemüse** für 4 Personen.

Zur Gemüsesuppe als **Vorsuppe** rechnet man ca. **3/4 l** Flüssigkeit und ca. **500 g Gemüse** für 4 Personen.

Aufgaben:

1. Nennen Sie die küchentechnischen Eigenschaften des Wassers.
2. Warum soll beim Kochen der Topfdeckel fest aufliegen?

NZ 4.2. Garen durch Dünsten – Beispiel: Gemüseeintopf

Versuche:

Versuch 1

Drücken Sie mit einer Gabel auf ein Stück Tomate, Pflaume, Kirsche, Schlangengurke, Fischfilet.

Ergebnisse:

Diese Nahrungsmittel sind weich. Flüssigkeit (Saft) läßt sich leicht ausdrücken.

Versuche:

Ergebnisse:

Versuch 2

Drücken Sie mit einer Gabel auf ein Stück Blumenkohl, Möhre, Kohlrabi.

Diese Nahrungsmittel sind fest. Flüssigkeit läßt sich nicht mit der Gabel ausdrücken.

> Es gibt Nahrungsmittel mit **lockerem** Fasergebilde.
> Es gibt Nahrungsmittel mit **festem** Fasergebilde.
> Der Wassergehalt bei Obst und Gemüse ist groß.

Versuch 3

Garen Sie 100 g Pflaumen auf der Fortkochstufe – ca. 5–10 Min. –

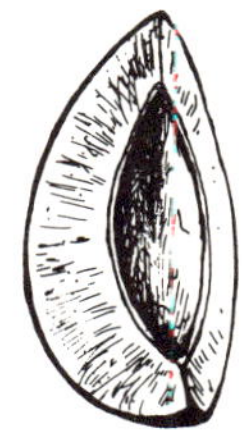

Pflaumen in Stücken

Nahrungsmittel mit lockerem Fasergebilde können im eigenen Saft gegart werden.

Versuch 4

Bringen Sie etwas Wasser auf der Ankochstufe zum Sieden. Geben Sie 100 g Möhrenwürfel hinein und lassen die Möhren auf der Fortkochstufe ca. 5–10 Min. garen.

Nahrungsmittel mit festem Fasergebilde benötigen zum Garen Flüssigkeit.

> **Garen im eigenen Saft oder in etwas Flüssigkeit heißt Dünsten.**

Fettzugabe kann zur Geschmacksverbesserung beitragen.

Rezept: Gemüseeintopf

200 g mageren Speck	In Würfel schneiden, und im Topf erhitzen
200 g Kartoffeln 200 g Blumenkohl 100 g Möhren 100 g Kohlrabi 100 g Sellerie 1 St. Porree 1 Zwiebel Salz, Pfeffer	die übrigen Zutaten in Stücke schneiden und dazugeben
$^1/_4$ l Flüssigkeit	zugießen und ca. 30–40 Min. garen lassen.

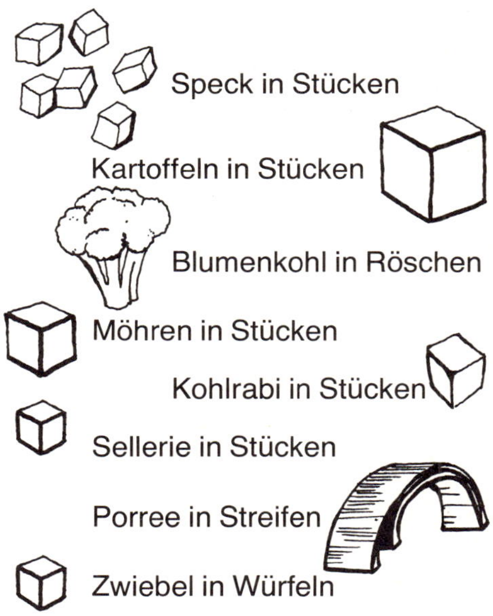

Vorschlag: Zum Anrichten gehackte Petersilie darüberstreuen.

NZ 5. Getreideerzeugnisse

Getreidearten sind:

Weizen

Gerste

Roggen

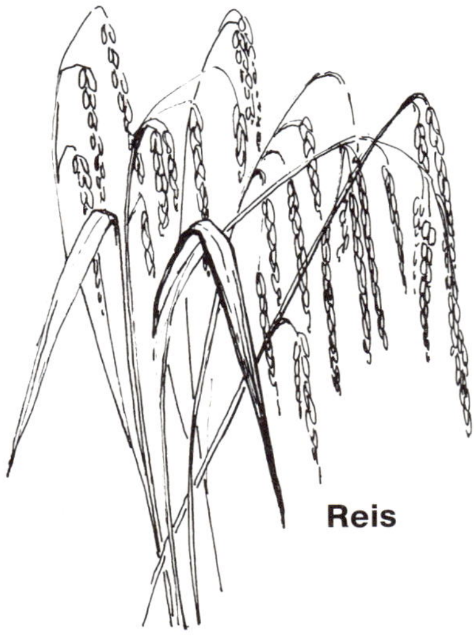

Reis

Hafer

Das **Getreidekorn** besteht aus:

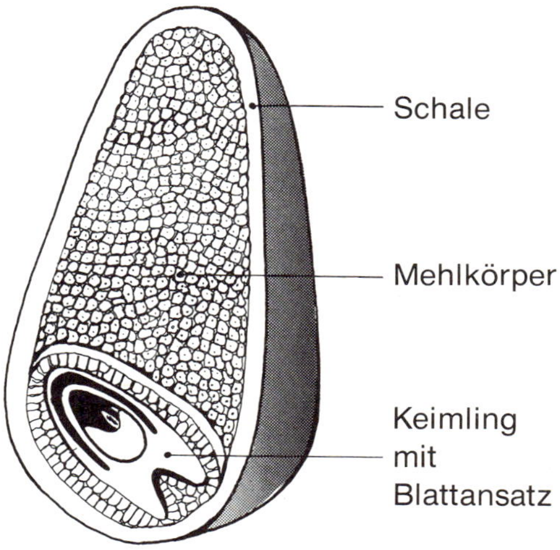

Aus den Körnern gewinnt man die **Getreideerzeugnisse:**

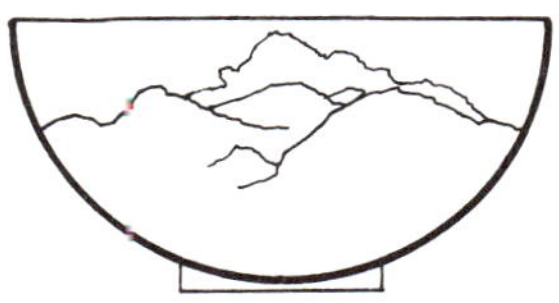

Stärke

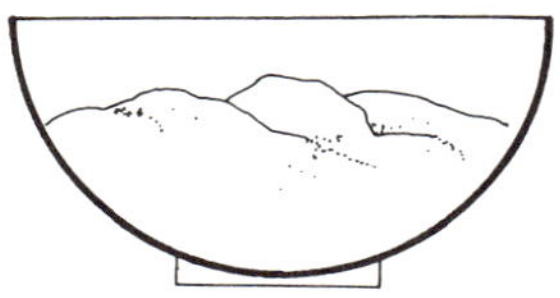

Mehl

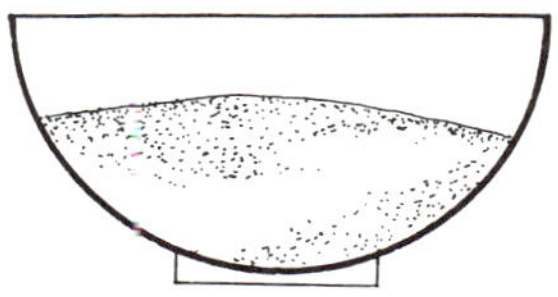

Grieß

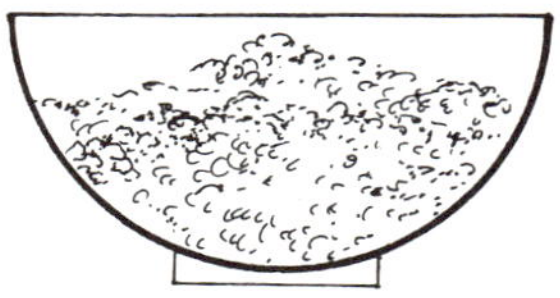

Haferflocken

Getreideerzeugnisse enthalten Stärke.

Versuche:

Versuch 1

Verrühren Sie 1 TL Stärke
in **kaltem** Wasser.
Lassen Sie die angerührte Stärke stehen.

Ergebnisse:

Wir beobachten:
Die Stärke setzt sich unten ab.

Stärke ist in kaltem Wasser nicht löslich.

Versuch 2

Verrühren Sie 1 EL Stärke
in kaltem Wasser,
und geben Sie sie unter Rühren
in 1/8 l **kochendes** Wasser.

Die Stärke verkleistert.
Sie bindet Flüssigkeit bei Hitzezufuhr.

Wir merken uns: Stärke bindet durch Quellen.

NZ 5.1. Bindemittel

Man bezeichnet die Getreideerzeugnisse daher **als Bindemittel.**
Nach der **Feinheit** teilt man die Bindemittel ein in:

- **feine Bindemittel**
  - Stärke
  - Mehl
- **mittlere Bindemittel**
  - Grieß, Sago
  - Perlgraupen, feine Haferflocken
- **grobe Bindemittel**
  - Reis, Graupen
  - grobe Haferflocken

Feine Bindemittel

Versuche: Nehmen Sie zu folgenden Versuchen Töpfe
mit 16 cm ∅, je 1/8 l Wasser und 1 EL des jeweiligen Bindemittels.
Rühren Sie die Bindemittel für die Versuche 3 und 4
mit 2 EL der angegebenen Wassermenge an. Beobachten Sie.

Versuche:

Versuch 3 (Wiederholung von Versuch 2)

Rühren Sie **Stärke** mit kaltem Wasser an,
und geben Sie sie unter Rühren
in kochendes Wasser.

Ergebnisse:

Es entsteht Stärkekleister.

Stärke bindet die Flüssigkeit.

Die Stärke liegt frei, deshalb **kurze** Garzeit.
Stärke einmal aufkochen lassen.

Versuche: | **Ergebnisse:**

Versuch 4

Rühren Sie **Mehl** mit kaltem Wasser an, und geben Sie es unter Rühren in kochendes Wasser.

Mehl bindet die Flüssigkeit.

Mehl enthält Stärke **und** Eiweißstoffe (Kleber) des Getreidekornes, deshalb **Mehl 5–8 Min.** garen lassen.

Feine Bindemittel immer mit kalter Flüssigkeit anrühren, dann unter ständigem Rühren in die kochende Flüssigkeit geben.

Mittlere Bindemittel

Versuch 5

Streuen Sie **10 g Grieß** unter Rühren in $^{1}/_{8}$ l kochendes Wasser.

Grieß bindet die Flüssigkeit.

Grieß enthält (wie das Mehl) Stärke und **noch viele** Bestandteile des Getreidekornes, deshalb **Grieß 8–10 Min.** garen lassen.

Mittlere Bindemittel unter Rühren in die kochende Flüssigkeit einstreuen.

Sago, Perlgraupen, feine Haferflocken werden wie Grieß zubereitet.

Grobe Bindemittel

Bei der Zubereitung von **groben Bindemitteln** wie Reis, Graupen, grobe Haferflocken richten Sie sich grundsätzlich nach den Angaben der Hersteller.

Bei **vorbehandelten Erzeugnissen** die Hinweise, die auf den Verpackungen angegeben sind, genau beachten.

NZ 5.2. Soßen – Suppen

Herstellung einer:

hellen Grundsoße	und	hellen Grundsuppe.
Grundrezept 40 g Fett 40 g Mehl $^1/_2$ l Flüssigkeit		**Grundrezept** 40 g Fett 40 g Mehl **1 l** Flüssigkeit

Als Flüssigkeit verwendet man:
Gemüsewasser (z. B. von Blumenkohl, Spargel, Sellerie) oder Fleischbrühen, Wasser.

Arbeitsregeln:

Das Fett im Topf erhitzen.
Das Mehl in das heiße Fett schütten.
So lange rühren, bis sich das Fett mit dem Mehl verbunden und eine goldgelbe Farbe hat.
Die Flüssigkeit unter ständigem Rühren nach und nach dazugießen, garen lassen.
Mit Salz und Gewürzen abschmecken.

Beachten Sie: Die Suppe oder Soße wird glatt und gleichmäßig, wenn:
a) die Flüssigkeit langsam dazugegossen wird,
b) die Suppe oder Soße zwischendurch immer wieder aufkocht,
c) sorgfältig gerührt wird.

Kräutersoße

Eine helle Grundsoße herstellen,
gut würzen,
kleingeschnittene Kräuter:
Petersilie, Dill, Schnittlauch
dazugeben.
Kräuter nicht mitkochen, Vitaminverlust.

Tomatensuppe

Eine helle Grundsuppe herstellen,
3 EL Tomatenmark dazugeben,
gut würzen.

Vorschlag:

Tomatensuppe,
hartgekochte Eier mit Kräutersoße,
Reis,
gemischter Salat.

Aufgabe:

Verändern Sie das Grundrezept
der hellen Grundsoße oder Grundsuppe
durch Zugabe von Geschmackszutaten.
Nennen Sie Beispiele.

NZ 6. Reis

Arten

Wir unterscheiden:

Rundkornreis, auch Milchreis genannt

Rundkornreis verwendet man
zu **süßen** Reisspeisen:
Apfelreis, Rhabarberreis, Milchreis.

Langkornreis, auch Brühreis genannt

Langkornreis verwendet man
zu **salzigen** Speisen als:
Suppeneinlage,
Beilage zu: Fleisch- und Fischgerichten,
Hauptgericht: Gemüsereis, Reisfleischgerichte

Mengenangabe: Pro Person rechnet man:

Reis als Suppeneinlage	15–20 g
Reis als Beilage	40–60 g
Reis als Hauptgericht	60–80 g

NZ 6.1. Garen von Reis durch Kochen und Quellen

Wasserreis

Garen durch Kochen

Verwendung:
Suppeneinlagen, Reissalate,
Reis-Obst-Speisen

Zubereitung Wasserreis:

Den Reis in kochendes Wasser geben,
einmal aufkochen lassen,
bei geringer Hitzezufuhr garen lassen.

Mengenangabe:
60 g Reis – $^1/_2$ l Wasser

Garzeit: 12–15 Minuten

Den gegarten Reis in ein Küchensieb geben,
unter fließendem,
lauwarmem Wasser abspülen.

Den abgegossenen Reis im Topf
bei geringster Hitzezufuhr
kurz trocknen lassen.

Quellreis

Garen durch Quellen

Verwendung:
als **Beilage** zu
Fleisch-, Fisch-, Gemüsegerichten

Zubereitung Quellreis:

Den Reis in kochendes Salzwasser
oder Brühe geben,
einmal aufkochen lassen,
bei geringerer Hitzezufuhr garen lassen.

Nur soviel Flüssigkeit nehmen,
wie der Reis zum Ausquellen benötigt.

Langkornreis gute Qualität

Mengenangabe:
60 g Reis – $^1/_8$ l Flüssigkeit

Regel:
1 Teil Reis – 2 Teile Flüssigkeit

Beispiel:
1 Tasse Reis – 2 Tassen Flüssigkeit

Garzeit: 15–20 Minuten

NZ 6.2. Garen von Reis durch Andünsten

Risotto

Garen durch Andünsten in Fett
Weitergaren durch Quellen
Verwendung:
als **Beilage** zu:
gebratenem oder gegrilltem Fleisch oder Fisch, Gemüsen

als **Hauptgericht** zu:
Geflügelrisotto, Schinkenrisotto, Leberrisotto, Gemüserisotto.

Zubereitung Risotto:
Den Reis in heißem Fett andünsten.
Die heiße Flüssigkeit zugießen,
einmal aufkochen lassen,
bei geringer Hitzezufuhr garen lassen.
Mengenangabe: siehe Quellreis.
Garzeit: 15–20 Minuten

Wir merken uns: Die Quellflüssigkeit soll gut gewürzt sein. Dadurch wird unnötiges Rühren nach dem Garen vermieden. Reis darf nicht zu lange garen, er muß körnig sein.

Kochbeutelreis
wird mit dem Kunststoffbeutel
in kochendem Wasser gegart.

Garzeit: 18–20 Minuten

Schnellkochender Reis
ist vorgegarter Reis,
der dann wieder getrocknet wurde.

Garzeit: 3–5 Minuten

Die **Hinweise,** die auf den Verpackungen angegeben sind, genau beachten.

Rezept: Reisgemüseeintopf

Als Gemüse kann man verwenden:
Spargel, grüne Bohnen, Möhren,
Pilze ($^1/_1$ Dose = ca. 500 g).

250 g Mett	zu kleinen Klößen formen
$^1/_2$ l Brühe oder Wasser 250 g Brühreis 500 g Gemüse Fleischklößchen 1 TL Salz Gewürze	in einen Topf geben, einmal aufkochen, ca. 15–20 Min. garen lassen.

Vorschläge:
Fettzugabe kann zur Geschmacksverbesserung beitragen.
Zum Anrichten
gehackte Petersilie darüberstreuen.

Aufgabe:
Nennen Sie andere Reisgerichte.

Grundrezept
Zubereitung: Milchreis

1 l Milch 30 g Zucker 1 P Vanillinzucker	zum Kochen bringen
250 g Rundkornreis	dazugeben, einmal aufkochen, bei geringer Hitzezufuhr garen lassen.

Garzeit: ca. 30 Minuten

Hinweis:
Milch steigt beim Kochen hoch,
darum **hohe Töpfe** verwenden.

Vorschläge:
Reis mit Zimt und Zucker bestreuen.
Unter die erkaltete Reisspeise Obst geben,
z. B. Ananas-, Aprikosen-, Birnen-,
Pfirsichstücke oder Mandarinen.

NZ 7. Teigwaren – Nudeln

Teigwaren:

Das gemahlene Getreideerzeugnis
wird mit Wasser oder mit Wasser und Eiern
zu einem Teig verarbeitet,
dann geformt und getrocknet.

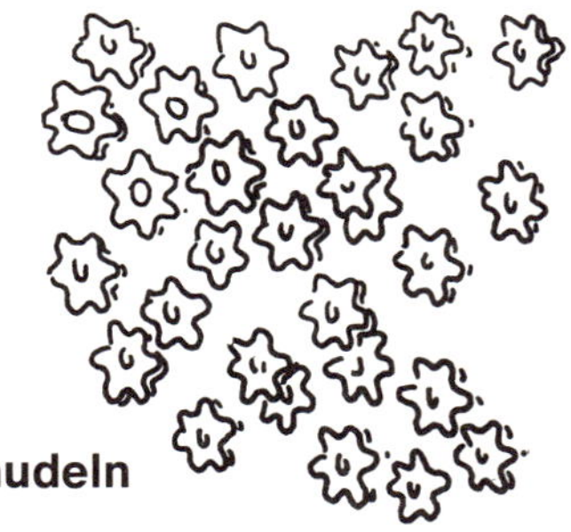

Sternchennudeln

Nudeln als Suppeneinlage

Mengenangabe: Pro Person rechnet man:
Nudeln als Suppeneinlage 15–20 g

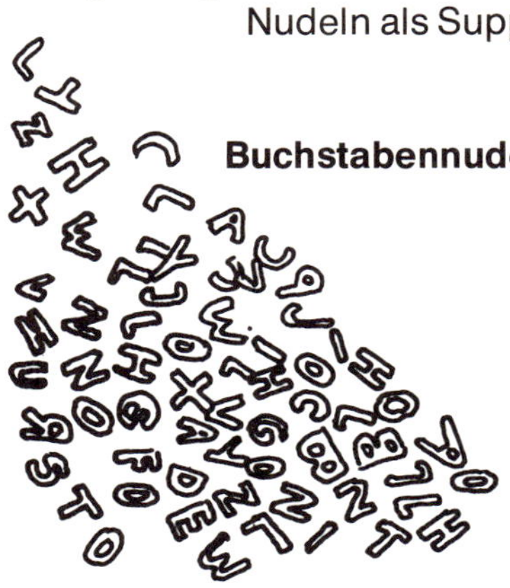

Buchstabennudeln

Schleifennudeln

Fadennudeln

Als Suppeneinlage streut man die Nudeln
in die kochende Flüssigkeit und läßt sie garen.

Hörnchennudeln

Nudeln als Beilage und Hauptgericht

Mengenangabe: Pro Person rechnet man:
Nudeln als Beilage 40–60 g
Nudeln als Hauptgericht 60–80 g

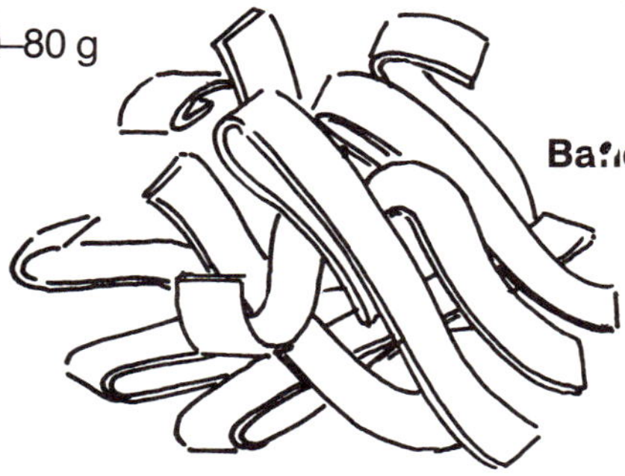

Bandnudeln

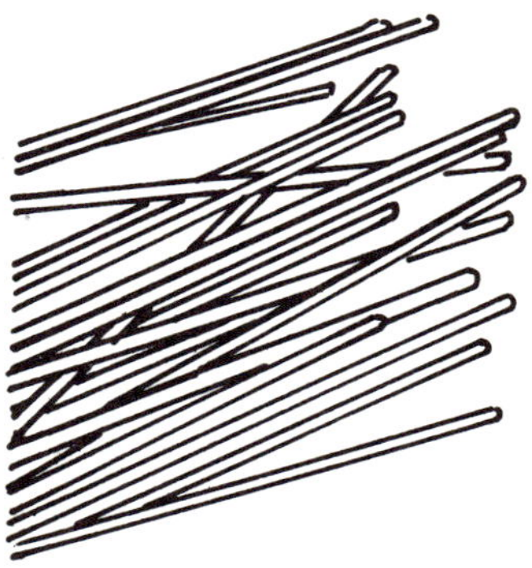

Spaghetti

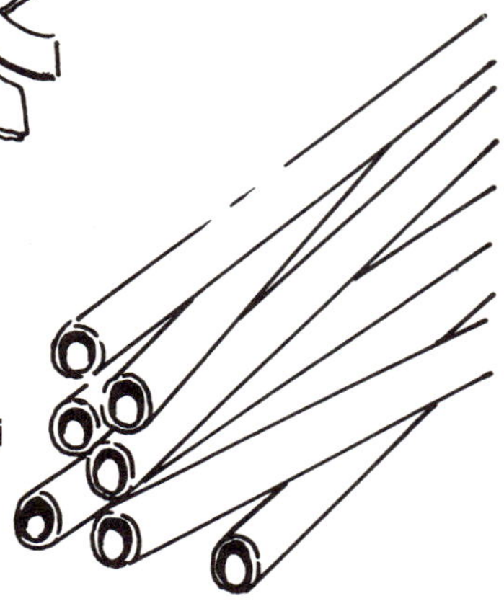

Makkaroni

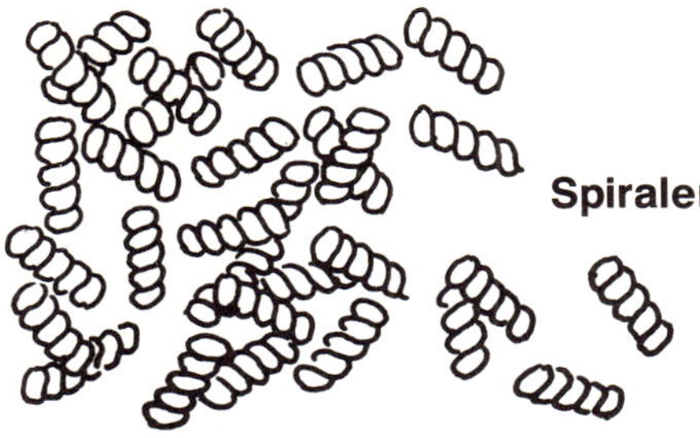

Spiralennudeln

Gabelspaghetti

Zubereitung:
Die Nudeln in viel
kochendes Salzwasser geben:
250 g Nudeln, 2 l Wasser,

einmal aufkochen lassen.
Bei geringer Hitzezufuhr
10–20 Min. garen lassen.

Die gegarten Nudeln
in ein Küchensieb geben.
Unter fließendem, lauwarmen Wasser
schnell abspülen.

Fettzugabe
kann zur Geschmacksverbesserung
beitragen.

Die **Hinweise,** die auf den Verpackungen angegeben sind
genau beachten.

Nudeln als Beilage zu: Gulasch, Sauerbraten, Rinderbraten.

Nudeln als Hauptgericht:

Rezept: Nudel-Fleisch-Gericht

Zubereitung: Nudeln	garen wie vorher.
4 EL Öl	im Topf erhitzen
400 g Schweinefleisch	in Streifen schneiden und anbraten
200 g Porree 100 g Champignons 3 EL Tomatenmark	klein schneiden, dazugeben und andünsten dazugeben
$^{1}/_{8}$ l Flüssigkeit salzen, gut würzen	zugießen und ca. 10 Min. garen lassen.

Das Fleisch mit den Nudeln vermischen, –
nochmals abschmecken.

Schweinefleisch in Streifen

Porree in Streifen

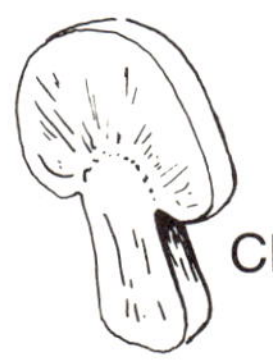

Champignons geschnitten

Beilage:
Gurkensalat, Blattsalat, z. B. Kopfsalat, Endiviensalat, Feldsalat.

NZ 8. Fette

Wir unterscheiden nach der Herkunft:

pflanzliche Fette	**tierische Fette**
z. B. Öle	z. B. Butter
Sonnenblumenöl	Schmalz
Olivenöl	Speck

> Margarine wird aus vorwiegend pflanzlichen Fetten hergestellt, unter Beimischung von tierischen Substanzen.

Fette können wir im Handel kaufen, und zwar:

flüssig **weich** **fest**

Versuche:

Verwenden Sie je: 50 g Butter, Margarine, Pfanzenöl, Plattenfett.
Erhitzen Sie die Fette auf der Bratstufe.
Topfgröße: 16 cm ∅, Zeit: 5 Min.

Versuch 1

Erhitzen Sie 50 g Butter.
Erhitzen Sie 50 g Margarine.

Vorsicht Spritzgefahr!

Beobachten Sie:
Butter und Margarine
bilden Blasen und bräunen.

Versuch 2

Erhitzen Sie 50 g Pflanzenöl.

Versuch 3

Erhitzen Sie 50 g Plattenfett.

Ergebnisse:

Einige Fette enthalten Wasser.

> **Wasserhaltige** Fette **sieden schnell** und **verbrennen leicht.**

> **Wasserfreie** Fette können **länger erhitzt** werden, bevor sie **verbrennen.**

Für Gerichte mit **kurzer Garzeit** kann man **alle Fette** verwenden.

Bratkartoffeln

Rührei

Gedünstetes Gemüse

Zum **Backen** verwendet man meistens **Margarine** oder **Butter.**

Backschüssel

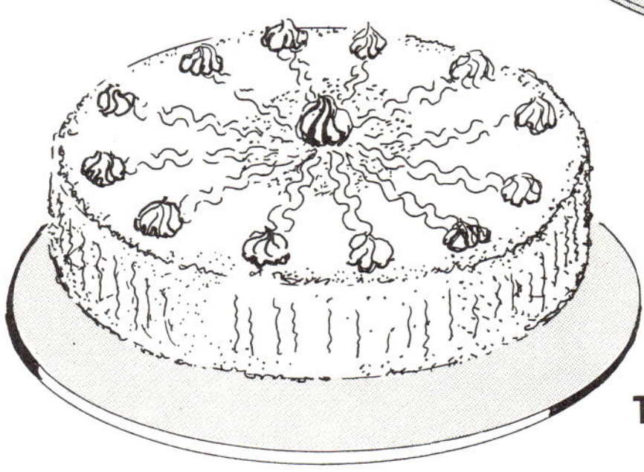

Torte

Kleingebäck

Wasserfreie Fette:
Plattenfette oder Öle verwendet man zur Herstellung von Gerichten, die eine **braune, schmackhafte** Kruste bekommen sollen. Eine längere Erhitzung des Fettes ist daher notwendig.

Brathähnchen

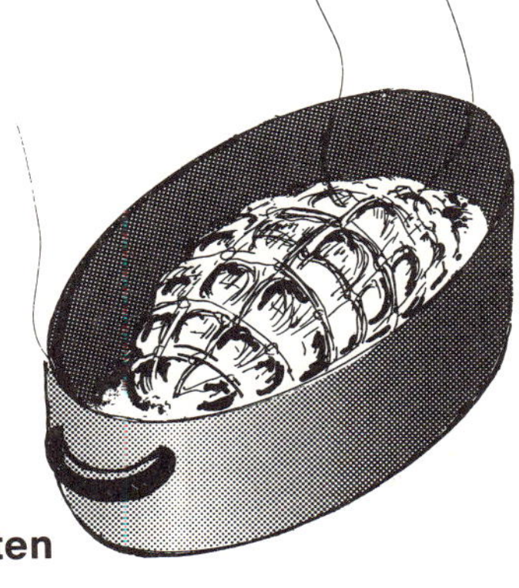

Rollbraten

Pommes frites

NZ 9. Ei

Aufbau – Einkauf

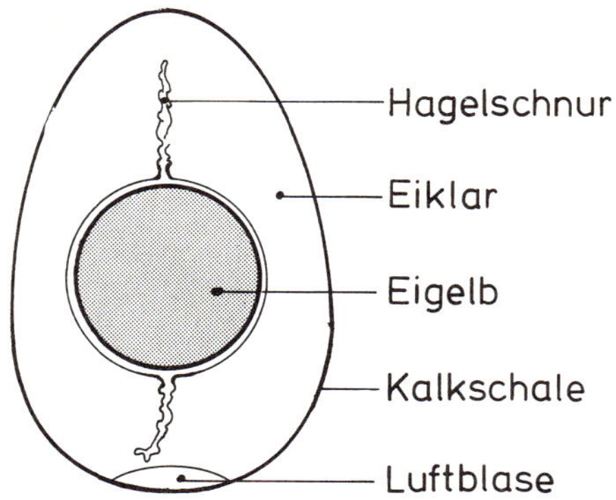

Die **Schale** besteht aus **Kalk.**
Die **Schale** ist **porös (luftdurchlässig),**
so kommt Luft in das Ei.
Die Hagelschnur hält das Eigelb in der Schwebe.

Güte- und Gewichtsklassen

Woran erkennt man frische Eier?

Sie benötigen zu den folgenden Versuchen:
verschiedene Eierkartons, 4 frische Eier, ein 7–8 Wochen altes Ei, Gewürze,
1 Paket kaltgerührte Puddingcreme, 1/4 l Milch.

Sehen Sie sich verschiedene Eierkartons an.

Wochennummer oder **Datum** lassen erkennen,
in welcher Woche das Ei sortiert
und verpackt wurde.

Versuche:

Versuch 1

Schütteln Sie
ein frisches Ei,
und schütteln Sie
ein 7–8 Wochen altes Ei:
Schüttelprobe.

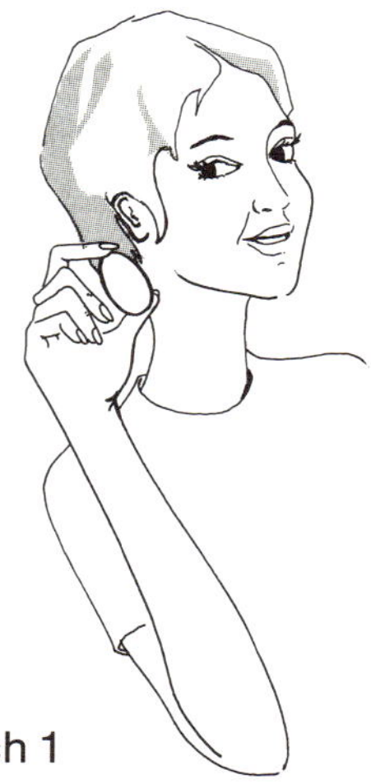

Versuch 2

Legen Sie die Eier aus Versuch 1
in kaltes Wasser.
Beobachten Sie.

Versuch 3

Schlagen Sie das frische und das alte Ei
auf 2 Tellern auf.

Ergebnisse:

Frische Eier schwappen nicht.
Alte Eier schwappen hörbar.

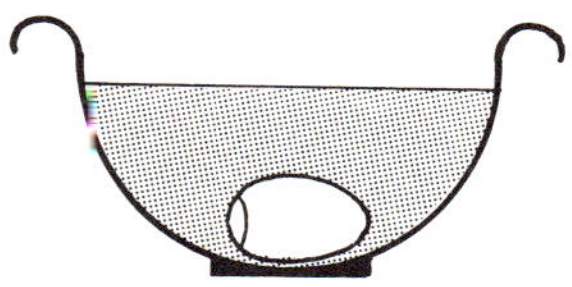

Frische Eier sinken auf den Boden.

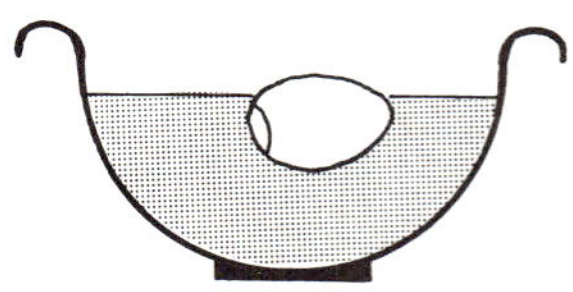

Alte Eier schwimmen.

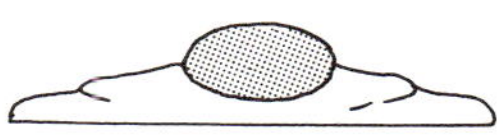

Frische Eier haben kugelförmiges Eigelb.

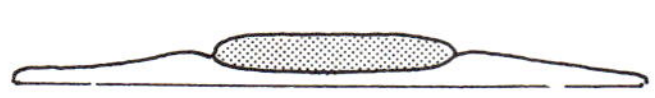

Alte Eier haben flaches Eigelb.

Küchentechnische Verwendung des Eies

Versuche:

Versuch 4

Verquirlen Sie das frische Ei aus Versuch 3 mit Gewürzen, und erhitzen Sie es in der Pfanne.

Ergebnis: Das Eiweiß **gerinnt** und wird bei Hitzezufuhr fest.

Versuch 5

Wiegen Sie ein Ei.
Verquirlen Sie das Ei mit Gewürzen und soviel Flüssigkeit, wie das Ei wiegt.
Erhitzen Sie es in der Pfanne.

Ergebnis:

Ei **bindet** Flüssigkeit.

Es bindet **soviel** Flüssigkeit, **wie es wiegt.**

Versuch 6

Schlagen Sie ein Eiklar auf einem Teller mit einer Gabel ca. 3 Min.
Lassen Sie den Eischnee einige Zeit stehen.

Ergebnis: Eiklar wird durch Schlagen zu Eischnee.
Luft wird untergeschlagen.
Bleibt Eischnee längere Zeit stehen, entweicht die Luft.
Eischnee wird wieder zu Eiklar.

Wir merken uns: Schlagen Sie Eiklar zu Eischnee **kurz vor** dem Gebrauch.
Heben Sie den Eischnee unter die Speise.

Versuch 7

Schlagen Sie ein Eiklar mit einem EL Wasser steif.

Ergebnis: Eiklar mit Wasser geschlagen ergibt besonders steifen Eischnee.
Man rechnet: **1 Eiklar und 1 EL Wasser.**

Versuch 8

Stellen Sie eine kaltgerührte Puddingcreme nach Angaben des Herstellers her.
Geben Sie den Eischnee aus Versuch 7 unter die Hälfte der Speise.

Ergebnis: **Eischnee lockert.**

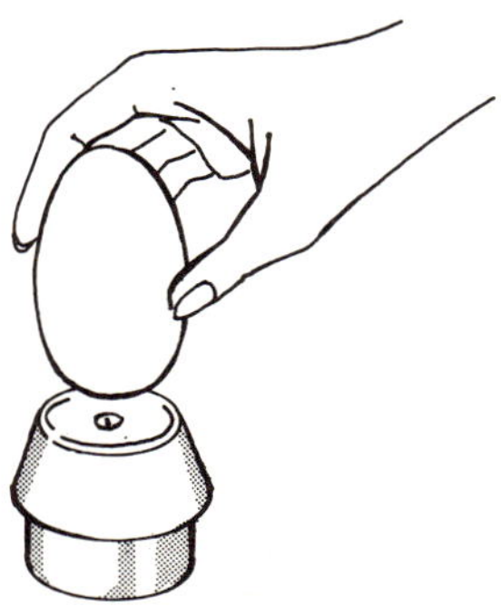

Tip zum Kochen von Eiern:
Eier vor dem Kochen an der **stumpfen Seite** mit dem Eierstecher anstechen.
Die Eier platzen nicht, da die Luft entweichen kann.

Bezeichnung der Güte- und Gewichtsklassen

Die Eier, die wir kaufen, sind nach den **EG Bestimmungen** gekennzeichnet:

Güteklasse: Sie gibt an, wie frisch das Ei ist.
Gewichtsklasse: Sie gibt an, wieviel ein Ei wiegt.

Die **Güteklassen** sind mit den Buchstaben **A, B, C** gekennzeichnet.

A Frischeier	**frisch,** d. h. Luftkammer bis 6 mm
B Konsumeier	**haltbar gemachte Eier**
C Verarbeitungseier	**aussortierte Eier für die Nahrungsmittelindustrie**

Die **Gewichtsklassen** sind mit den Zahlen **1 bis 7** gekennzeichnet.

1	2	3	4	5	6	7
über 70 g	unter 70 g	unter 65 g	unter 60 g	unter 55 g	unter 50 g	unter 45 g

Das bedeutet:
Güteklasse A; es sind frische Eier.
Gewichtsklasse 3; jedes Ei wiegt ca. 60–65 g.

Aufgaben:

1. Nennen Sie den Aufbau des Eies.
2. Woran erkennt man, daß die Eier frisch sind?
3. Erklären Sie die Gewichtsklassen und die Güteklassen.

NZ 10. Fleisch

Wir verwenden Fleisch von:

An der Farbe kann man erkennen, von welchem **Schlachttier** das Fleisch ist.

Vergleichen Sie:
100 g Kalbfleisch – **hellrosa**
100 g Schweinefleisch – **hellrot**
100 g Rindfleisch – **dunkelrot**

Faserbündel

Zerlegen Sie das Fleisch in:
Muskelfasern, Fett, Bindegewebe
(Häute, Sehnen)

Fleisch besteht aus vielen Muskelzellen.
Viele zusammenhängende Muskelzellen bilden die Muskelfasern.
Viele Muskelfasern bilden einen Muskel.

Fleisch ist von Fett durchzogen.
Bindegewebe hält es zusammen.

Versuche:

Versuch 1
Drücken Sie mit der Gabel auf ein Stück Fleisch.
Fleischsaft tritt aus.

Versuch 2
Geben Sie ein Stück Fleisch in kochendes Wasser.
Beobachten Sie.

Versuch 3
Erhitzen Sie das Fett und das Bindegewebe (Versuch 1) in der Pfanne

Ergebnisse:

Die Muskelfasern enthalten Fleischsaft.
Muskelfasern bestehen aus Eiweiß.

Eiweiß gerinnt bei Hitze und schließt die Muskelfasern ab.
Die Farbe des Fleisches wird hellgrau.
Der Fleischsaft kann nicht mehr so stark austreten.

Bindegewebe und Fett ziehen sich bei Hitze zusammen,
Fett läuft aus.

Tip: Schneiden Sie daher Fettränder an kleinen Fleischteilen ein, da sie sonst nicht flach in der Pfanne liegen bleiben.

Vergleichen Sie ein Stück Rinderfilet mit einem Stück Rinderbrust.

Die Muskelfasern sind **fein.**
Die Muskelfasern sind **grob.**

Die **Verwendung** der Fleischstücke richtet sich:
nach der **Fleischart**
und der **Lage** der Fleischstücke

Aufgaben:

1. Nennen Sie Tiere, die Fleisch liefern.
2. Warum muß Frischfleisch schnell zubereitet werden?

Wir merken uns:
Fleisch kühl aufbewahren:
in Alufolie
in Frischhaltefolie
in Frischhaltedosen

NZ 10.1. Garen von Fleisch durch Kochen

Kochen heißt Garen in viel siedender Flüssigkeit.

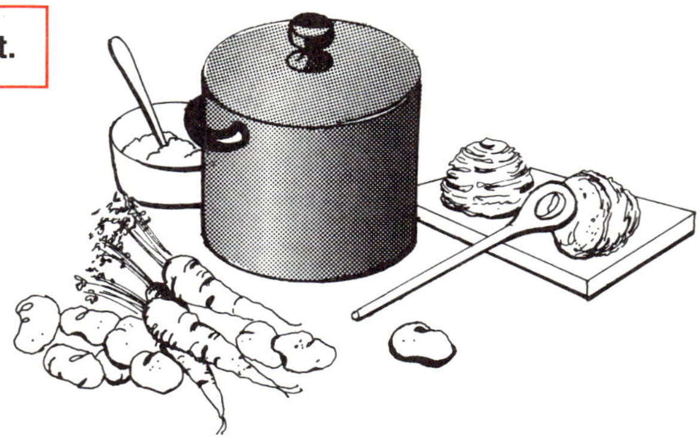

Vorbereitungsarbeiten:

Das Fleisch schnell unter **fließendem, kaltem** Wasser waschen.
Das Fleisch mit einem **sauberen** Geschirrtuch oder Papier-Küchentuch trocknen.

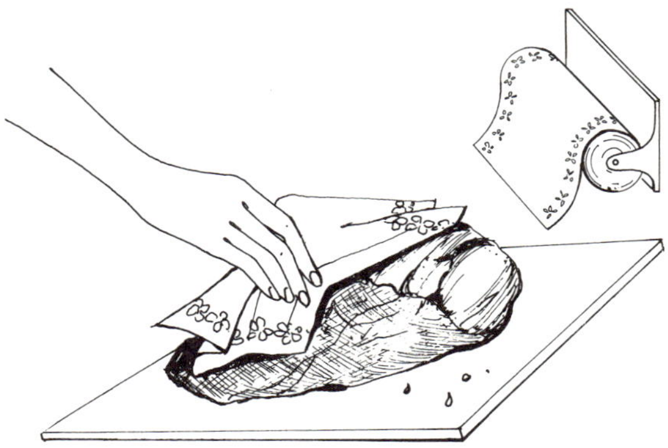

Tip: Durch Zugabe von Suppengemüse erhält die Kochflüssigkeit einen würzigen Geschmack.

Die Kochflüssigkeit verwendet man zu:
Suppen, Soßen,
zur Aufbesserung anderer Gerichte,
z. B. Reiseintöpfe.

Mengenangabe: Pro Person rechnet man:
100 g Fleisch ohne Knochen
125 g Fleisch mit Knochen

Arbeitsregeln:
Das Fleisch in **kochendes** Salzwasser geben.
Für $^1/_2$ l Wasser benötigt man 1 TL Salz.
Einmal aufkochen lassen,
bei **geringer Hitzezufuhr** garen lassen.
Töpfe **schließen.**
Nicht in das Fleisch stechen.
Das Fleisch nach dem Garen einige Min.
auf einem Teller liegen lassen,
warm stellen, dann schneiden.
Dann läuft der Fleischsaft nicht aus.

Das Fleisch ist **gar,**
wenn man mit einem Löffel
daraufdrückt
und es nicht mehr nachgibt.

Aufgaben:
1. Nennen Sie Fleischstücke, die zum Kochen geeignet sind:
   a) vom Kalb, b) vom Schwein, c) vom Rind.
2. Warum wird das Fleisch schnell unter fließendem Wasser gewaschen?
3. Warum soll man nie in das Fleisch stechen?
4. Woran erkennt man, daß das Fleisch gar ist?

Geeignete Fleischstücke zum Kochen

Schwein

Kopf, Nacken, Schulter, Bauch mit Rippen, Eisbein, Füße

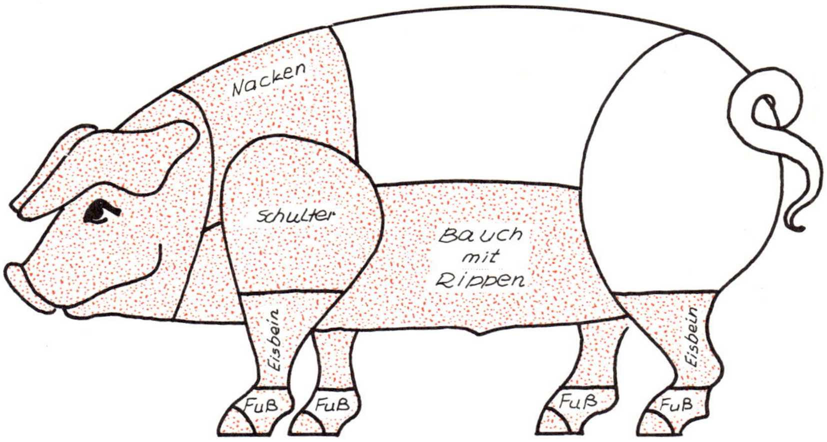

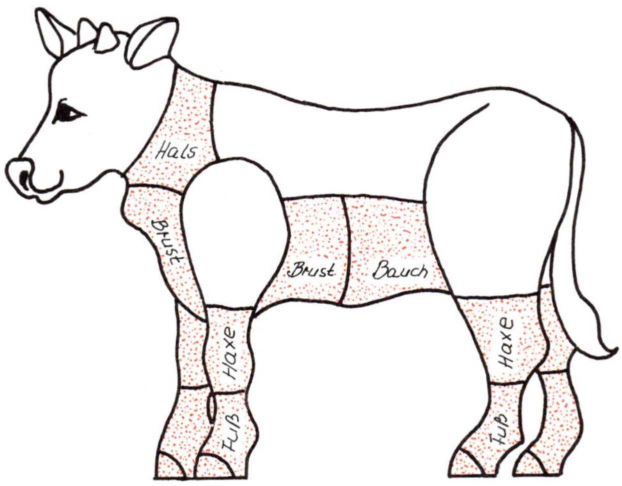

Kalb

Hals, Brust, Bauch, Haxen, Füße

Rind

Hals, Nacken, Hochrippe, Flachrippe, Querrippe, Brust, Bauch, Schulter, Bein, Schwanzstück

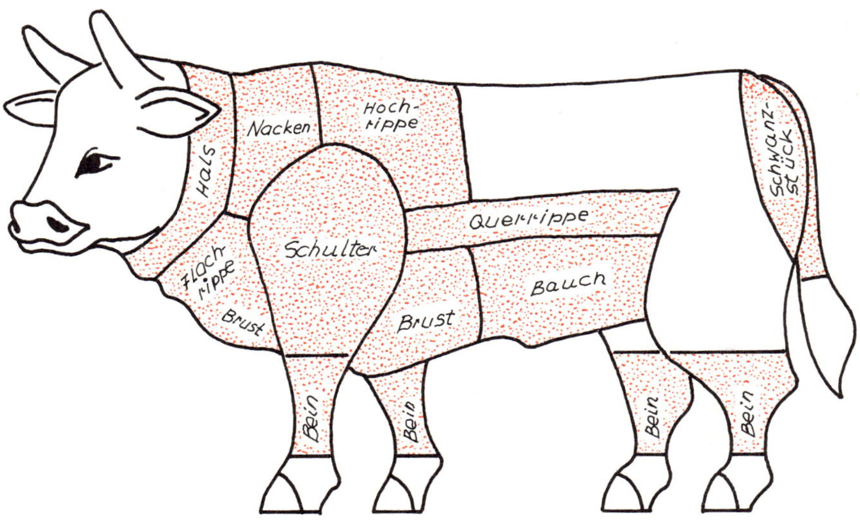

NZ 10.2. Garen von Fleisch durch Braten auf dem Herd

Fleischstücke,
deren Fasern fein sind,
werden gebraten.

Versuche:	**Ergebnisse:**
Versuch 1 Erhitzen Sie ein Stück gewürztes Schweinefilet kurz in siedendem Fett.	Eiweiß gerinnt und verschließt die Poren.
Versuch 2 Erhitzen Sie das Stück Fleisch weiter, bis sich eine hellbraune Kruste bildet.	Es bilden sich schmackhafte Röststoffe.

Braten auf dem Herd heißt: **Garen in siedendem Fett.**

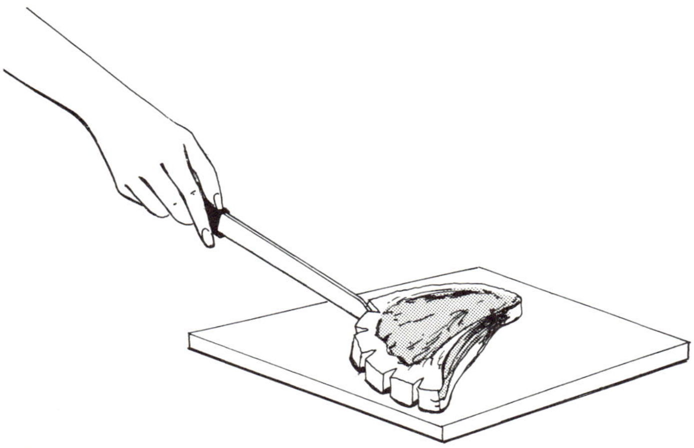

Arbeitsregeln:
Fleisch vorbereiten.
Den Fettrand einschneiden,
damit die Fleischstücke
flach in der Pfanne liegen
und gleichmäßig braten.

Fleisch kurz vor dem Braten würzen.
Fett zum Sieden bringen –
Bratenstück hineinlegen.
Mehrere Bratenstücke nach und nach
in die Pfanne geben;
das Fett kühlt sonst zu schnell ab.

Vorsicht Spritzgefahr!

Tip:
Paprikagewürz darf nicht in heißes Fett gegeben werden.
Es verbrennt schnell, wird schwarz und schmeckt dann bitter.

Geeignete Fleischstücke zum Braten auf dem Herd

Schwein

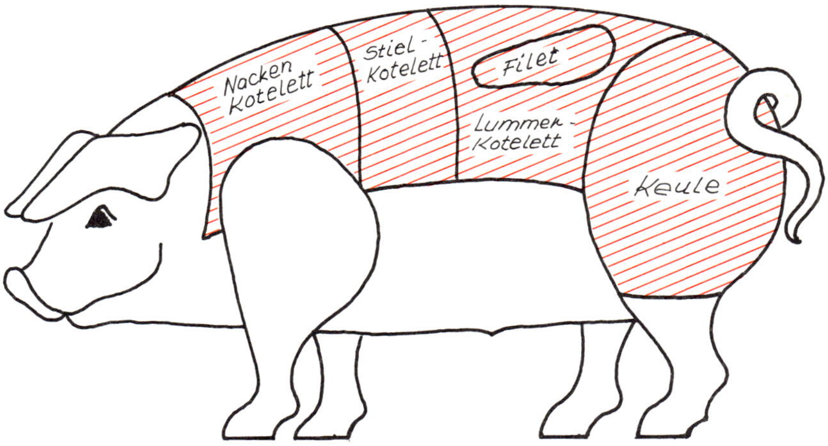

Nackenkotelett
Nacken
in Scheiben

Stielkotelett
mit
Rippenknochen

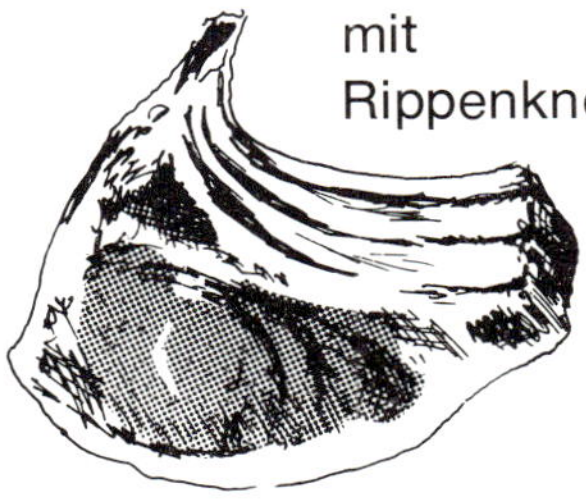

Lummerkotelett
mit angewachsenem
Filet

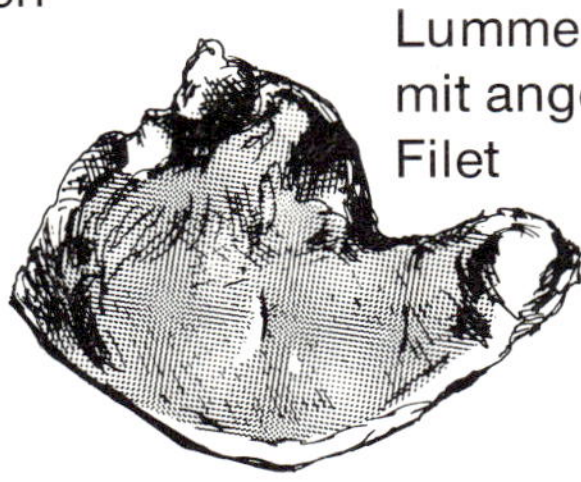

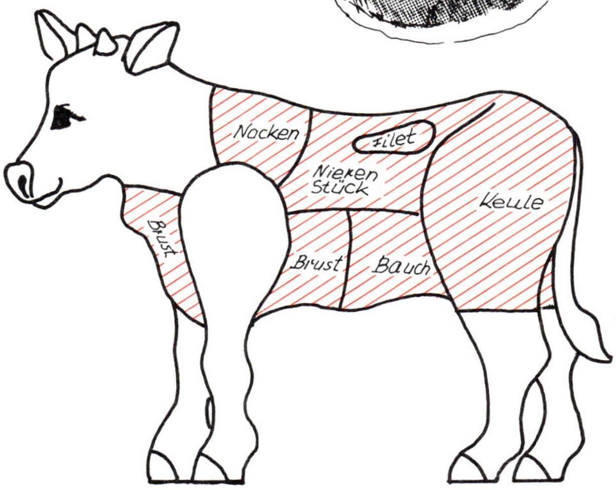

Schnitzel
Keule in Scheiben

Filet

Kalb

Nacken, Filet, Nierenstück,
Brust, Bauch, Keule

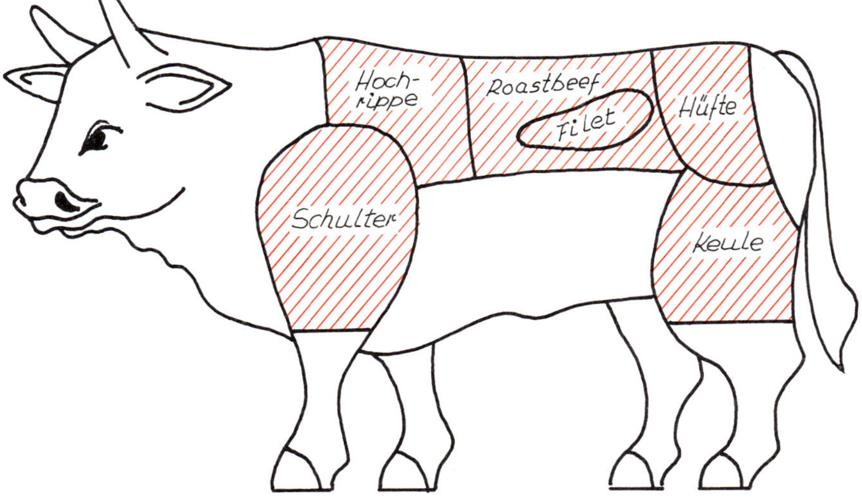

Rind

Hochrippe, Roastbeef,
Roastbeef in Scheiben =
Rumpsteak, Filet, Hüfte,
Keule, Schulter

NZ 10.3. Garen von Fleisch durch Schmoren

Fleischstücke,
deren Fasern grob sind,
werden geschmort.

Schmoren heißt:
Anbraten in siedendem Fett
und
Weitergaren in Flüssigkeit.

Beim Schmoren von Fleisch bilden sich **schmackhafte Röststoffe** durch das **Anbraten.**

Das Fleisch wird **mürbe** und **gar** durch das **Weitergaren** in der zugegebenen **Flüssigkeit.**

Die Flüssigkeit ergibt eine schmackhafte Soße.

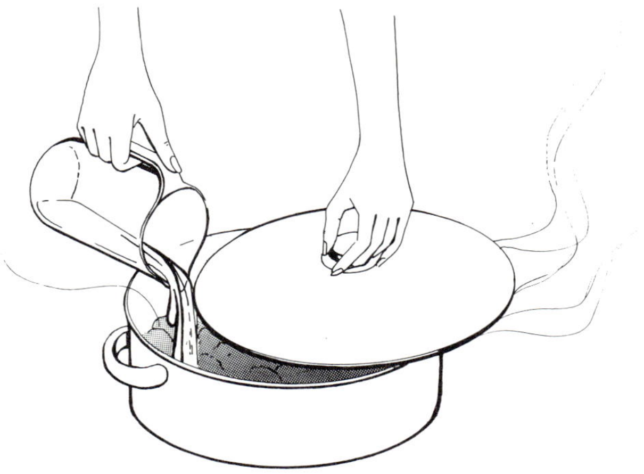

Arbeitsregeln:
Fleisch vorbereiten.
Fleisch kurz vor dem Anbraten würzen.
Fleisch in siedendem Fett
von allen Seiten gut bräunen.
Heiße Flüssigkeit zugießen.

Vorsicht Spritzgefahr!

Mit geschlossenem Deckel
weitergaren lassen.

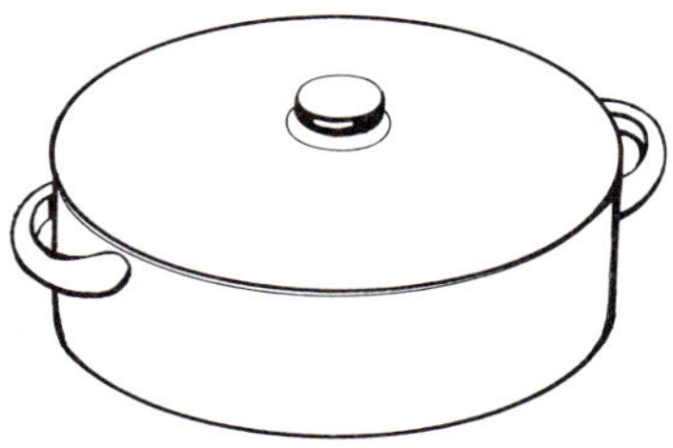

Vorschläge:
Gulasch mit Nudeln und gemischtem Salat

Schweinerollbraten mit Erbsen und Möhren und Kartoffeln

Geeignete Fleischstücke zum Schmoren

Schwein

Nacken, Schulter, Bauch, Keule, Eisbein

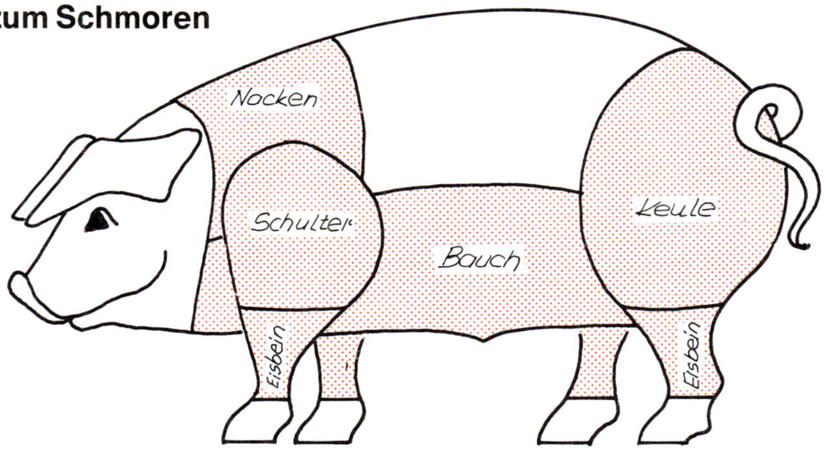

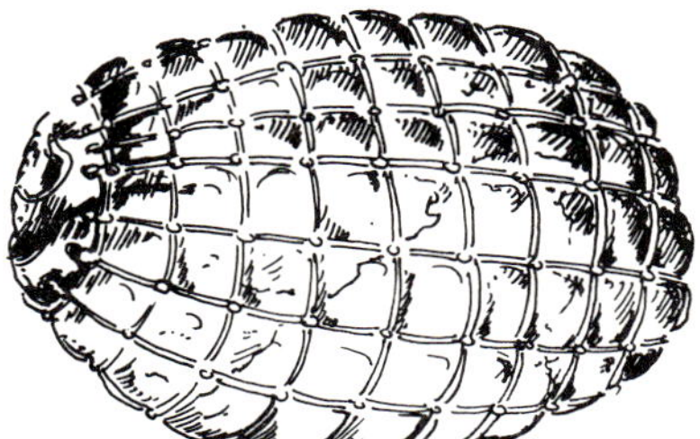

Rollbraten

Keule im Stück

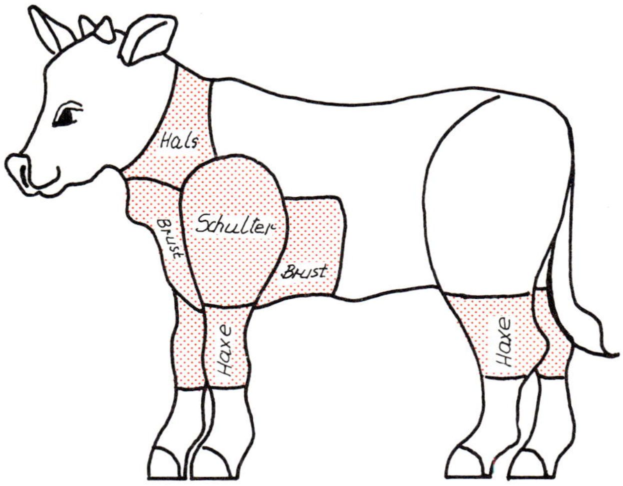

Kalb

Hals, Brust, Schulter, Haxe

Rind

Nacken, Hochrippe, Schulter, Hüfte, Keule, Bein

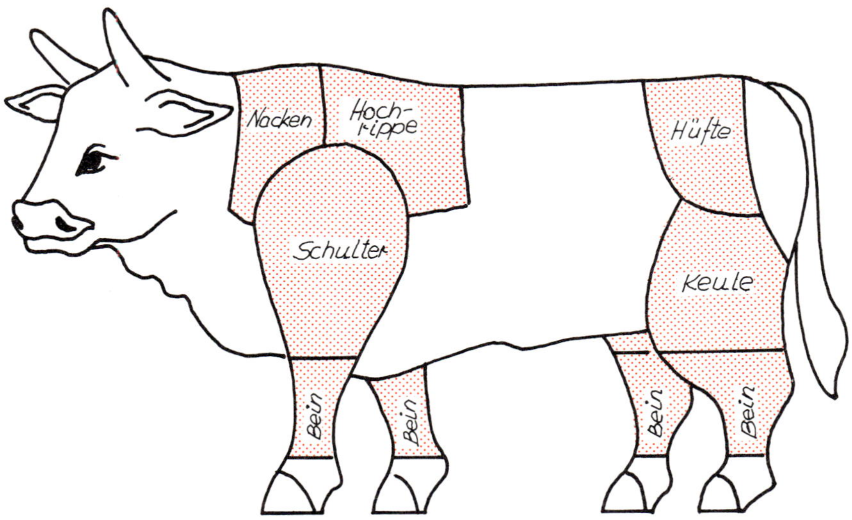

NZ 11. Hackfleischteig

Hackfleisch ist fein zerkleinertes Fleisch

Gemischtes Hackfleisch, halb und halb:
$^1/_2$ Rindfleisch
$^1/_2$ Schweinefleisch

Mett:
Gewürztes Hackfleisch vom Schwein

Tartar:
Sehnenfreies Fleisch vom Rind

Stellen Sie von 60 g Hackfleisch, 1 EL verquirltem Ei und Gewürzen einen Hackfleischteig her.

Versuche:

Versuch 1
Formen Sie von der Hälfte des Teiges einen Kloß.

Versuch 2
Geben Sie unter die restliche Masse $^1/_4$ eines eingeweichten, ausgedrückten Brötchens. Formen Sie einen Kloß.

Lassen Sie beide Klöße in viel kochendem Wasser ca. 10–15 Min. garen.

Ergebnisse:

1. Ei und Eiweiß binden.
2. Gegarte Stärke lockert. Dieser Kloß wird lockerer.

Grundrezept:
250 g Gehacktes halb und halb
1 eingeweichtes, ausgedrücktes Brötchen
1 Ei
1 feingehackte Zwiebel
Salz, Pfeffer

Herstellung:
Die Zutaten in eine Schüssel geben.
Die Zutaten gut vermischen.
Die Hackfleischmasse abschmecken.

Weiterverarbeitung

zu
Frikadellen

Königsberger Klopsen

Hackbraten

Weiterverarbeitung
zu
gefülltem Gemüse:

Gurken

Paprika

Tomaten

> **Praktische Tips:**
> Das eingeweichte Brötchen muß **gut ausgedrückt** werden.
> Die Zwiebel muß **fein gehackt** werden.
> Alle Zutaten müssen **gut vermischt** werden.

Mengenangabe: Pro Person rechnet man:
60–80 g Hackfleisch.

> **Wir merken uns:**
> Hackfleisch ist fein zerkleinertes Fleisch,
> **daher**
> gelangen die Bakterien schneller in das Fleisch,
> **daher**
> verdirbt es schneller,
> **darum**
> am Einkaufstag verarbeiten.

Aufgaben:

1. Was bewirken Ei und Fleischeiweiß im Hackfleischteig?
2. Was bewirkt das Brötchen im Hackfleischteig?
3. Warum muß das Hackfleisch schnell verarbeitet werden?

NZ 12. Fisch

Wir unterscheiden:

Seefische

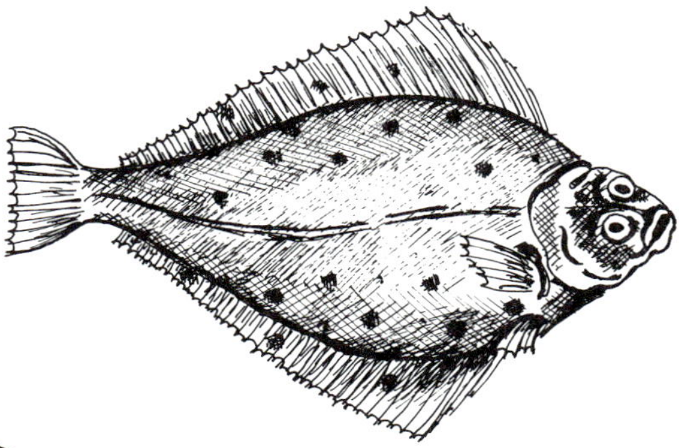

Scholle

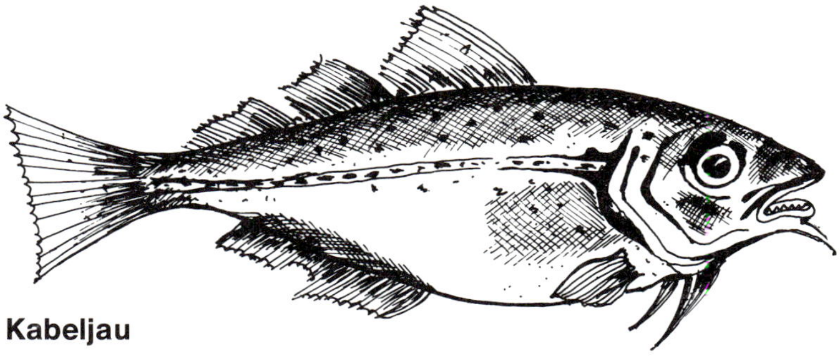

Kabeljau

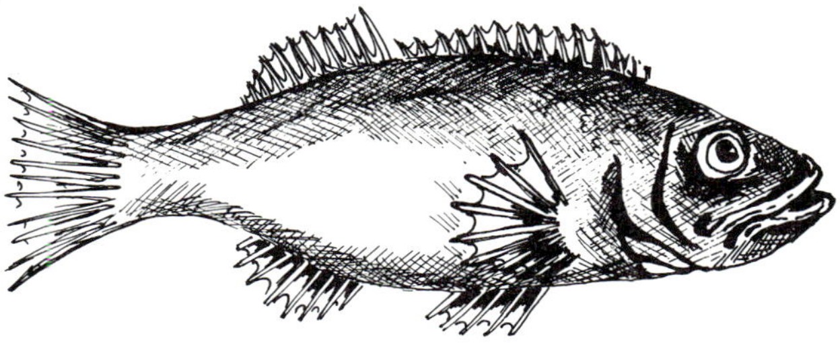

Rotbarsch

Hering

Süßwasserfische

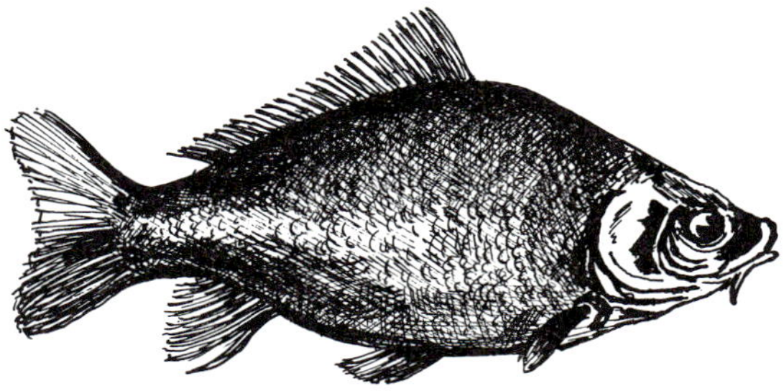

Karpfen

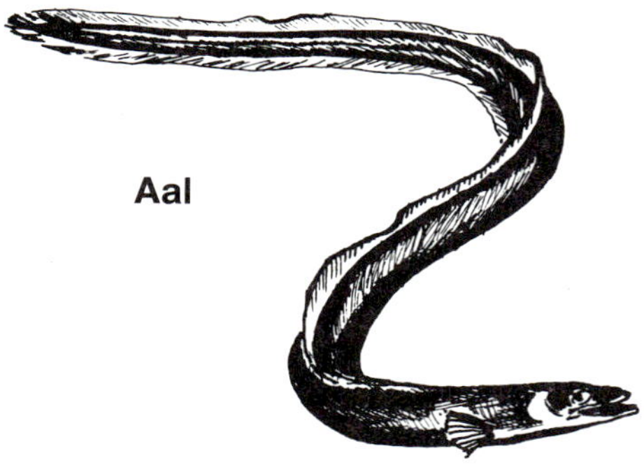

Aal

Forelle

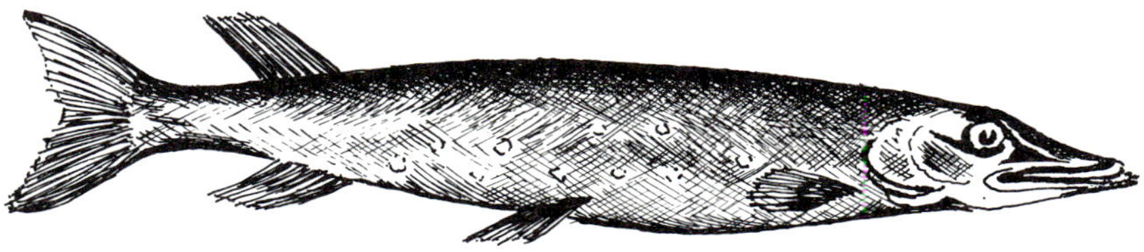

Hecht

Versuche:

Ergebnisse:

Versuch 1

Erhitzen Sie ein Stück Fischfilet in Wasser.

Fisch enthält Eiweiß.

Versuch 2

Braten Sie ein Stück Fischfilet.

Eiweiß wird fest durch Hitze.

Versuch 3

Beträufeln Sie ein Stück Fischfilet mit Essig oder Zitronensaft, lassen Sie es einige Zeit stehen.

Säure bindet den Fischgeruch.

Hinweis: Säure bringt Eiweiß zum Gerinnen. Das Fischfleisch wird dadurch fester.

Versuch 4

Bestreuen Sie ein Stück Fischfilet mit Salz, lassen Sie es einige Zeit stehen.

Salz entzieht dem Fisch das Wasser.

Vorbereitungsarbeiten:

Vorbereitung von Frischfisch

Säubern –
Säuern – **3-S-System**
Salzen –

Fisch

ist ein wichtiger **Eiweißlieferant**
hat eine **kurze Garzeit**
ist **leicht verdaulich.**

Garmachungsarten für Fisch

	Gerichte
Dämpfen	Fischsalat
Dünsten	Helgoländer Rotbarschschnitten
Braten	Scholle, frischer Hering
Garziehen in Tunke	Fischgulasch in Tomatensoße
Garen in Alufolie	Forelle, Fischfilet, Hering
Grillen	Forelle, Fischsteaks

Aufgaben:

1. Begründen Sie den Merksatz: „Säubern – Säuern – Salzen“!
2. Warum wird Fisch erst kurz vor dem Garen gesalzen?

Wir merken uns:
Frischfisch sollte am Einkaufstag zubereitet werden, da er leicht verdirbt.

NZ 13. Backwerk

NZ 13.1. Rührteig – Backpulverteig (Marmorkuchen)

Aufgabe des Backpulvers

Backpulver ist ein **Teiglockerungsmittel.**
Kommt Backpulver mit **Flüssigkeit** und **Wärme** zusammen, so bilden sich **Gasblasen. Sie lockern den Kuchenteig.**

Versuche:	Ergebnisse:
Versuch 1 Geben Sie Backpulver in kaltes Wasser.	Langsam entstehen Gasblasen.
Versuch 2 Geben Sie Backpulver in heißes Wasser.	Sofort starke **Gasbildung.**

Grundrezept: Rührteig – Backpulverteig

Grundrezept
250 g Margarine – weich
250 g Zucker
1 Pr. Salz
3–4 Eier
500 g Mehl
$^{1}/_{8}$ l Milch
1 P. Backpulver

Arbeitsgeräte:
Backschüssel, Teller
Schneebesen, Rührlöffel
Tasse zum Aufschlagen der Eier
Teigschaber
2 Schüsselchen – 2 Löffel
1 Gabel, 1 Messer
1 Rodonform, 1 Kuchenausdünster
Litermaß, Fettpinsel
Handrührgerät

Abwandlung – Marmorkuchen

1 × Grundrezept und
50 g Kakao
50 g Zucker
3 EL Milch

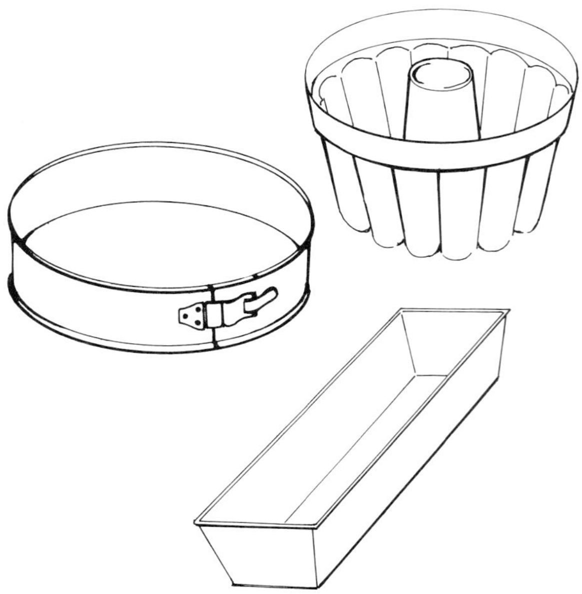

Backformen für den Rührteig

Vorbereitungsarbeiten:

Die abgewogenen Zutaten bereitstellen.
Die Arbeitsgeräte zurechtlegen.
Die Kuchenform einfetten, mit Paniermehl ausstreuen.
Backofen vorheizen.
Kakao, Zucker und Milch verrühren.
Das Backpulver mit 3 EL Mehl vermischen und zur Seite stellen.

Herstellung:

Margarine, Zucker, Salz	→	schaumig rühren
Eier	→	nach und nach dazugeben
Mehl, Milch	→	abwechselnd unterrühren
Backpulver mit Mehl	→	dazugeben und schnell verrühren.

$^2/_3$ des Teiges in die Form füllen.

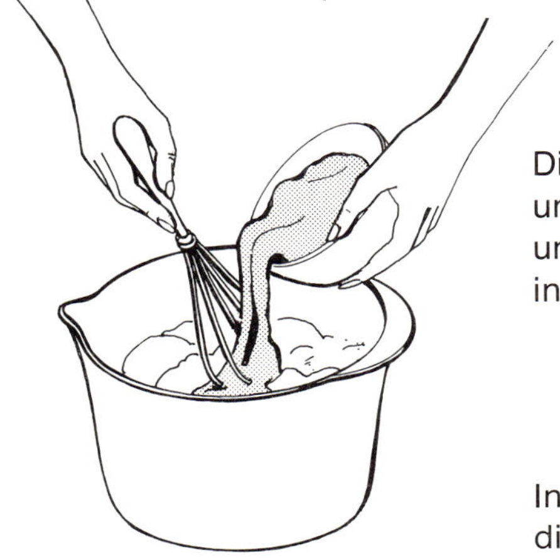

Die Kakaomasse
unter den Rest des Teiges mischen
und auf den Teig
in der Form verteilen.

In der Kuchenform
die Teige mit einer Gabel
spiralenförmig vermischen.

	Elektroherd	Gasherd
Temperatur	**175°C–195°C**	**Stufe 2 – 3**
Einschubhöhe	untere Schiene	untere Schiene
Backzeit	**50 – 60** Min.	**50 – 60** Min.

Weitere Abwandlungen:
Nußkuchen, Rosinenkuchen, Königskuchen.

Nach dem Backen:

Den Kuchen in der Form etwas abkühlen lassen.
Den Kuchen mit einem Messer vom Rand lösen.
Den Kuchen auf einen Kuchenausdünster stürzen und auskühlen lassen.

Hinweise:
Backpulver **kühl** und **trocken** aufbewahren.
Backpulver zum Schluß in den Teig geben.

Herstellung mit dem Handrührgerät

Handrührgerät mit **Schneebesen**

Zutaten: siehe Grundrezept
Alle Zutaten in eine Rührschüssel geben.
2 Min. mit dem Handrührgerät rühren.

Aufgaben:

1. Begründen Sie, warum Backpulver zum Schluß in den Teig gegeben wird.
2. Erklären Sie, warum Backpulver kühl und trocken aufbewahrt werden muß.

NZ 13.2. Mürbeteig – Knetteig

Grundrezept

250 g Mehl
125 g Fett
65 g Zucker
1 Vanillezucker
1 Prise Salz
1 Ei

Arbeitsgeräte:

Teller
Tasse zum Aufschlagen des Eies
Messer, Gabel
Pfannenmesser
Teigkarte, Backbrett
Kuchenausdünster

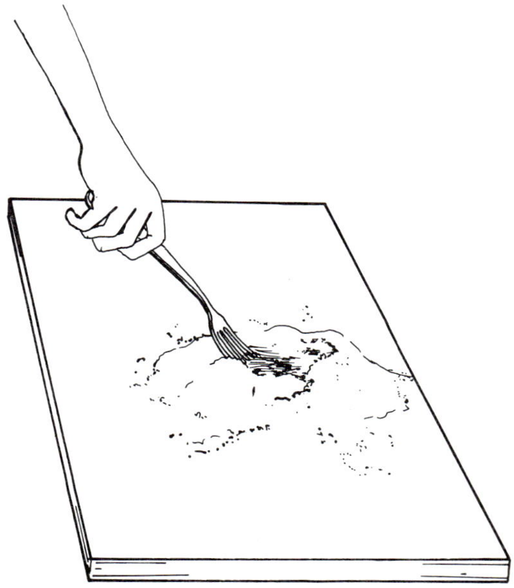

Vorbereitungsarbeiten:

Die abgewogenen Zutaten bereitstellen.
Die Arbeitsgeräte zurechtlegen.

Herstellung:

Mehl auf ein Backbrett geben.
Mit der Gabel in die Mitte des Mehles eine eigroße Vertiefung drücken.
Das Ei verquirlen und in die Vertiefung geben.
Mit der Gabel Ei und Mehl verrühren.
Das Fett in kleine Stücke schneiden, mit dem Zucker, Vanillezucker und Salz auf das Mehl geben.

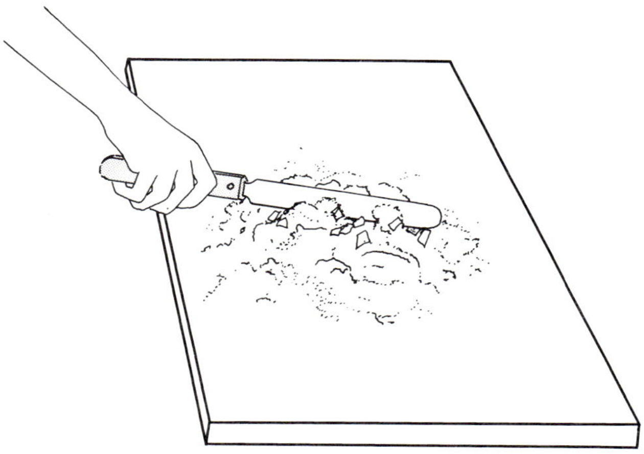

Mit dem Pfannenmesser alle Zutaten durchhacken.

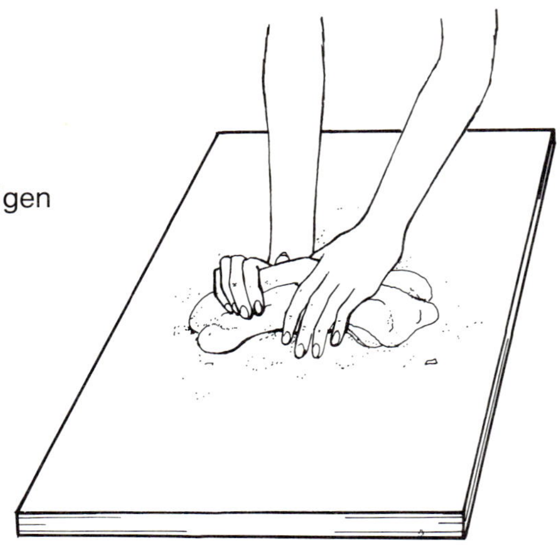

Mit den Händen die Zutaten schnell zu einem geschmeidigen Teig verkneten. Den Teig einige Zeit kühlstellen.

Backofen vorheizen:
E-Herd auf **225 °C, Gasherd Stufe 4.**

Den Teig formen zu:

Tortenboden — Tortelettes — Kleingebäck

	Elektroherd	Gasherd
Temperatur	**225 °C**	**Stufe 4**
Einschubhöhe	mittlere Schiene	mittlere Schiene
Backzeit	**10–15** Min.	**10–15** Min.

Nach dem Backen:

Zum Abkühlen das Gebäck auf einen Kuchenausdünster geben.

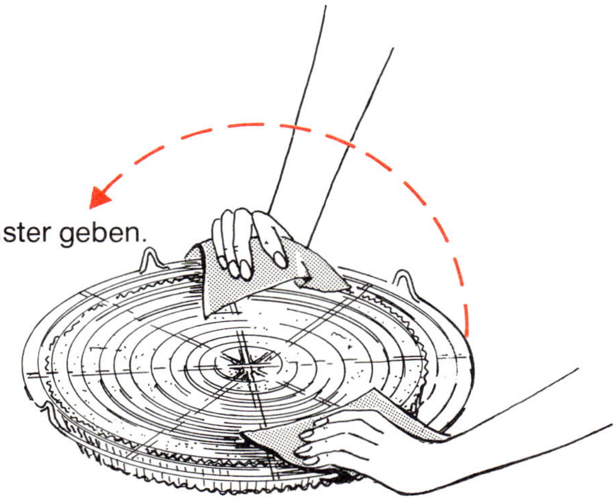

Weiterverarbeitung

zu
Tortelettes

Tortenboden mit Obst

Kleingebäck

Herstellung mit dem Handrührgerät

Handrührgerät mit **Knethaken**

Zutaten: siehe Grundrezept
Das Fett in Stückchen schneiden.
Alle Zutaten in eine Rührschüssel geben.
Mit dem Handrührgerät die Zutaten zu einem Teig verarbeiten.

NZ 13.3. Biskuitmasse (Biskuitrolle mit Marmeladenfüllung)

Grundrezept: Biskuitmasse

Grundrezept 3 Eier 6 EL heißes Wasser 150 g Zucker 50 g Stärke 100 g Mehl 1 TL Backpulver

125 g Erdbeermarmelade Puderzucker zum Bestäuben

Arbeitsgeräte

Vorbereitungsarbeiten:

Backblech einfetten, mit Butterbrotpapier auslegen.
Marmelade mit 1 EL Wasser glattrühren.
Puderzucker und Mehlsieb bereitstellen.
Sauberes Geschirrtuch
auf dem Arbeitstisch ausbreiten,
mit Zucker bestreuen.
Tasse Wasser mit Backpinsel bereitstellen.
Küchenmesser bereitlegen.
Wasser erhitzen.
Backofen auf 200 °C vorheizen.

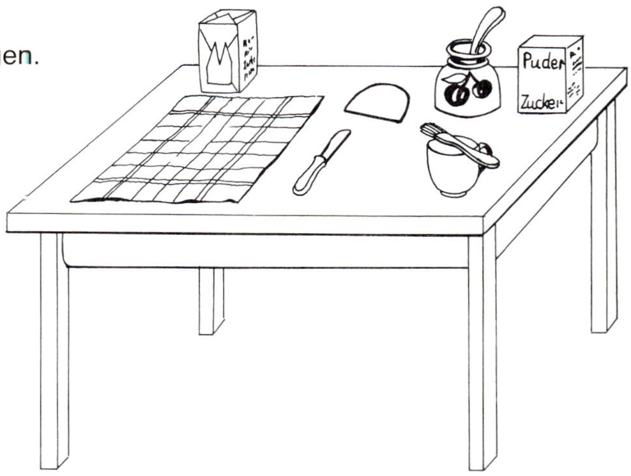

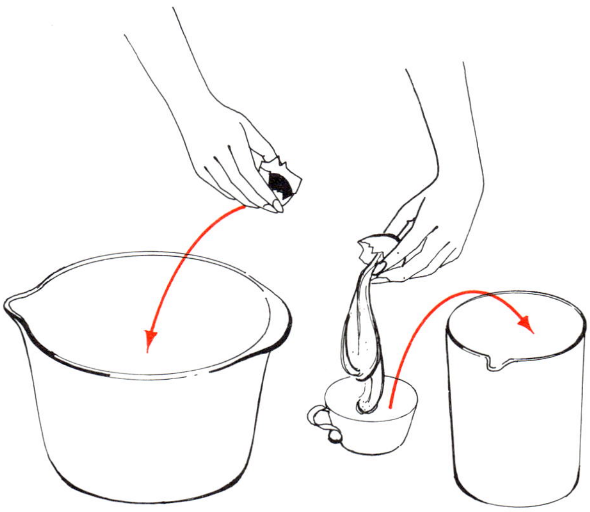

Herstellung mit dem Handrührgerät
Handrührgerät mit **Schneebesen**

Eigelb von Eiklar trennen.
Eiklar steifschlagen.

Eigelb, Zucker und Wasser schaumig rühren.
Eischnee auf die Eigelbmasse geben.
Mehl, Stärke und Backpulver
auf den Eischnee sieben.

Mit einem Schneebesen
alles vorsichtig unterheben.

Den Teig mit einer Teigkarte gleichmäßig
auf dem vorbereiteten Backblech verteilen.

	Elektroherd	Gasherd
Temperatur	**200 °C**	**Stufe 3**
Einschubhöhe	mittlere Schiene	mittlere Schiene
Backzeit	**8–10** Min.	**8–10** Min.

Nach dem Backen:

Teigplatte mit einem Küchenmesser vom Backblechrand lösen.
Biskuitplatte auf das Geschirrtuch stürzen.

Papier schnell mit kaltem Wasser bestreichen und sofort abziehen.

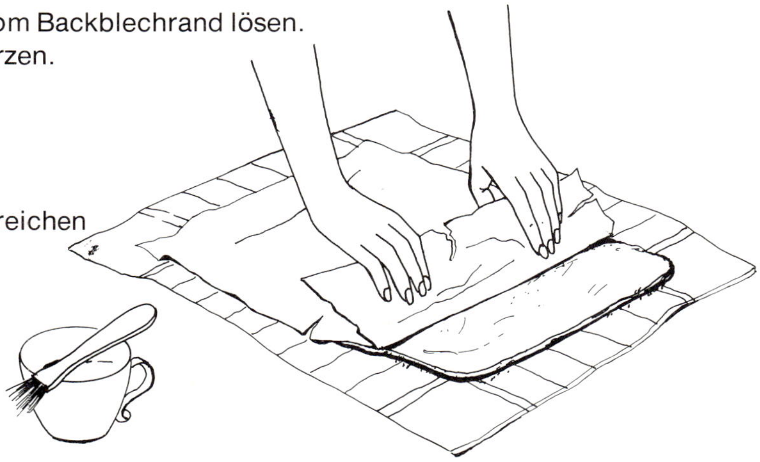

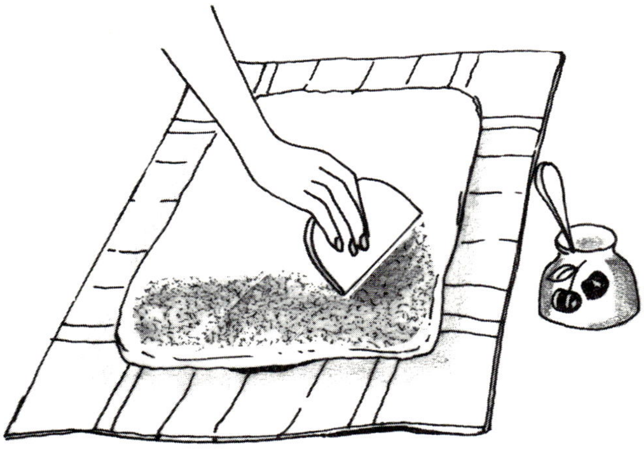

Biskuitplatte mit Marmelade bestreichen.

Biskuitplatte mit Hilfe des Geschirrtuches aufrollen.

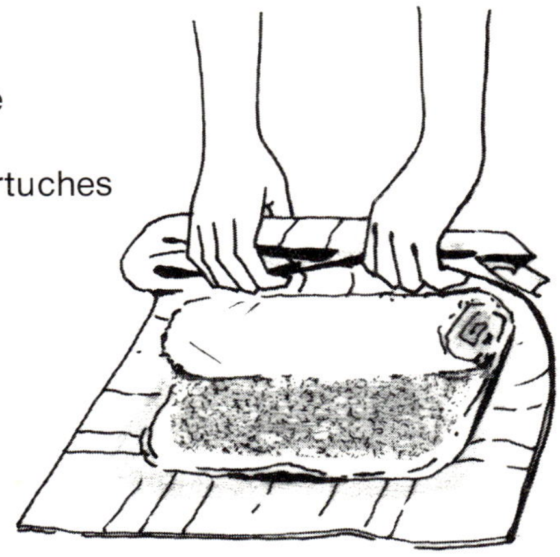

Biskuitrolle mit Puderzucker bestäuben.

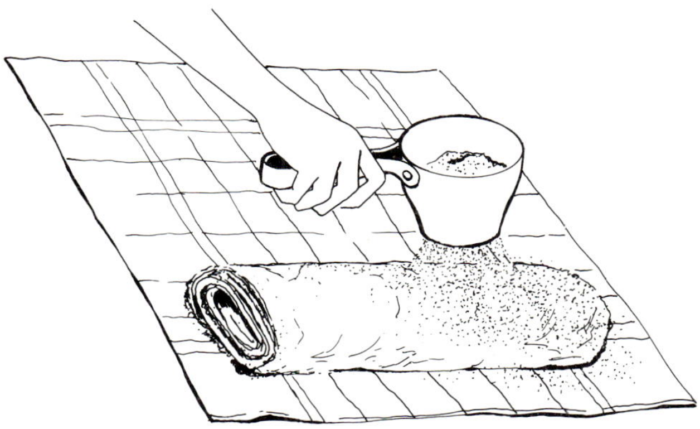

Aufgaben:

1. Welche Aufgabe hat der Eischnee in der Biskuitmasse?
2. Welche Aufgabe hat das Backpulver?
3. Nennen Sie verschiedene Möglichkeiten, Biskuitrollen zu füllen.

NZ 13.4. Hefeteig (Hefezopf mit Zitronenguß)

Hefeteig im Elektroherd

Aufgabe der Hefe

Hefe ist ein **Teiglockerungsmittel.**
Hefe ist ein Pilz.
Hefe braucht zur **Vermehrung bestimmte Lebensbedingungen;**
durch Vermehrung entstehen **Gasblasen.**
Sie lockern den Kuchenteig.

Versuche:

Versuch 1
Geben Sie Mehl, Hefe, Zucker
und lauwarmes Wasser in ein Becherglas
und lassen es ca. 10–15 Min. stehen.

Versuch 2
Geben Sie Mehl, Hefe, Zucker
und lauwarmes Wasser in ein Becherglas.
Stellen Sie es in den warmen Backofen,
ca. 50 °C, ca. 10 Min.
Backofentüre einen Spalt offenlassen.

Versuch 3
Geben Sie zu Mehl und Hefe flüssiges Fett
und lassen es ca. 10 Min. stehen.

Ergebnisse:

Um sich zu vermehren, braucht Hefe:
Nahrung
Feuchtigkeit

Wärme

Luft

Die Vermehrung wird verhindert.
Fett umschließt die Hefe.

Grundrezept: Hefeteig

Grundrezept
500 g Mehl
30 g Hefe
80 g Zucker
$^{1}/_{4}$ l lauwarme Milch
80 g Fett
1 Prise Salz

Vorbereitungsarbeiten:

Die abgewogenen Zutaten bereitstellen.
Die Arbeitsgeräte zurechtlegen.
Das Backblech einfetten.
Die Milch erwärmen.

Backofen auf 50 °C vorheizen.
Backofentür einen Spalt offenlassen.

Hefezopf mit Zitronenguß

1 × Grundrezept Hefeteig
Zitronenguß:
3 EL Zitronensaft
100 g Puderzucker

Herstellung:

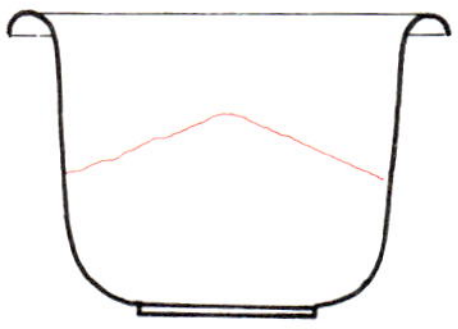

Mehl in eine Backschüssel geben.

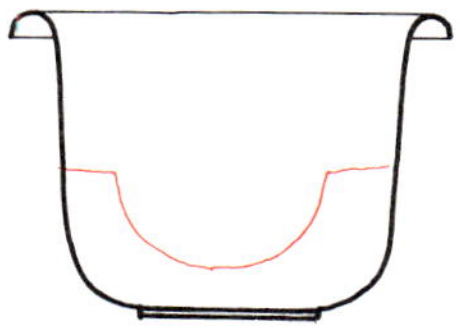

Mit einem Löffel in die Mitte des Mehles eine große Vertiefung drücken.

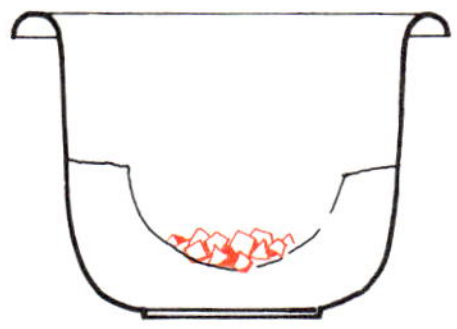

Die Hefe hineinbröckeln.

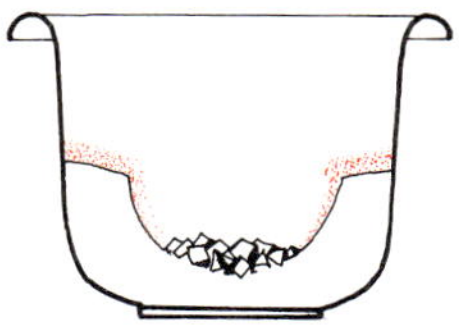

2 TL Zucker über die Hefe streuen, den restlichen Zucker auf den Mehlrand streuen.

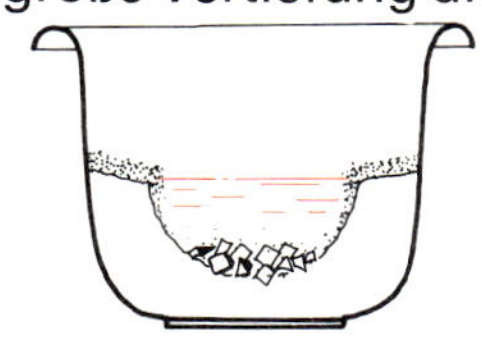

Die angewärmte Milch über die Hefe gießen.

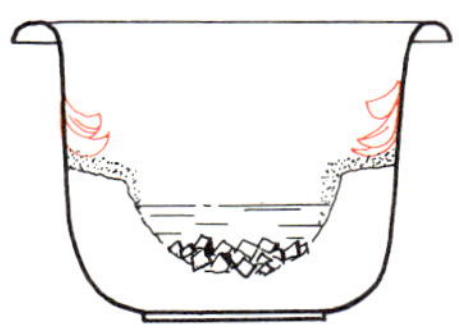

Das Fett in kleinen Stücken an dem Schüsselrand verteilen, auch die Prise Salz.

Den **Vorteig** in den Backofen stellen, ca. **15–20** Min. gehen lassen.

	Elektroherd
Temperatur	**50 °C** Backofentür einen Spalt offenlassen.
Einschubhöhe	untere Schiene
Zeit	ca. **20** Min.

Den Vorteig mit dem Rührlöffel gut durcharbeiten und so lange schlagen, bis sich ein **glatter Teig** bildet (kloßförmig).

Weiterverarbeitung

zu einem Hefezopf: Den Teig auf ein Backbrett geben, mit den Händen durchkneten.

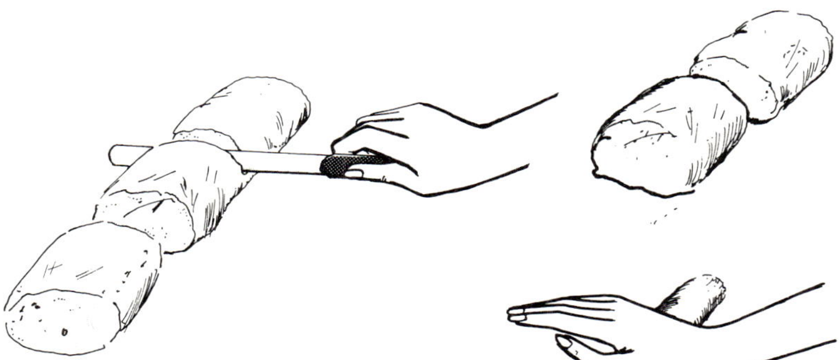

Den Teig mit dem Pfannenmesser in **3 gleich große** Teile teilen.

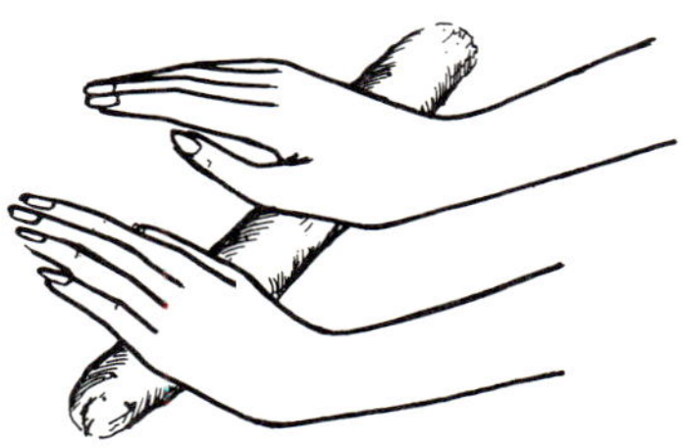

Jedes Teil zu einer Rolle formen, ca. **30 cm lang.**

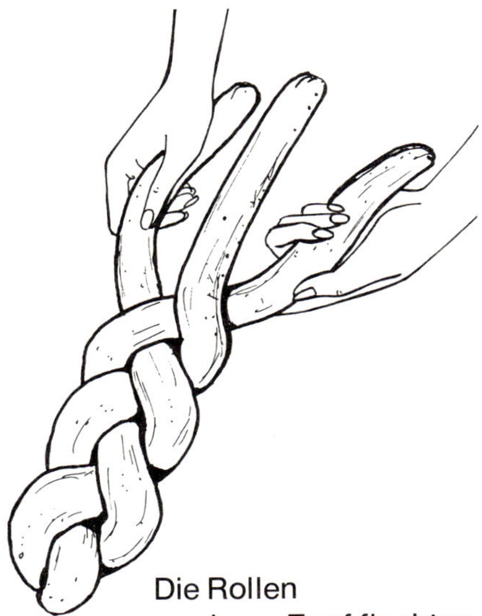

Die Rollen zu einem Zopf flechten.

Den Zopf auf das gefettete Backblech geben.
Das Backblech in den Backofen einschieben.
Die Temperatur einschalten.

	Elektroherd
Temperatur	**200°C**
Einschubhöhe	mittlere Schiene
Backzeit	ca. **30–40** Min.

Hefeteig im Gasherd:

Herstellung Hefeteig siehe Elektroherd.

Die kleinste Stufe des Backofens ist die Stufe 1.
Die Temperatur beträgt bei Stufe 1 120–140°C.

Man läßt deshalb die Hefe

a) als Vorteig
b) als geformten Teig

an einem warmen Ort gehen.

Praktischer Tip:
Die Aufheizzeit des Backofens wird zum „Gehenlassen" genutzt.

Herstellung mit dem Handrührgerät

Handrührgerät mit **Knethaken**

Zutaten: siehe Grundrezept
Die Zutaten in eine Rührschüssel geben.
Die Zutaten von der Mitte aus zu einem glatten Teig verarbeiten.
Den Teig gehen lassen.
Den Teig nochmals mit Hilfe des Handrührgerätes durcharbeiten.
Zu dem gewünschten Gebäck formen.

	Gasherd
Temperatur	**Stufe 3–4**
Einschubhöhe	mittlere Schiene
Backzeit	ca. **30** Min.

Nach dem Backen:

Den Hefezopf mit Zitronenguß bestreichen.

Abwandlungen – Hefeblechkuchen

Hefeapfelkuchen
Hefepflaumenkuchen
Hefekleingebäck

Zitronenguß

Herstellung:
Den Puderzucker in eine Schüssel geben.
3 EL Zitronensaft nach und nach unter den Zucker rühren.

Hinweis für den Einkauf:
Frische Hefe hat einen feinen säuerlichen Geruch.
Frische Hefe hat eine mattgelbe Farbe.

Aufgaben:
1. Welche Lebensbedingungen braucht die Hefe, um sich zu vermehren?
2. Begründen Sie, warum die Hefe nicht mit Fett in Berührung kommen darf.

TV
Textilverarbeitung

TV 1. Nähmaschine

Die Nähmaschine erleichtert uns viele Näh- und Ausbesserungsarbeiten.
Mit ihrer Hilfe lassen sich Nähte schneller,
haltbarer und gleichmäßiger herstellen als mit der Hand.
Wir kennen heute eine Vielzahl von Nähmaschinentypen.
Sie unterscheiden sich im Aussehen und in der Anordnung der Bedienungsknöpfe und -hebel.
Technisch sind sie jedoch fast gleich.
Hat man sich erst mit den wichtigsten Maschinenteilen vertraut gemacht,
lernt man schnell die Nähmaschine zu bedienen.

Aufbau und Bauteile

Folgende Maschinenteile und Schalthebel benutzen und bedienen wir beim Nähen:

Oberteil der Nähmaschine

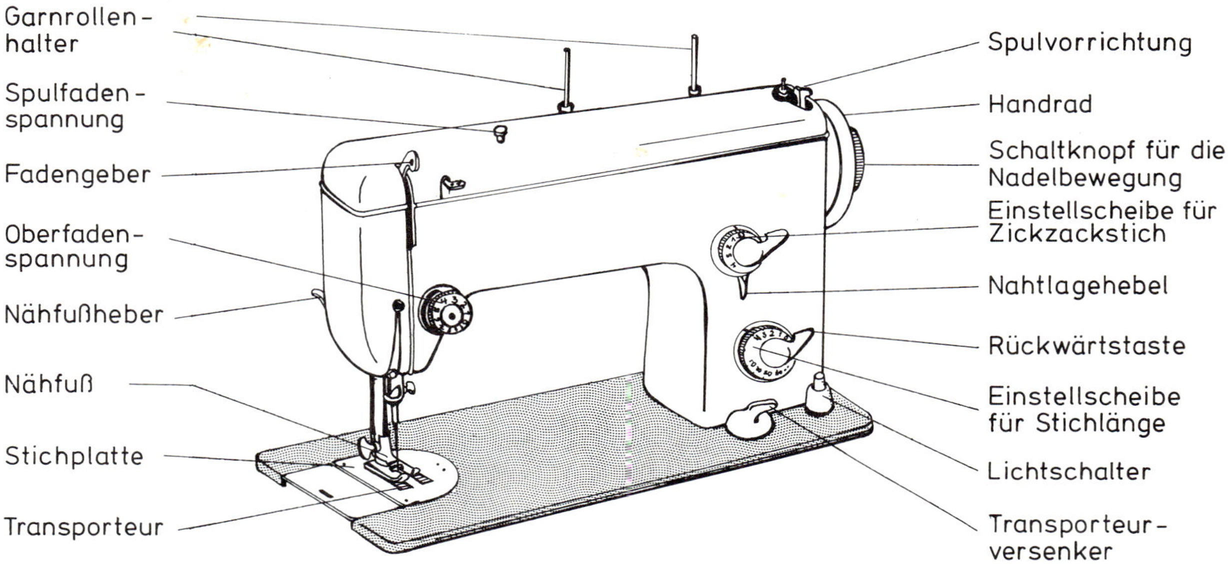

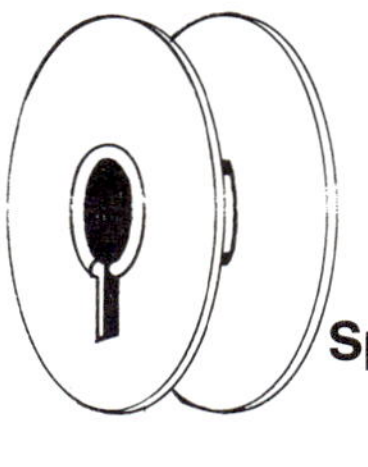

Spule

Spulenkapsel

Nähmaschinennadel
Stärken: 60–120

Flachkolbennadel
(Rückseite)
mit kurzer Rille

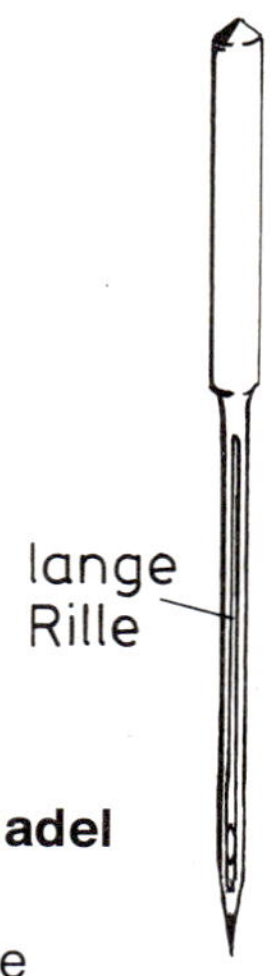

Flachkolbennadel
(Vorderseite)
mit langer Rille

> Für Nähmaschinennadeln gilt die Regel:
> Je niedriger die Nummer, umso feiner die Nadel.

Beachten Sie: Die Nadelstärken müssen auf die Stoffstärken abgestimmt werden. Benutzen Sie dazu die Tabelle S. 107, Kap. TV 3.

TV 1.1. Vorbereiten der Nähmaschine

Eine Nähmaschine muß von uns erst **nähbereit** gemacht werden.
Dazu werden bei elektrischen Nähmaschinen die Maschine und der Fußanlasser an das Stromnetz angeschlossen.

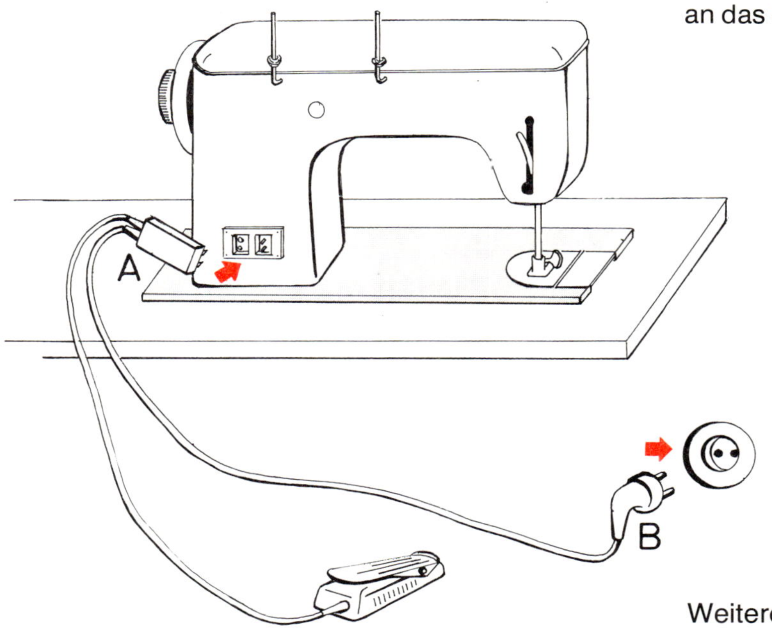

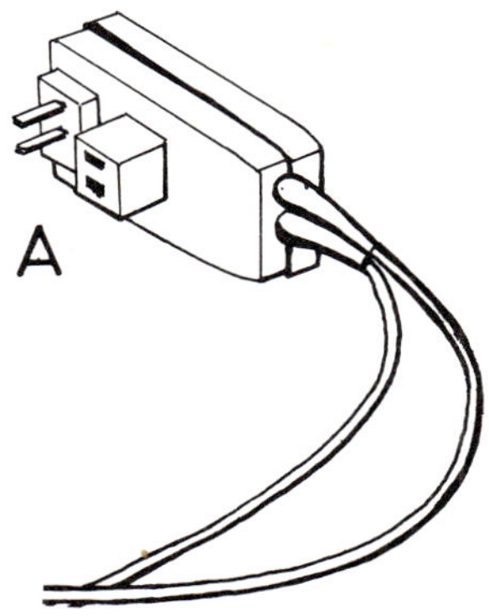

Maschinenstecker

Aus Sicherheitsgründen
zuerst den Maschinenstecker (A) einsetzen.
Dann erst mit dem Schukostecker (B)
den Stromkreis schließen.

Weitere Arbeitsgänge sind:
Aufspulen des Unterfadens
Einlegen der Spule in die Spulenkapsel
Einsetzen der Spulenkapsel in den Greiferkessel
Einsetzen der Nadel
Einfädeln des Oberfadens

Einsetzen der Nadel

Die Nähmaschinennadel wird so, wie die Abbildung es zeigt, in die Nadelhalterung eingesetzt:

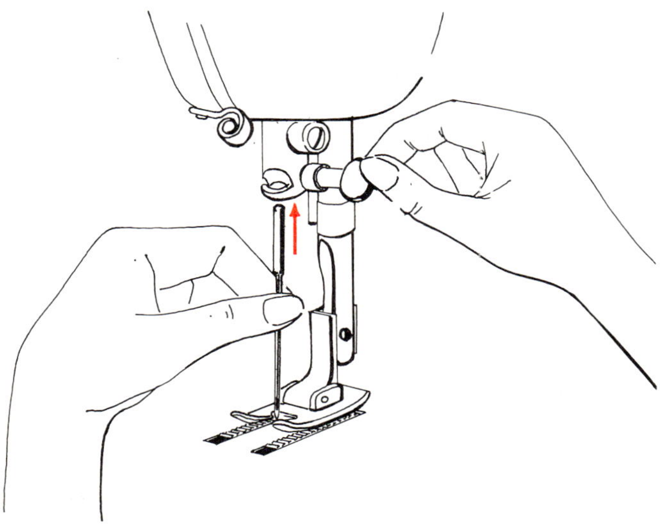

Die Schraube lösen, und die Nadel bis zum Widerstand hochschieben, Anschließend die Schraube wieder festdrehen.

Bei **Nähmaschinen mit Zickzackausstattung** wird beim Einsetzen der Nadel die **flache Kolbenseite nach hinten** gedreht.

Bei einigen Nähmaschinentypen setzt man die **flache Kolbenseite** so ein, daß sie **nach rechts** zeigt.

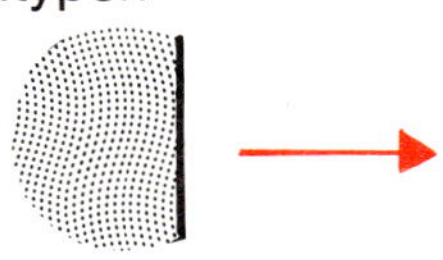

Nadeln, die nicht hoch genug eingesetzt sind, brechen ab.
Verbogene Nadeln oder Nadeln mit abgebrochener Spitze, müssen unbedingt ausgewechselt werden, sie zerstören den Stoff.

Nähübungen ohne Faden

Zeichnen Sie sich auf Papier gerade, gebogene und im rechten Winkel verlaufende Linien.
Nähen Sie über diese Linien mit eingesetzter Nadel, aber ohne Faden.
Probieren Sie dabei verschiedene Stichlängen aus.
Üben Sie in gleicher Weise das „füßchenbreite" Nähen.
Dabei führen Sie die Außenkante des Nähfußes an der Linie entlang.

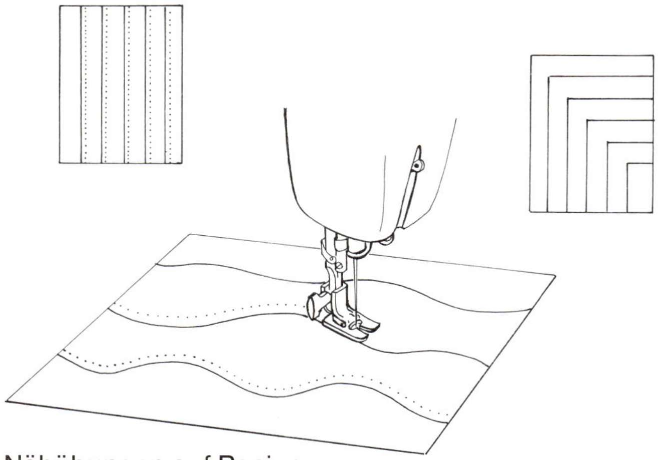

Nähübungen auf Papier

TV 1.2. Einfädeln des Oberfadens

Der Nähmaschinenstich wird von zwei Fäden gebildet: dem Oberfaden und dem Unterfaden.

Der Oberfaden wird durch die verschiedenen Ösen und Federn des Nähmaschinenoberteils geführt und von der Seite mit der langen Rille in die Nadel eingefädelt.

Der Unterfaden muß auf eine Spule gewickelt werden, die volle Spule wird in die Spulenkapsel gelegt. Die Spulenkapsel wird unterhalb der Stichplatte in den Greiferkessel eingelegt.

Bei jedem Stich verschlingen sich Ober- und Unterfaden miteinander. Die Stiche bilden die Naht.

Einfädeln des Oberfadens:

Der Weg des Oberfadens von der Garnrolle zur Nadel ist bei allen Nähmaschinen grundsätzlich gleich.

Der Oberfaden wird immer vom **Garnrollenhalter** zur **Oberfadenspannung,** dann zum **Fadengeber** und anschließend zur **Nadel** geführt. Mehrere **Führungsösen** leiten den Faden.

Beispiel:
Weg des Oberfadens

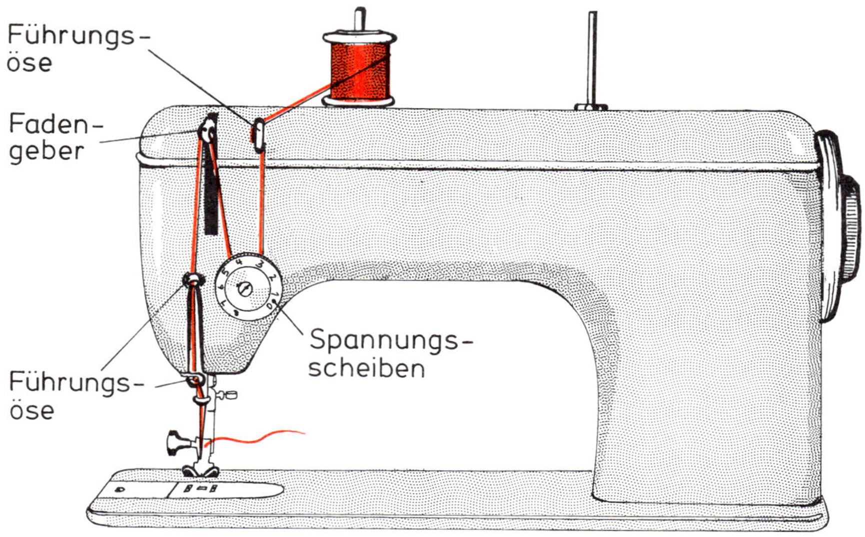

Die Spannungsscheiben der Oberfadenspannung bremsen den Faden auf ein bestimmtes Maß ab.

Der Fadengeber zieht die für die Stichbildung notwendige Garnmenge von der Garnrolle ab.

Die Nadel bringt den Oberfaden in den Stoff.

TV 1.3. Aufspulen des Unterfadens

Mit Hilfe der **Spulvorrichtung** an der Nähmaschine wird das Nähgarn auf die Spule gewickelt.

Vor dem Spulen: Die **Nadelbewegung** an der Maschine **ausschalten,** den **Nähfuß anheben.** Dadurch wird eine Beschädigung von Nadel und Nähfuß vermieden.

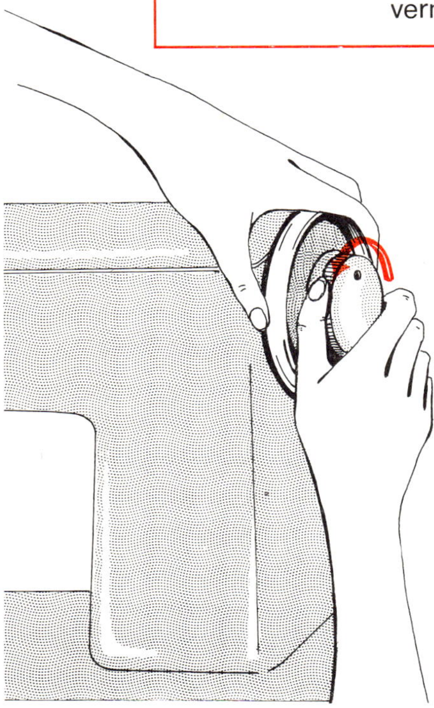

Ausschalten der Nadelbewegung:
Handrad festhalten, den Schaltknopf nach links drehen.

Zum Spulen die leere Spule so auf die Halterung stecken, daß der kleine Metallstift in den Schlitz der Spule greift. Der Faden wird auf dem Weg von der Garnrolle zur Spule so zwischen die Spulfadenspannung gelegt, daß er sich kreuzt. Den Faden dann in Uhrzeigerrichtung auf die Spule wickeln.

Fadenführung zum Aufspulen:
Der so geführte Faden läuft gleichmäßig und nicht zu locker auf die Spule auf.

Aufspulen:
Spulwerk einschalten, und die Maschine mit mäßigem Tempo in Bewegung setzen.

Das Spulwerk schaltet sich automatisch ab, wenn die Spule gefüllt ist.

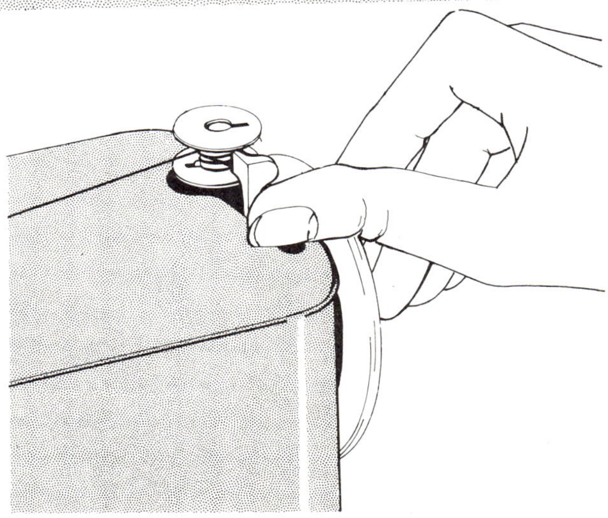

Nach dem Spulen: Den **Schaltknopf** für die Nadelbewegung wieder **festdrehen.**

TV 1.4. Einsetzen der Spule

Bei einigen Nähmaschinentypen, z. B. Singer, wird die gefüllte **Spule** **direkt** in die **festeingebaute Spulenkapsel,** die Greiferbahn, eingelegt.

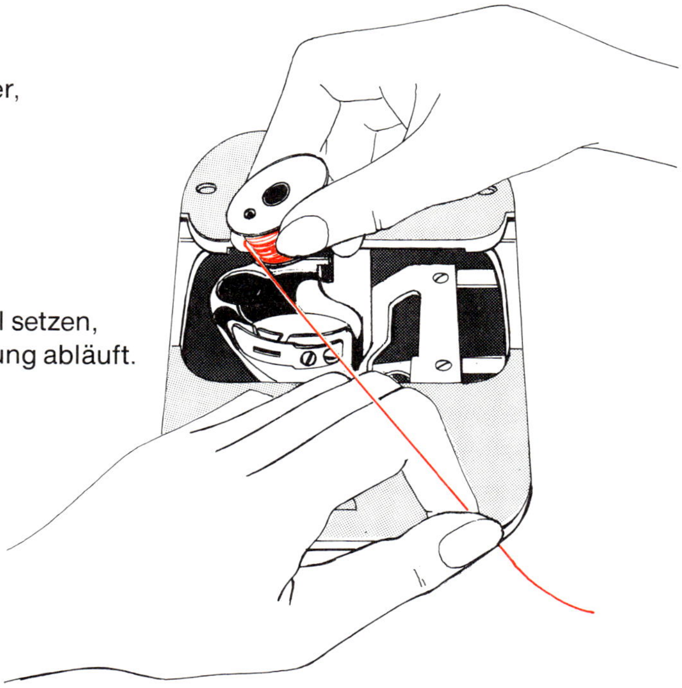

Die Spule so in die eingebaute Spulenkapsel setzen, daß der Faden entgegen der Uhrzeigerrichtung abläuft.

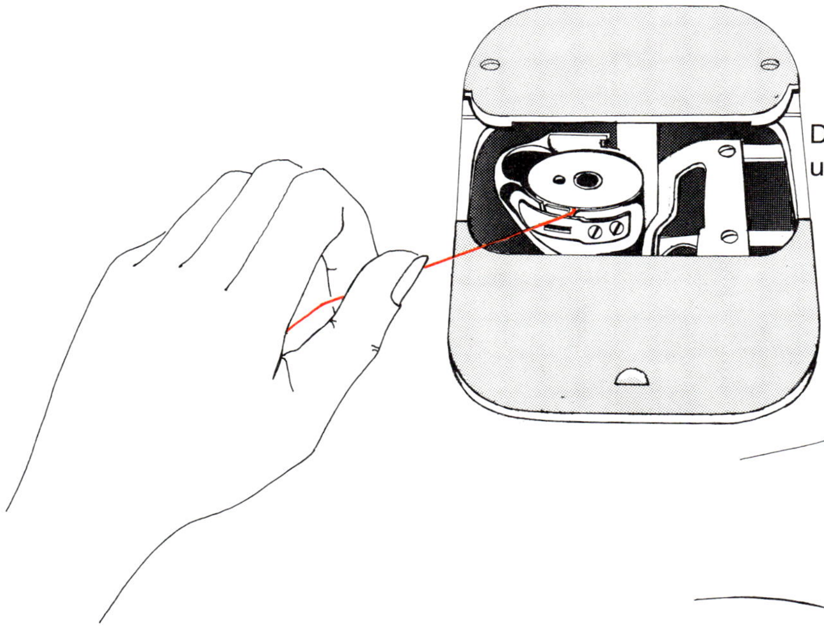

Den Unterfaden durch den Schlitz unter die Spannungsfeder legen.

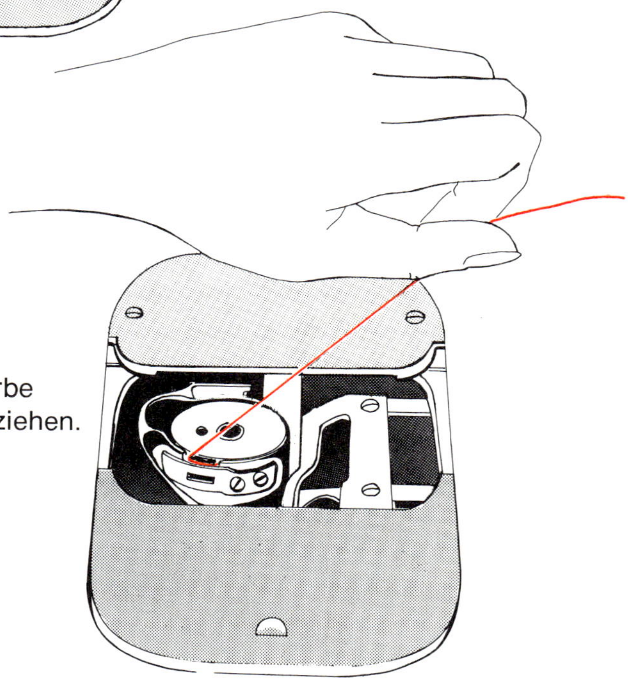

Den Unterfaden durch die Kerbe am Federende wieder herausziehen.

An anderen Nähmaschinen, z. B. Pfaff, wird die gefüllte **Spule** zunächst in die **lose Spulenkapsel** eingelegt. Die Spulenkapsel wird dann in den **Greiferkessel** eingesetzt.

Die Spule so in die Spulenkapsel legen, daß der Faden in Uhrzeigerrichtung abläuft.

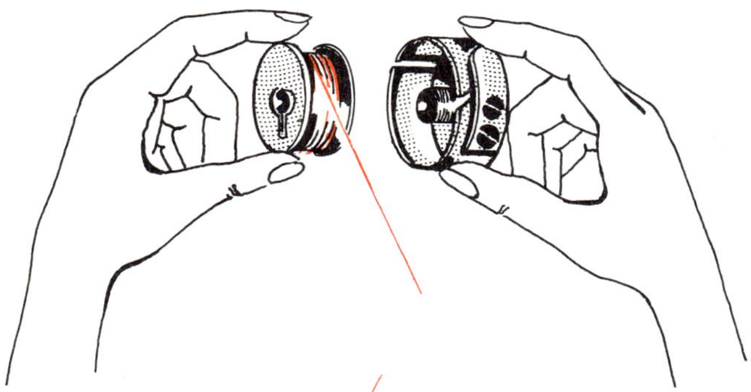

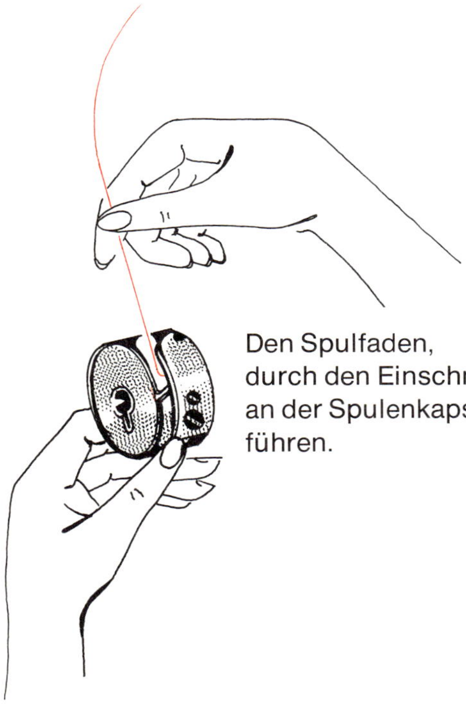

Den Spulfaden, durch den Einschnitt an der Spulenkapsel führen.

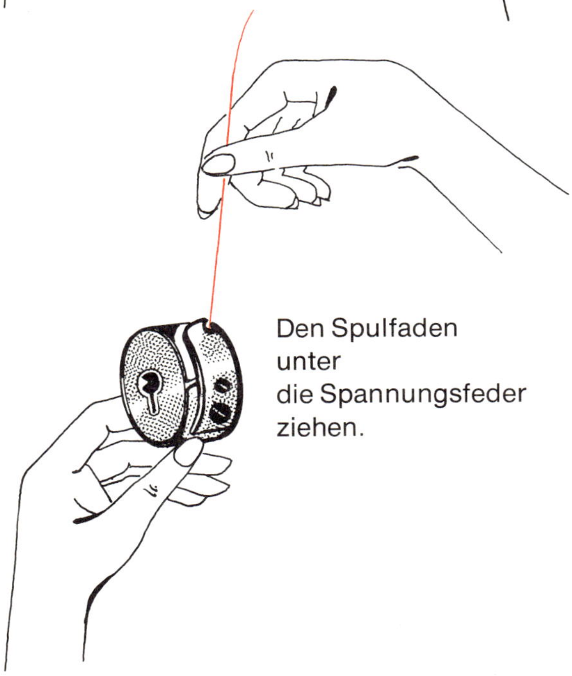

Den Spulfaden unter die Spannungsfeder ziehen.

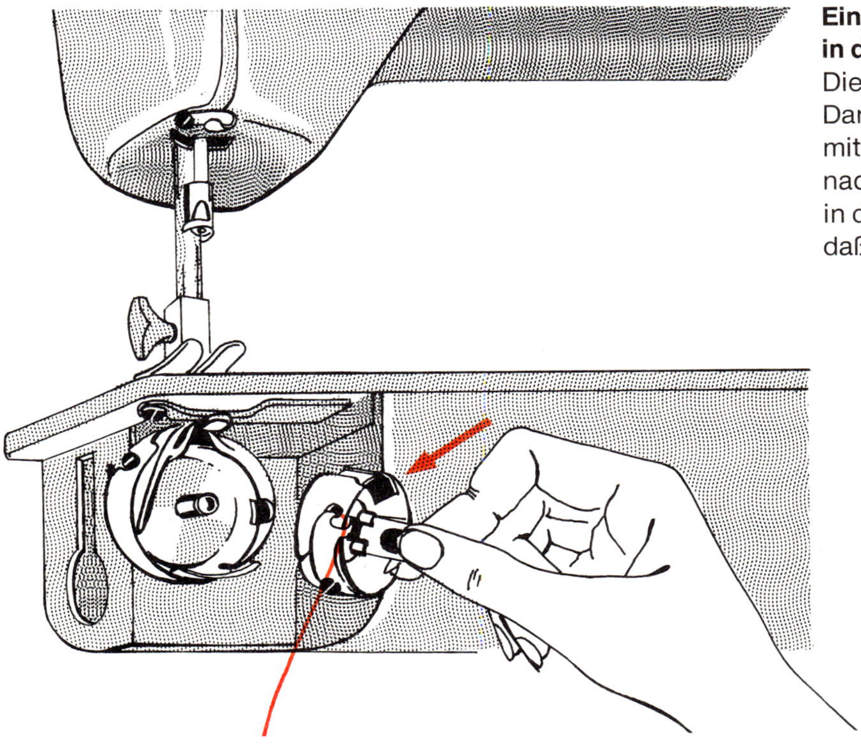

Einsetzen der Spulenkapsel in den Greiferkessel:
Die Kapselklappe anheben. Dann die Spulenkapsel mit dem Ausschnitt nach oben so tief in den Greiferkessel setzen, daß es hörbar klickt.

Hochholen des Unterfadens

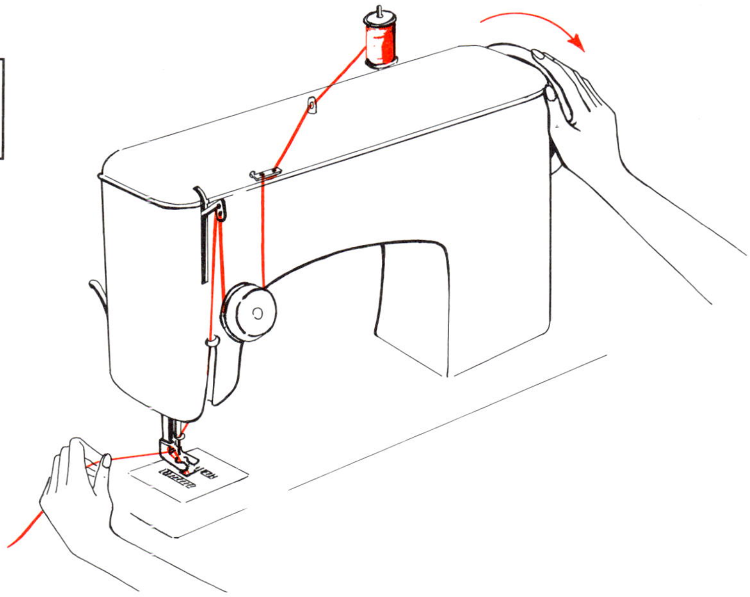

Vor Nähbeginn muß der Unterfaden oberhalb der Stichplatte liegen.

So wird der Unterfaden heraufgeholt:
Nähfuß anheben.
Eingefädeltes Oberfadenende mit der linken Hand festhalten.
Mit der rechten Hand das Handrad nach vorne drehen.
Bei einer vollen Drehung holen die Nadel und der straff gezogene Oberfaden den Unterfaden herauf.

Ober- und Unterfaden unter den Nähfuß nach hinten legen.

Beachten Sie: Bei den ersten Nähstichen **beide Fadenenden festhalten,** damit sie nicht in die Greiferbahn geraten.

TV 1.5. Regulieren der Fadenspannung

Oberfadenspannung

Auf der **Einstellscheibe für die Oberfadenspannung** befinden sich Zahlen. Diese Zahlen geben an, wie stark der **Oberfaden** auf seinem Weg von der Garnrolle zur Nadel **gebremst** wird. Der Faden erhält dabei **Spannung.**

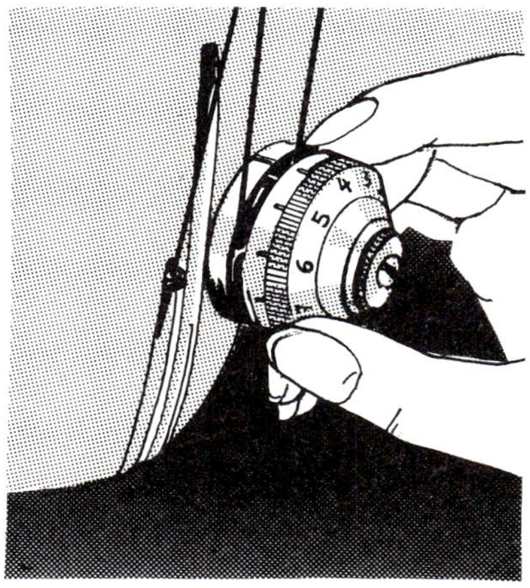

Bei niedrigen Zahlen – geringe Spannung
Bei hohen Zahlen – starke Spannung

Einstellen der Oberfadenspannung:
Verwendet man zum Nähen normales Nähgarn, Stärke 60–70, so wird die Oberfadenspannung auf die Zahl 4 oder 5 eingestellt.

Werden andere Garnstärken verwendet, stellt man die Fadenspannung nach.
So muß man z. B.:

bei dickerem Garn die Spannung verringern (niedrigere Zahl einstellen),
bei dünnerem Garn die Spannung verstärken (höhere Zahl einstellen).

Unterfadenspannung

Der **Unterfaden** erhält seine **Spannung** durch eine **Metallfeder.**
Diese Feder ist an der Spulenkapsel angeschraubt.
Durch Verstellen der Schraube läßt sich die Unterfadenspannung regulieren.

Verstellen der Spannungsschraube

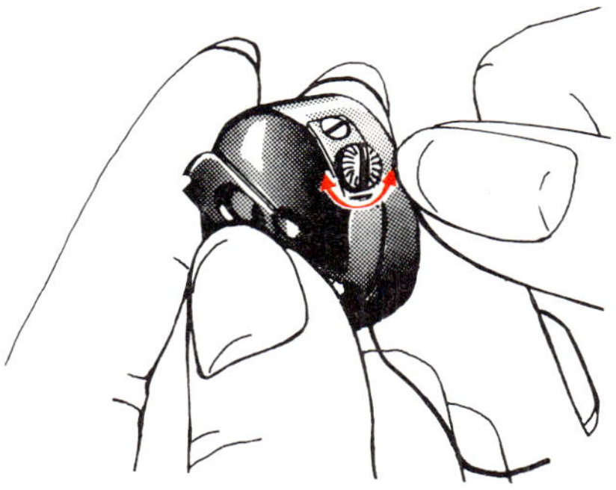

... an der Spulenkapsel

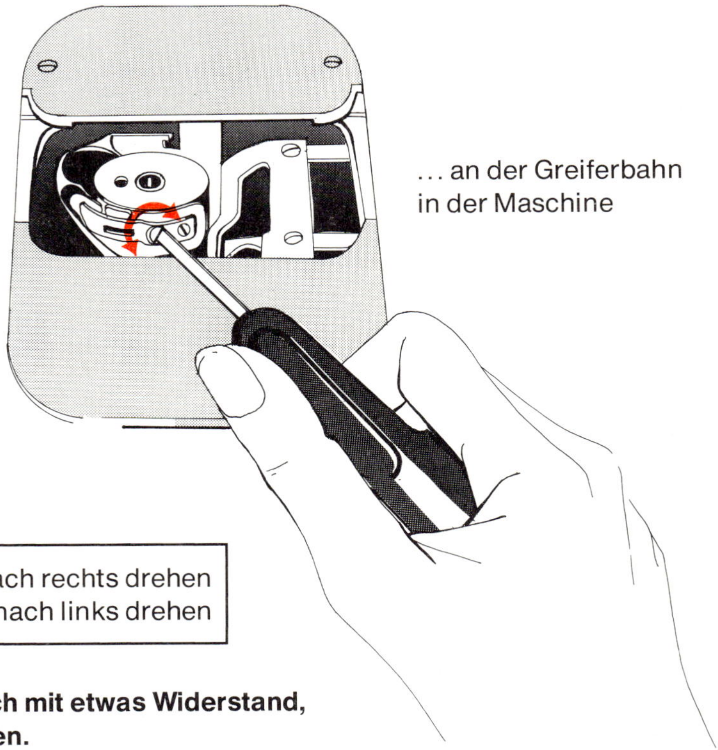

... an der Greiferbahn in der Maschine

Für eine stärkere Spannung – Schraube nach rechts drehen Für eine geringere Spannung – Schraube nach links drehen

Ein normal gespannter Unterfaden läßt sich mit etwas Widerstand, aber dennoch leicht von der Spule abziehen.

Oberfaden- und Unterfadenspannung müssen aufeinander abgestimmt werden.

TV 1.6. Arbeitsplatz an der Nähmaschine

Richtige Haltung beim Nähen:
Sie sollten **gerade** und **entspannt** vor der Nähmaschine sitzen.
Stimmen Sie deshalb die Höhe der Sitzfläche auf die Nähtischhöhe ab.
Gleichen Sie, wenn nötig, mit Kissen die Höhenunterschiede aus.

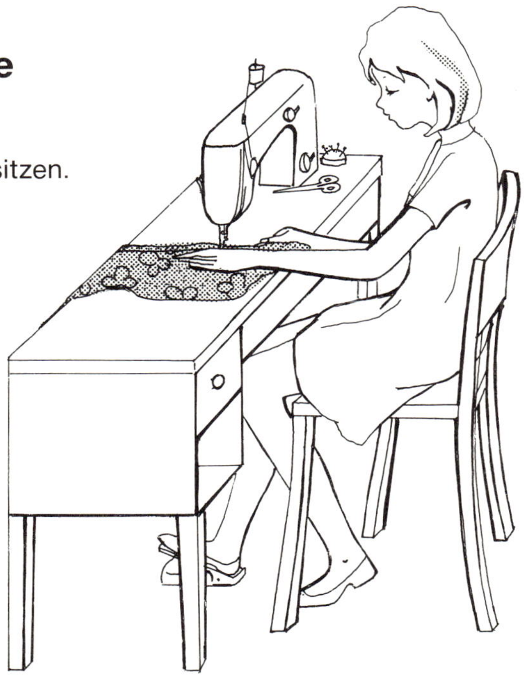

Die Tischplatte links neben dem Nähfuß und unter dem Maschinenarm ist ausschließlich zur Stoffauflage bestimmt. Hilfswerkzeuge wie Scheren, Stecknadeln usw. werden rechts neben der Nähmaschine abgelegt.

Beide Hände führen beim Nähen den Stoff flach über den Maschinentisch.
Dabei liegt die linke Hand vor dem Nähfuß
und die rechte Hand ein wenig hinter dem Nähfuß.
So kann der Stoff leicht gelenkt werden,
damit eine gleichmäßige und gerade Naht entsteht.

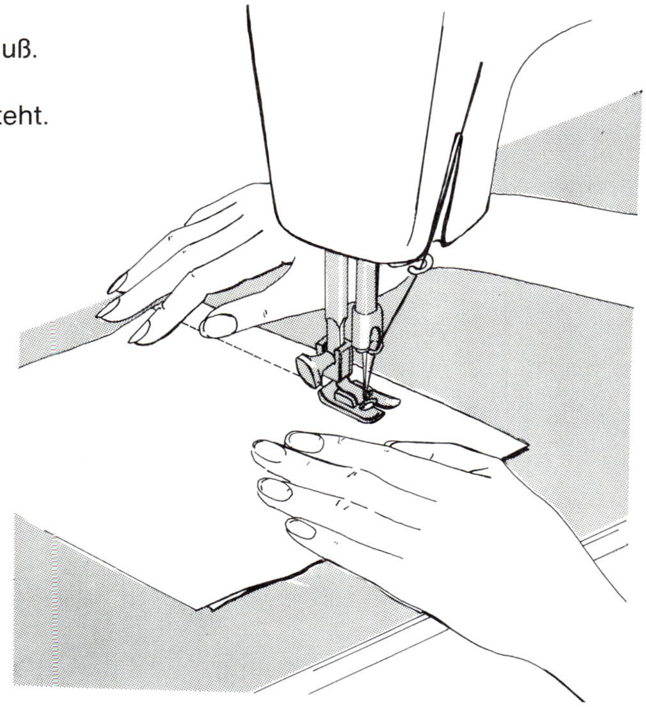

Bei großen Stoffteilen soll beim Nähen
die **größere Stoffmenge links**
von der Nadel liegen, so daß der enge Raum
unter dem Maschinenarm frei bleibt.
Der Stoff läßt sich dann leichter führen.

Beachten Sie: Wird während des Nähens am Stoff gezogen,
verändert sich das Stichbild, die Naht wird unsauber.
Außerdem verbiegt sich dabei die Nadelspitze und bricht ab.

Werkzeuge: Scheren – Trenner

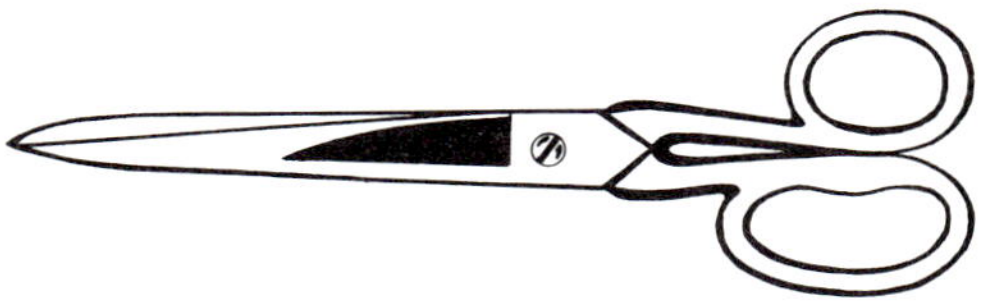

Schere für alle Näharbeiten.
Die lange Schneide
trennt den Stoff sauber durch.
Die scharfe Spitze
schneidet Fäden sauber ab.

Zuschneideschere
Schneide und Griff sind versetzt angeordnet.
Diese Schere liegt
beim Stoffschneiden
besonders gut
auf dem Tisch auf.

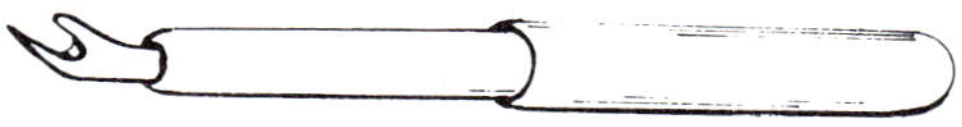

Trenner
Zum Auftrennen von Nähten
und Durchtrennen von Maschinenknopflöchern.

Scheren müssen sorgsam behandelt werden, damit sie scharf bleiben.
Mit einer Zuschneideschere darf nur Stoff geschnitten werden.

TV 2. Abstimmen von Nadeln, Garnen und Stoffen

Nadelstärke und Garnstärke entscheiden mit, ob eine Naht sauber aussieht und haltbar ist.
Zu dicke Nadeln zerstören den Stoff, zu dünne Nadeln brechen beim Nähen ab.
Ist das Garn zu dick, zieht es den Stoff beim Nähen zusammen,
ist es zu dünn, verringert sich die Haltbarkeit der Naht.
Außerdem muß das Nähgarn zum Rohmaterial des Stoffes passend ausgewählt werden,
z. B.: für Baumwollkittel – Baumwollgarn, für Nylonkittel – synthetisches Garn.

> Vor dem Nähen müssen Nadeln und Garne auf den Stoff abgestimmt werden.

Tabelle für passende Nadel- und Garnstärken:

	Stoffarten/Textilien	**Garnstärke Nr.**			**Nadelstärke Nr.**	
		Nähseide synthet. Garne	Baumwollgarn	Maschinenstick- und stopfgarn	Handnähnadeln	Maschinennadeln
	Gardinenstoffe dünne Wirkware Seidenjersey	100 120	80	80	8	60
	Batist dünne Blusen Nachtwäsche	120	80	80	8	70
	Vorhangstoffe Kinderkleidung leichte Oberbekleidungsstoffe	100 120	70	60	8	70
	Bettwäsche Tischwäsche Haushaltswäsche	120	60	60	8	80
	Feste Oberbekleidungsstoffe Berufsbekleidung	100 120	60	50	6	90
	dicke Mantelstoffe	100 120	50	—	6	100

TV 3. Nähfehler und ihre Beseitigung

Für eine gute Maschinennaht sind entscheidend:

das Garn	die Nadel	die Oberfaden-spannung	die Unterfaden-spannung
Es muß in der Stärke zum Stoff passen.	Sie muß richtig eingesetzt und unbeschädigt sein.	Beide dürfen nicht zu locker oder zu fest sein. Sie müssen aufeinander abgestimmt sein.	

Nähfehler	Ursache	Beseitigung
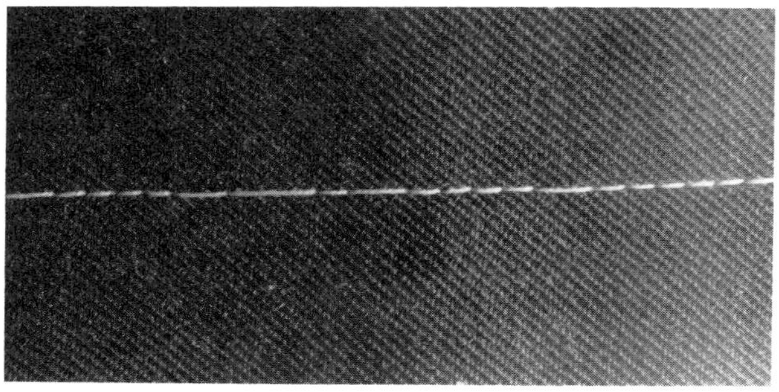 Ausgelassene Stiche	Die Nadel sitzt zu tief oder mit der flachen Kolbenseite in der falschen Richtung.	Die Nadel hoch genug einsetzen; den Nadelkolben zur richtigen Seite drehen.
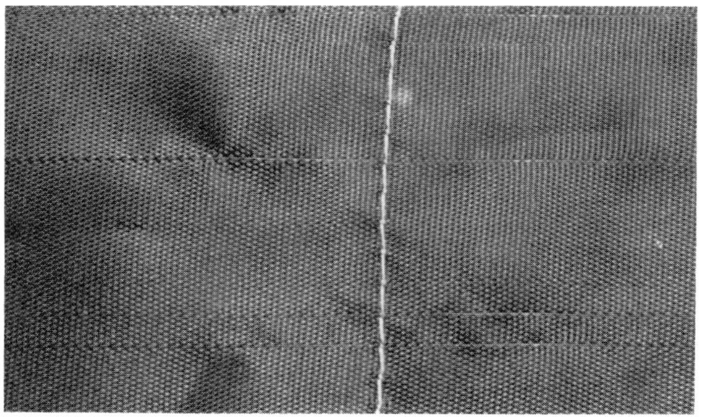 Der Stoff zieht Querfäden. Die Nadel „hämmert“.	Die Nadelspitze ist abgebrochen.	Neue Nadel einsetzen.
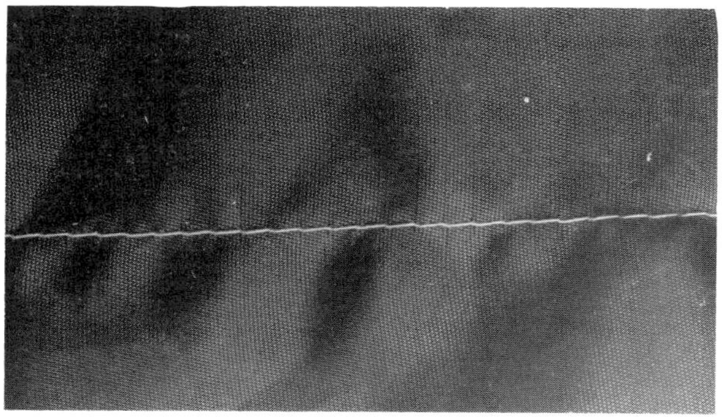 Die Naht zieht den Stoff zusammen.	Das Garn ist für den Stoff zu dick. Die Ober- und Unterfadenspannung ist zu stramm.	Dünneres Garn verwenden. Ober- und Unterfadenspannung lockern.

Nähfehler	Ursache	Beseitigung
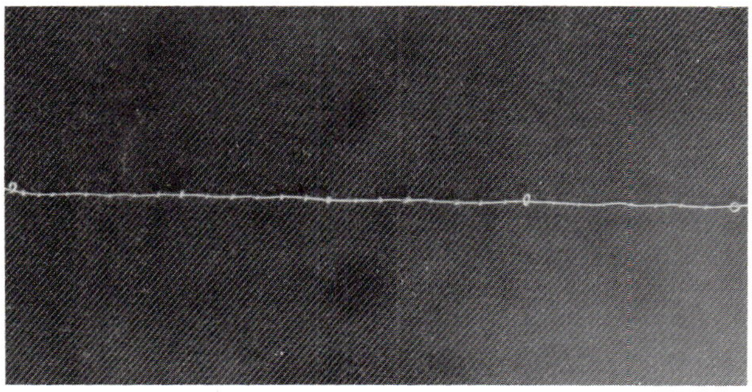 Fadenschlaufen auf der Stoffoberseite	Die Oberfaden-spannung ist zu stramm oder die Unterfadenspannung zu locker. Faden evtl. aus der Feder gerutscht.	Oberfadenspannung lockern (niedrigere Zahl einstellen). Unterfadenspannung nachsehen (Schraube nach rechts drehen). Unterfaden neu unter die Spannungsfeder legen.
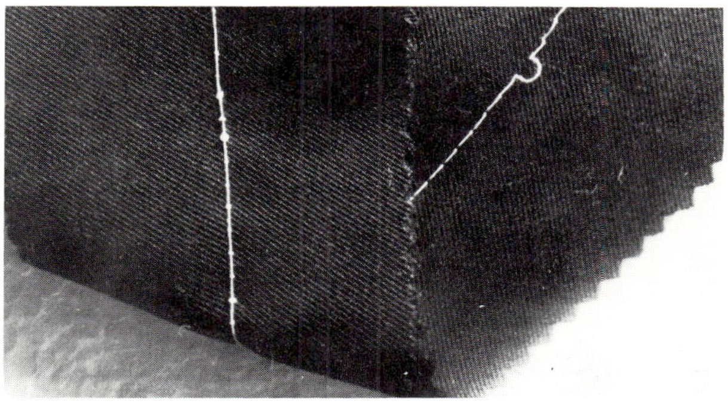 Fadenschlaufen auf der Stoffunterseite	Die Oberfaden-spannung ist zu locker oder die Unterfadenspannung zu stramm. Unterfaden evtl. eingeklemmt, Spule paßt nicht richtig in die Spulenkapsel.	Oberfadenspannung fester drehen (höhere Zahl einstellen). Unterfadenspannung nachsehen (Schraube nach links drehen). Passende Spule nehmen.

Wir merken uns: Fehlerhafte Nähte sind unsauber und nicht haltbar genug.
Sie müssen aufgetrennt werden.

So lassen sich Nähfehler vermeiden:
Zu Beginn der Näharbeiten den Nadelsitz und die Fadenspannung überprüfen.
Zur Kontrolle eine Probenaht auf einem doppelt gelegten Stoffstreifen nähen.

TV 4. Nähtechniken

Nähen ist „Übungssache“.

In den folgenden Kapiteln werden Nähtechniken dargestellt. **Fertigen Sie von diesen Nähtechniken Arbeitsproben an.**

Arbeitsmittel: Baumwollstoff, Nähgarn

Arbeitsgeräte: Stoffschere, Zentimetermaß, Stecknadeln, Handnähnadeln und Maschinennähnadeln, Heftgarn, Fingerhut

Fertiggestellte Arbeitsproben heften Sie in einer Sammelmappe geordnet ab.

Die Zuschnittmaße für die Arbeitsproben finden Sie bei den Nähtechniken. Schneiden Sie nach den angegebenen Maßen die Stoffteile **fadengerade** zu.

Sie schneiden dann fadengerade, wenn Sie die Schere an einem Gewebefaden entlang führen.

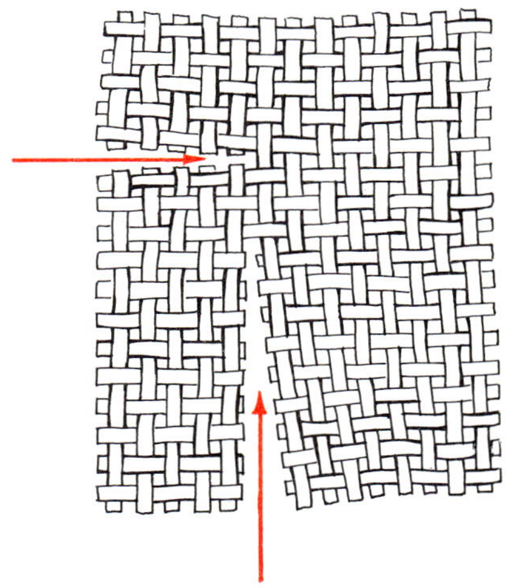

Zuschneideübung:

Schneiden Sie aus Baumwollstoff vier Stoffteile, je 20 cm lang und 10 cm breit, fadengerade zu. Verwenden Sie diese beiden Stoffteile für die Nähtechniken 4.1.

Zuschnittmaß

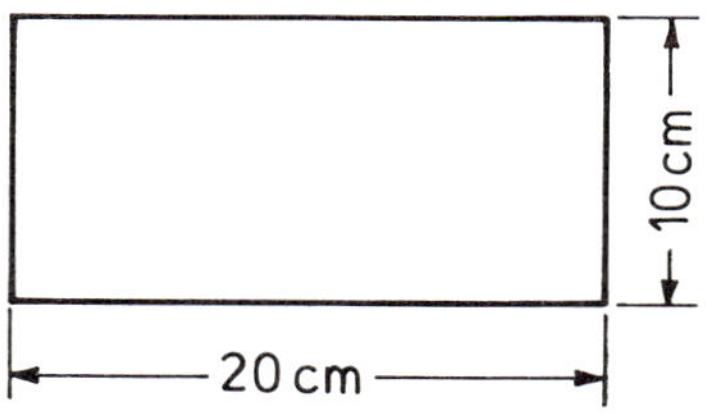

Werkzeuge zum Messen, Heften und Nähen

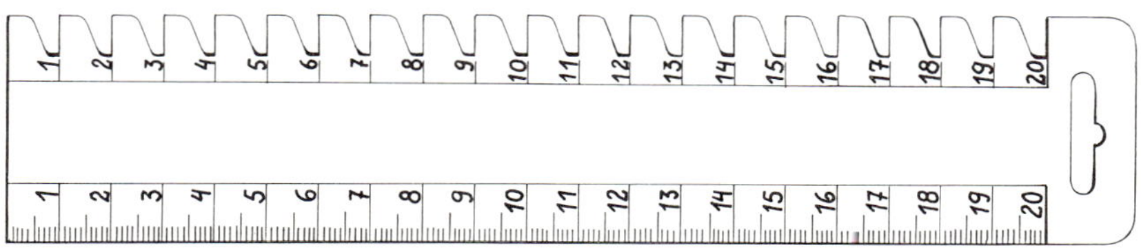

Biegsames Handmaß zum leichteren Abmessen von Säumen und Falten.

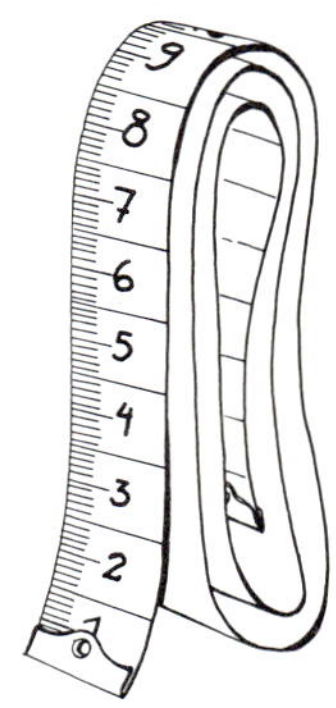

Zentimetermaß für lange, gerade Strecken und Rundungen

Beachten Sie:
Meßwerkzeuge sind nur dann gut, wenn sie deutlich lesbare Zahlen und Teilstriche haben. Zentimetermaße nicht zu eng aufrollen, sie werden dabei rissig und brüchig. Die aufgedruckten Zahlen und Teilstriche reiben sich ab oder blättern ab.

Nadeln: Handnähnadeln

Für Handnähnadeln gilt die Regel: Je höher die Nummer, umso feiner die Nadel.

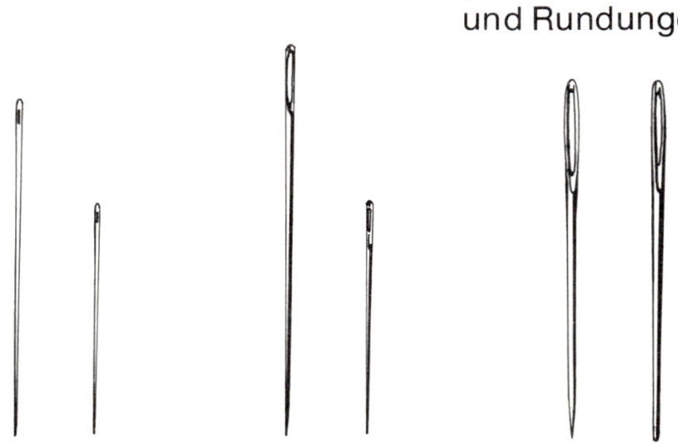

Nähnadeln Stärken: 0–12

Stopfnadeln 0–8

Sticknadeln 14–24

TV 4.1. Stoffe zusammenstecken – Stoffe reihen oder heften

Stecken Sie die Nadeln quer zur Stoffkante durch die Stofflagen.

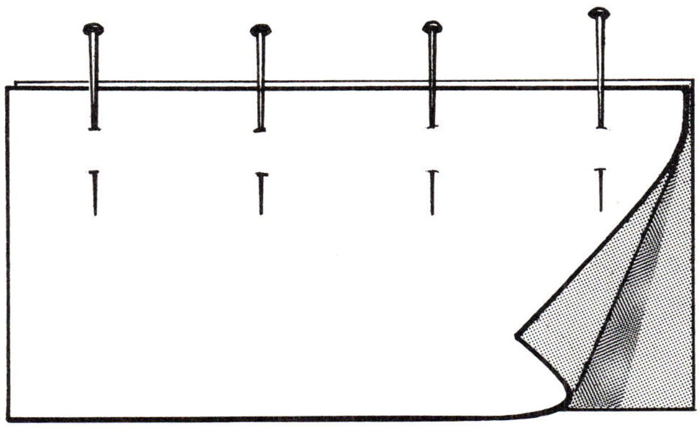

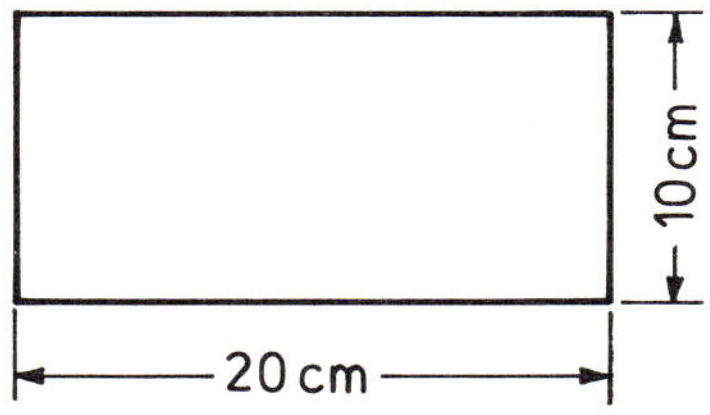

Quergesteckte Nadeln halten den Stoff, ohne die Stoffteile zu verschieben.

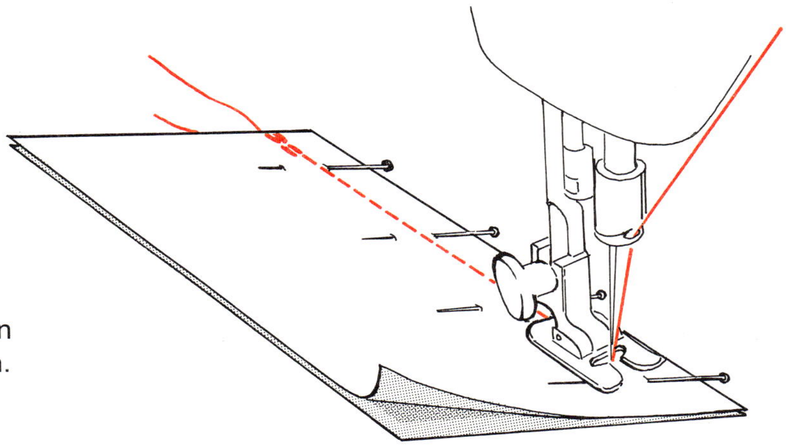

Quergesteckte Nadeln lassen sich mit der Nähmaschine übernähen. Sie stören weniger beim Handnähen und lassen sich leicht herausziehen.

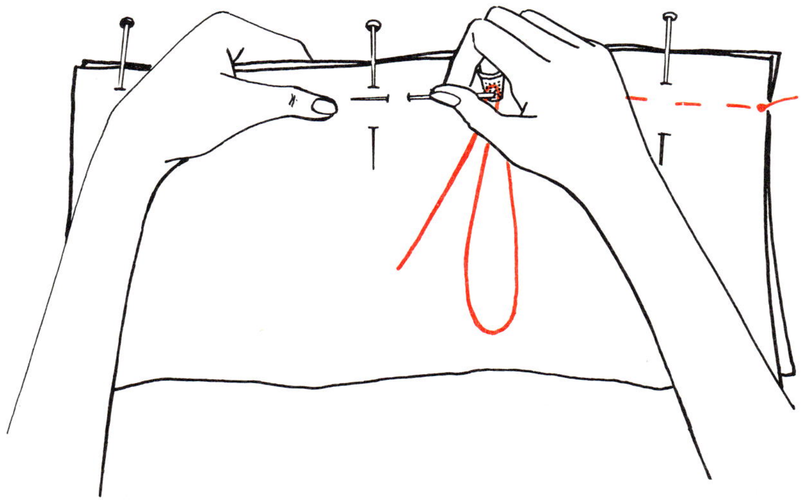

Einen Heftgarnfaden mit der Nähnadel durch die Stofflagen ziehen. Dabei abwechselnd die Stoffoberseite und die Stoffunterseite im Abstand von 1 cm durchstechen.

TV 4.2. Nähte

Wir unterscheiden:

Einfachnaht	Doppelnaht	Verstürznaht
	als Flachnaht als Rechts-Links-Naht	

Einfachnaht

Anwendung:
Überwiegend in der Schneiderei, da sie offene Nahtkanten hat, die wenig auftragen.

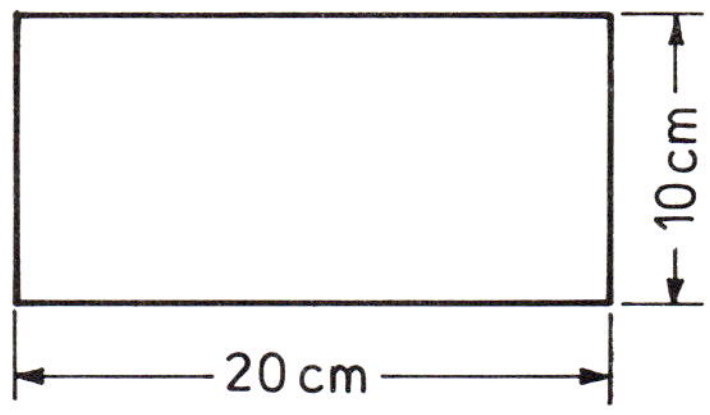

zweifach zuschneiden

Die Stoffteile **rechts auf rechts,**
– die Stoffoberseiten nach innen –
aufeinanderstecken.
Die Schnittkanten der Stoffteile
liegen genau übereinander,
sie schließen **kantengleich** ab.

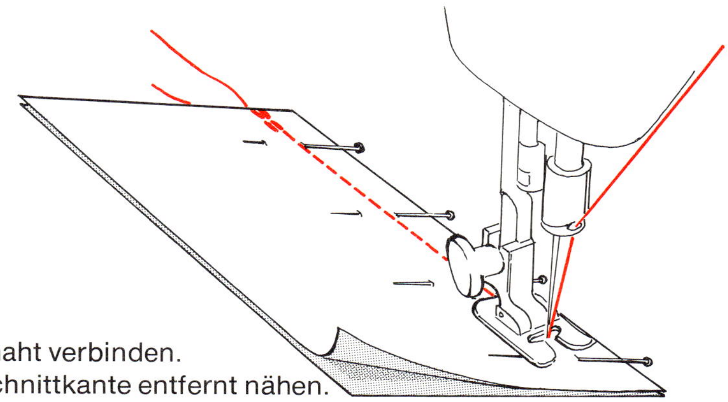

Die Stoffteile mit einer geraden Maschinennaht verbinden.
Dabei in gleichmäßigem Abstand von der Schnittkante entfernt nähen.

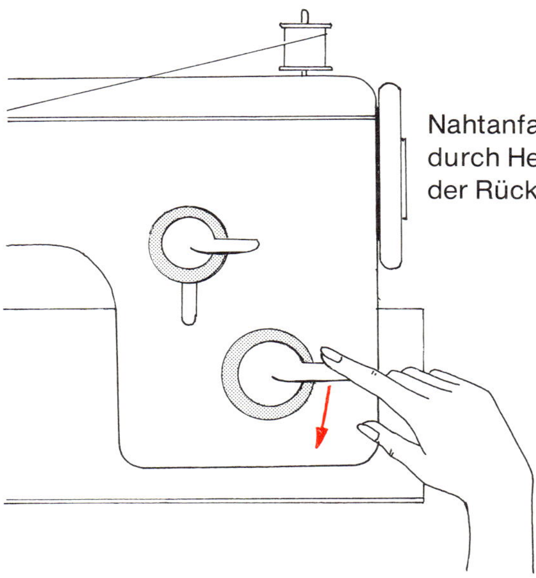

Nahtanfang und Nahtende
durch Herunterdrücken
der Rückwärtstaste **vernähen.**

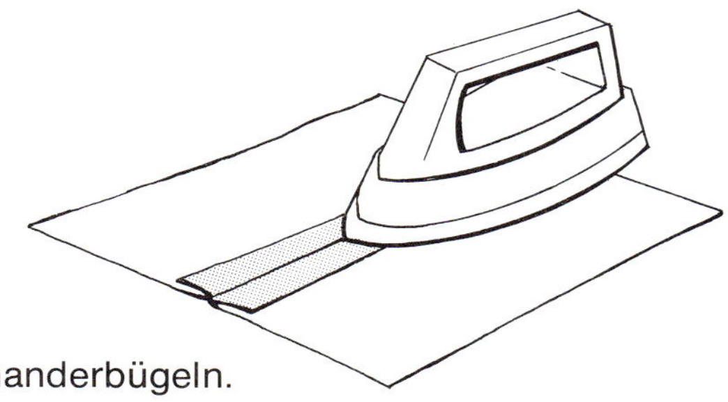

Stecknadeln entfernen.
Die Nahtzugabe von der linken Stoffseite aus flach auseinanderbügeln.

Nähte werden besonders gleichmäßig, wenn sie **füßchenbreit** genäht werden.

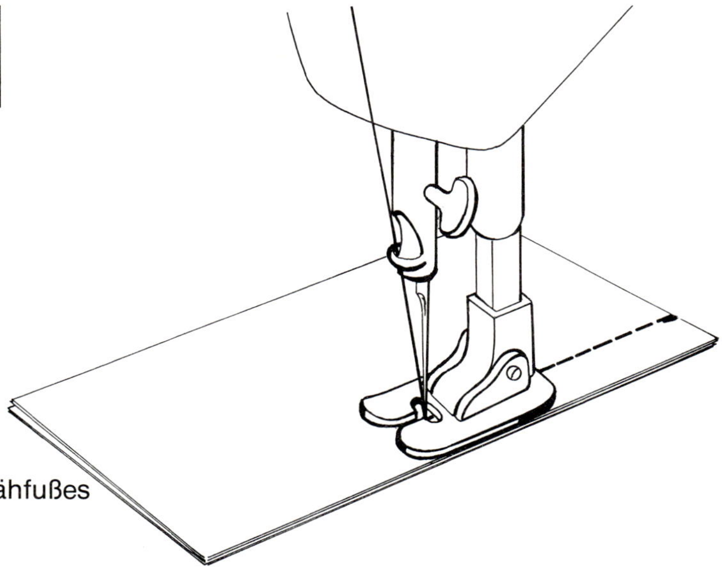

Füßchenbreit wird die Naht, wenn beim Nähen die Außenkante des Nähfußes an der Stoffkante entlang geführt wird.

Durch Versetzen des **Nahtlagehebels** läßt sich die **Nahtbreite** verändern.

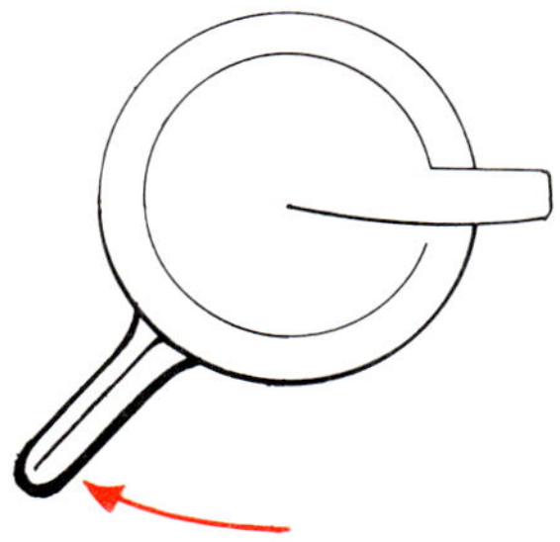

Nahtlagehebel von der Stoffkante weg versetzt.

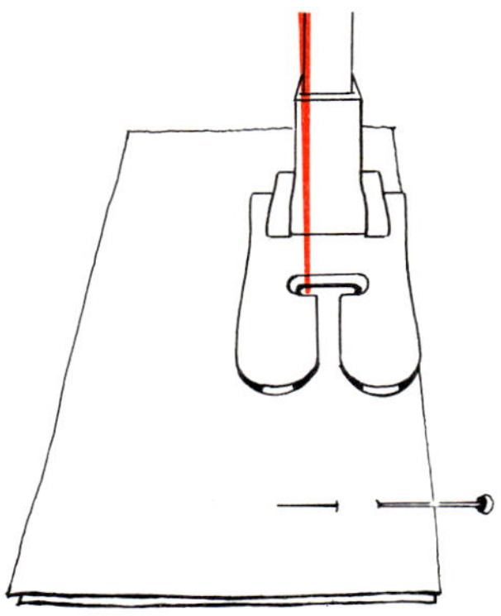

Nahtbreite = 1 cm

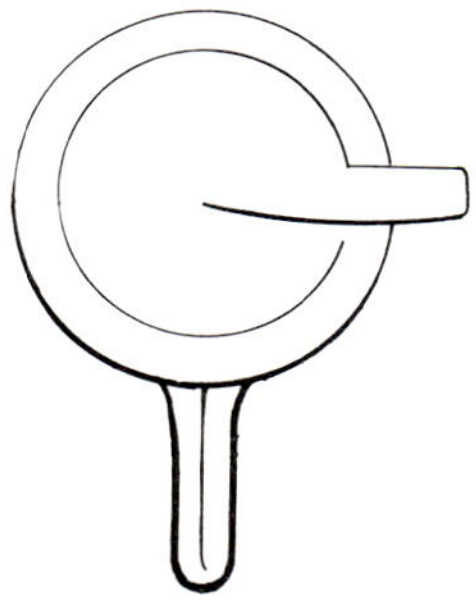

Nahtlagehebel in Mittelstellung.

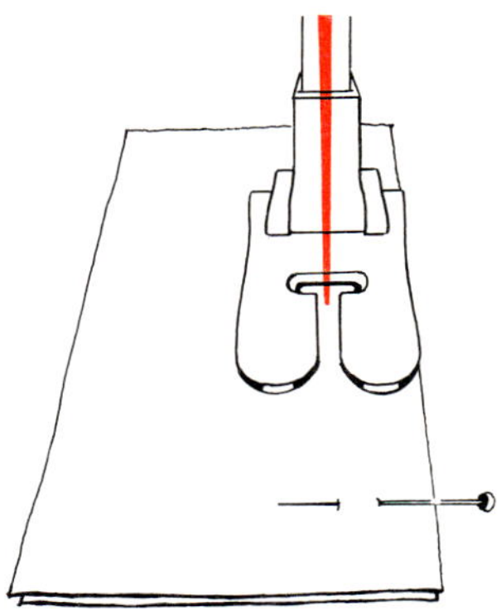

Nahtbreite = 0,75 cm

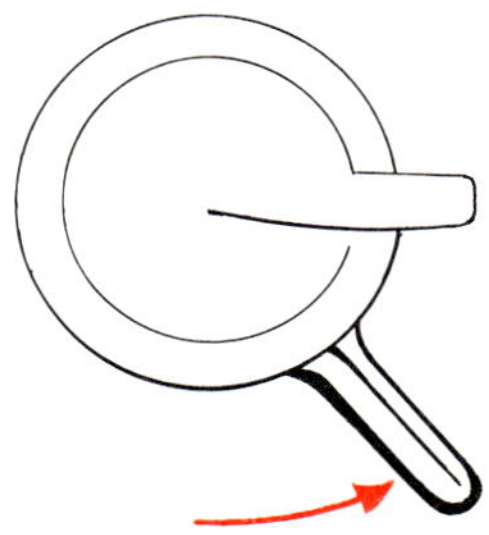

Nahtlagehebel auf die Stoffkante zu versetzt.

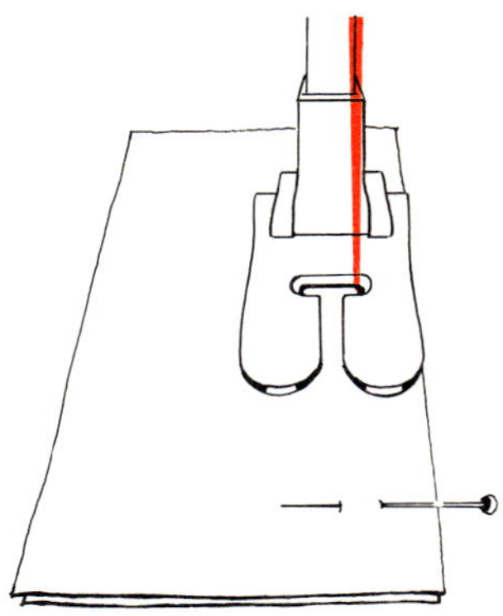

Nahtbreite = 0,5 cm

Doppelnaht

Die doppelte Naht wird angewendet als **Flachnaht** oder als **Rechts-Links-Naht.**

Doppelnähte sind besonders haltbar.

Anwendung:
Anfertigung oder Ausbessern von Bettwäsche,
Berufsbekleidung oder strapazierfähiger Oberbekleidung,
z. B. Jeanshosen und -jacken.

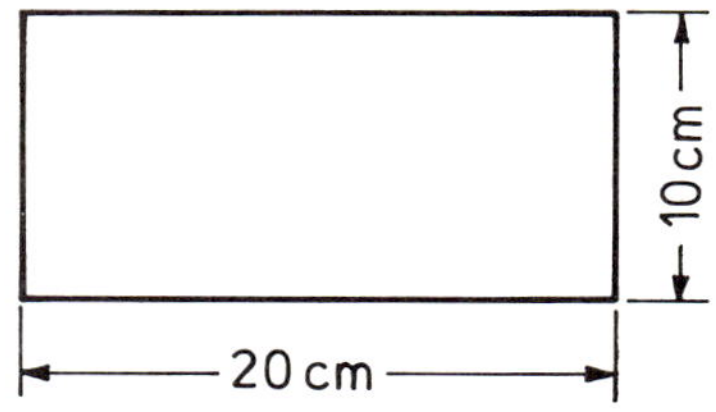

zweifach zuschneiden

Flachnaht

Die Flachnaht hat **keine abstehenden** Nahtzugaben.
Sie eignet sich deshalb für Textilien,
die von beiden Stoffseiten gleich sauber verarbeitet sein müssen,
z. B. Wendejacken, Jeans, Blusen, u. a.

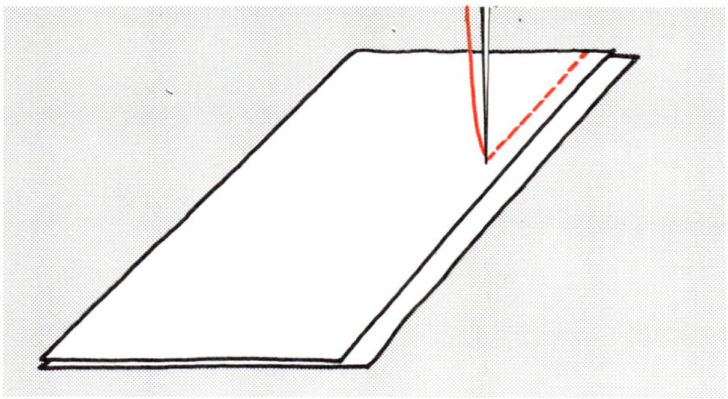

Die Stoffteile links auf links so zusammenlegen, daß die untere Stoffkante 1 cm übersteht.
An der oben liegenden Stoffkante entlang die Stoffteile füßchenbreit zusammennähen.

Die Naht mit dem Daumennagel ausstreichen.

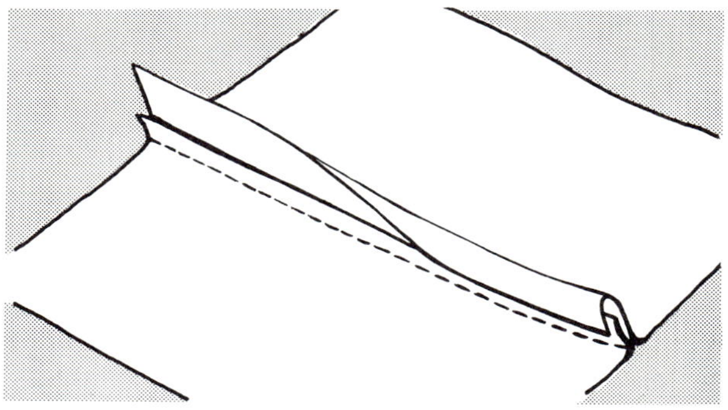

Die breitere Nahtzugabe bis knapp vor die Naht um die schmalere schlagen.
Den gesamten Nahteinschlag flach auf den Stoff umschlagen.

Nahteinschlag feststecken oder festreihen.
Den Nahteinschlag knapp an der Kante entlang aufnähen.

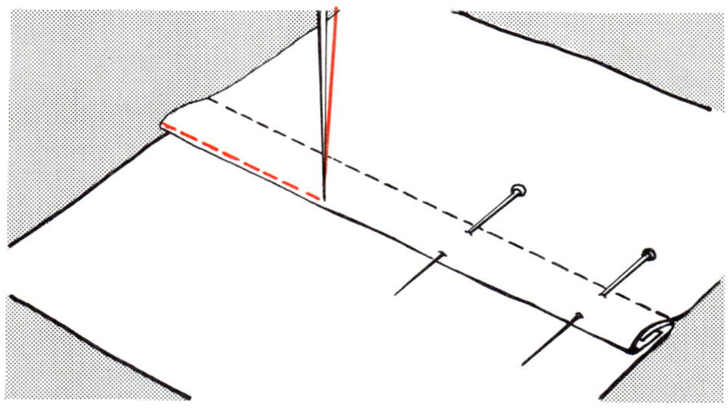

Rechts-Links-Naht

Diese Naht wird **zuerst von der rechten, dann von der linken** Stoffseite aus genäht.

Anwendung:
Nähte an Wäsche.

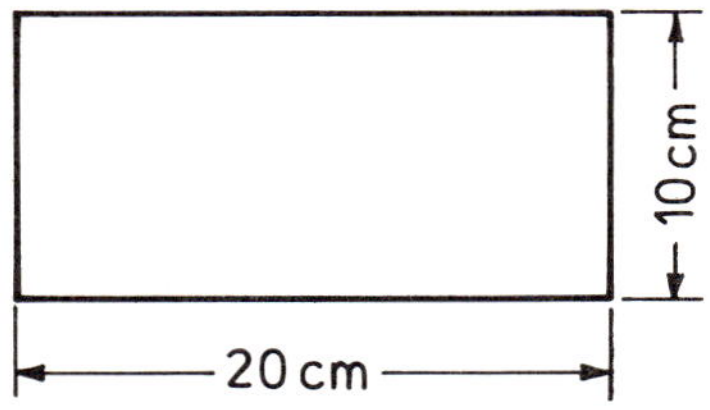

zweifach zuschneiden

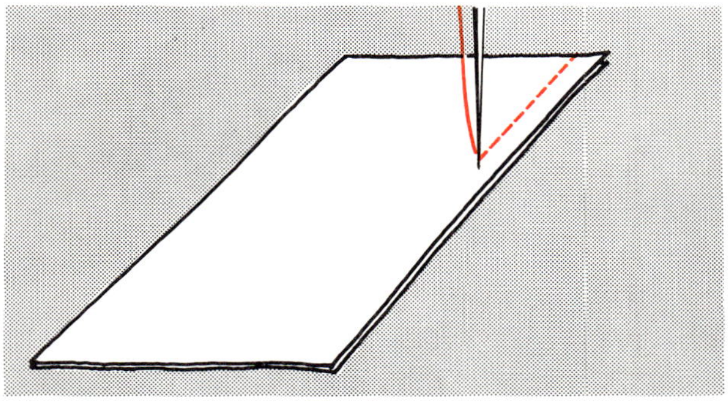

Die Stoffteile links auf links
und kantengleich aufeinander legen.
Die erste Naht 0,5 cm
von der Schnittkante entfernt nähen.

Die Naht mit dem Daumennagel ausstreichen.

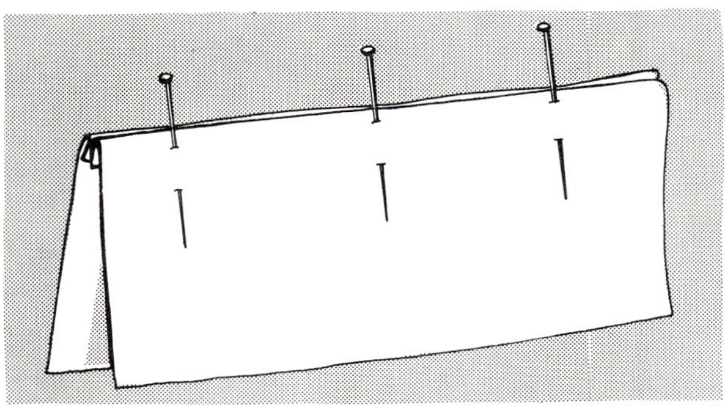

Die Stoffteile rechts auf rechts
so zusammenstecken,
daß die Naht genau
in der Umbruchkante liegt.

Die zweite Naht 0,75 cm
von der Umbruchkante entfernt nähen.
Die etwas breitere zweite Naht
schließt die Nahtzugabe
der ersten Naht sauber ein.

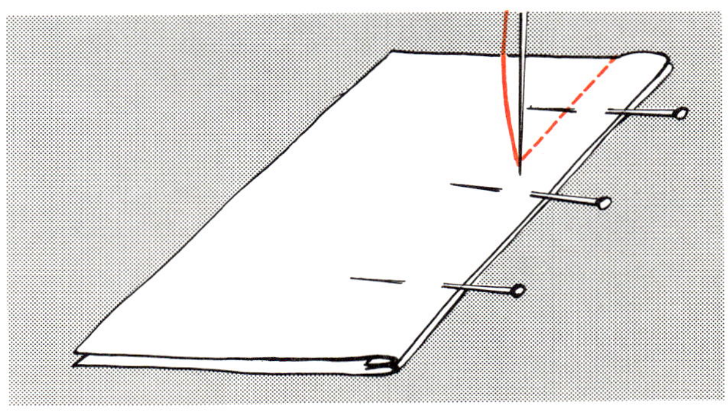

Verstürznaht

Soll eine Naht eine **Außenkante** bilden, wird die **Nahtzugabe** nach innen **gewendet.**
Solche Nähte heißen **Verstürznähte,** es sind Einfachnähte.

Anwendung:
bei Kragen, Manschetten,
Hals- und Armausschnitten.

Die Naht vor dem Wenden gut ausstreichen.
Die Stofflagen so umschlagen,
daß die Naht genau in der Umbruchkante liegt.

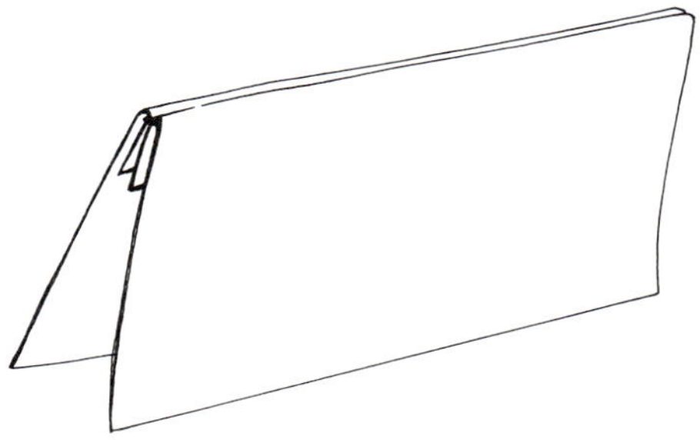

Verläuft die Naht im **Bogen** oder um **Ecken,** so wird die Nahtzugabe vor dem Verstürzen **eingeschnitten** oder **beigeschnitten.**

Ist die **Nahtzugabe enger als die Naht,** wird sie vorsichtig bis 2 mm vor die Naht **eingeschnitten.**

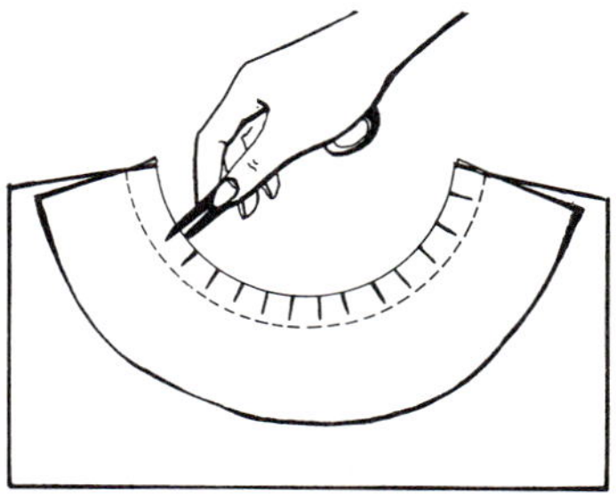

Je stärker die Rundung, umso dichter muß der Abstand der Einschnitte sein.

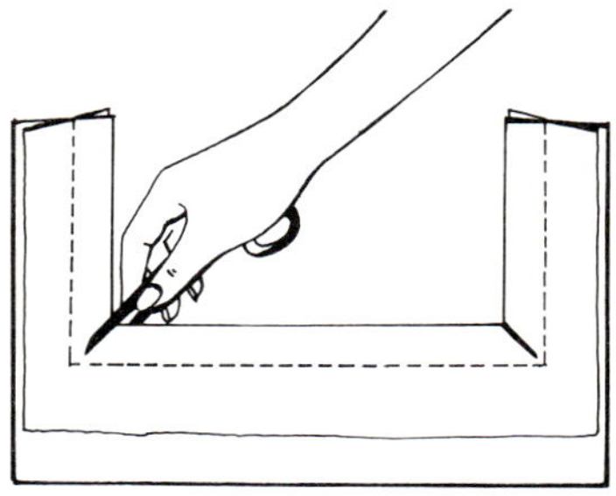

An Ecken die Nahtzugaben schräg bis zur Nahtecke einschneiden.

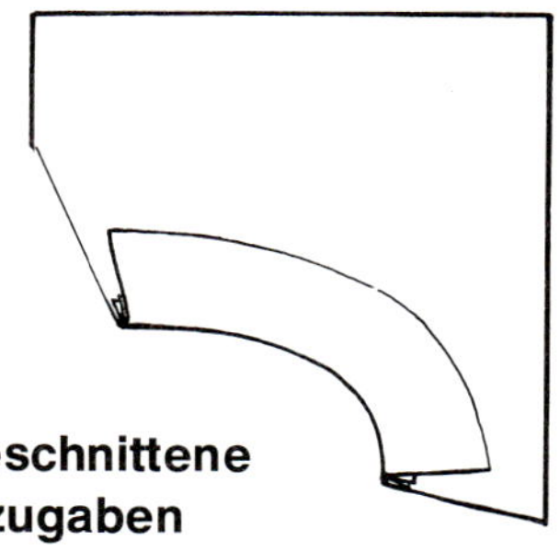

Eingeschnittene Nahtzugaben können beim Wenden (Verstürzen) nachgeben. Sie passen sich dann der Umbruchkante an.

Ist die **Nahtzugabe weiter als die Naht,** wird sie **beigeschnitten.**

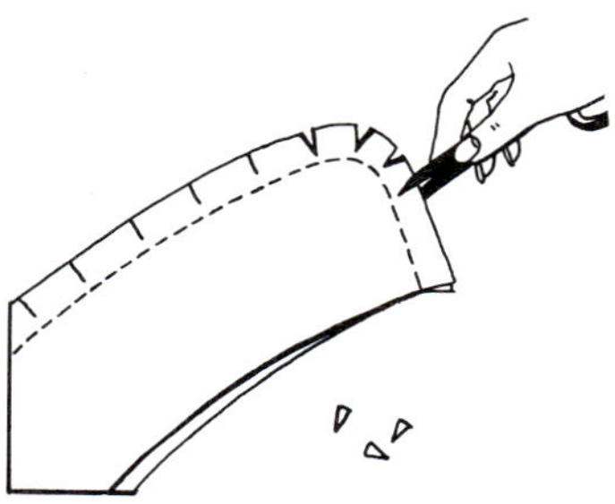

Bei Rundungen vorsichtig kleine Ecken aus der Nahtzugabe schneiden.

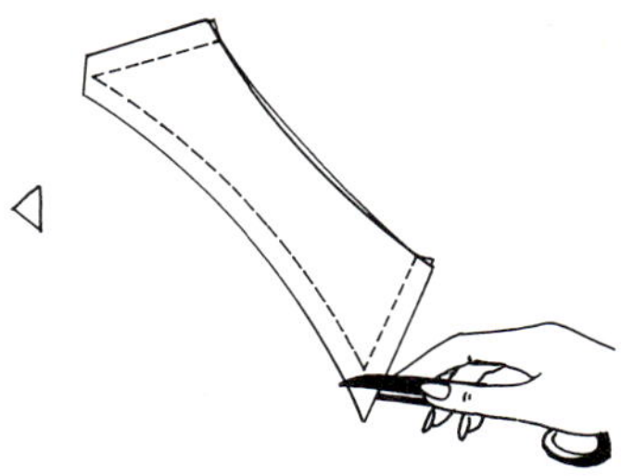

Bei Ecken die Nahtzugabe bis auf 2 mm schräg wegschneiden.

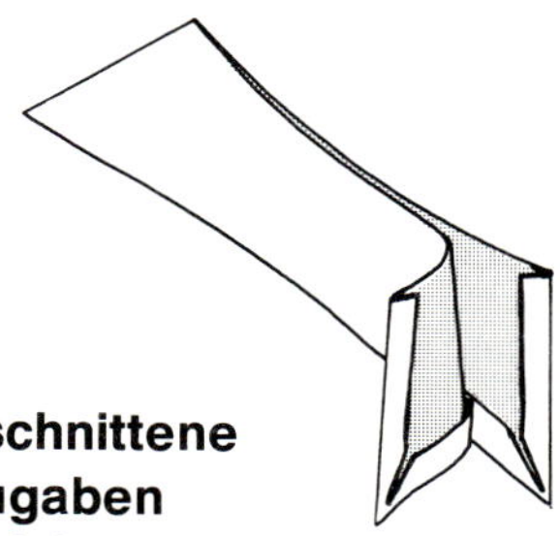

Beigeschnittene Nahtzugaben legen sich nach dem Verstürzen glatt gegeneinander und drücken sich auf der Stoffoberseite nicht mehr durch.

Beachten Sie: Benutzen Sie zum Einschneiden und Beischneiden eine scharfe Schere, die auch an der Spitze gut schneidet.

TV 4.3. Versäubern von Schnittkanten

Schnittkanten fransen aus. Fäden lösen sich aus dem Gewebe.
Wie stark sich die Gewebefäden lösen, hängt von der Stoffart ab.

> **Glatte Stoffe aus fest gedrehtem Garn** fransen **stark** aus.
> **Rauhe Stoffe aus locker gedrehtem Garn** fransen **wenig** aus.

Ausfransende Schnittkanten verringern die Nahtzugabe. Die Naht verliert ihren Halt.
Das **Versäubern** der Schnittkanten bald nach dem Zuschneiden **festigt** die Gewebefäden im Stoff.

Versäubern mit dem Zickzackstich der Nähmaschine

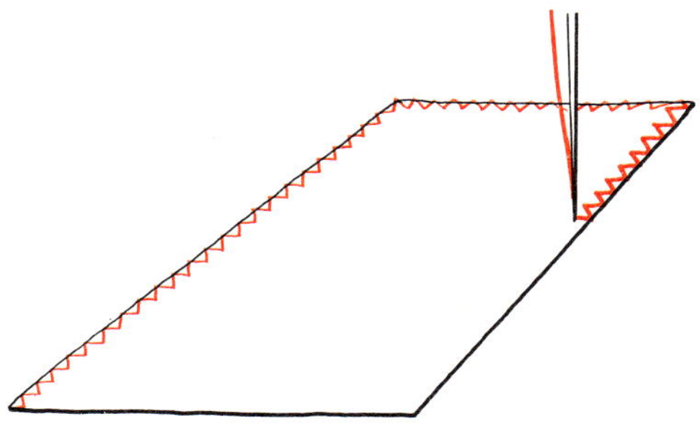

In voller Stichbreite so über die Schnittkante nähen, daß diese eingefaßt wird.

> **Beachten Sie:** Je stärker sich die Fäden aus der Schnittkante lösen, umso breiter wählen Sie die Zickzackstiche.

Versäubern mit Handstichen

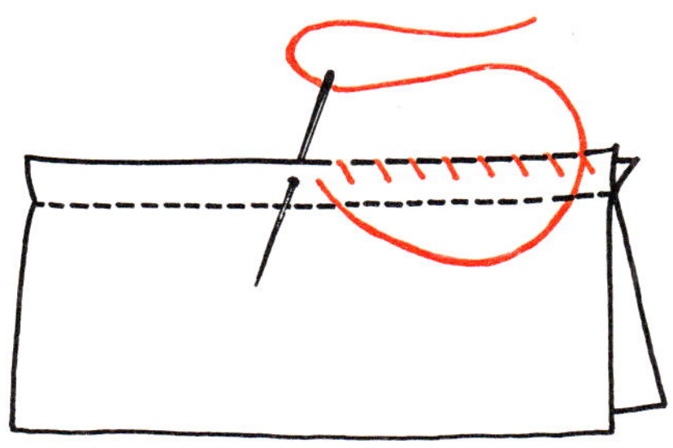

Feste, wenig fransende Stoffkanten in kurzen Abständen **umstechen.**

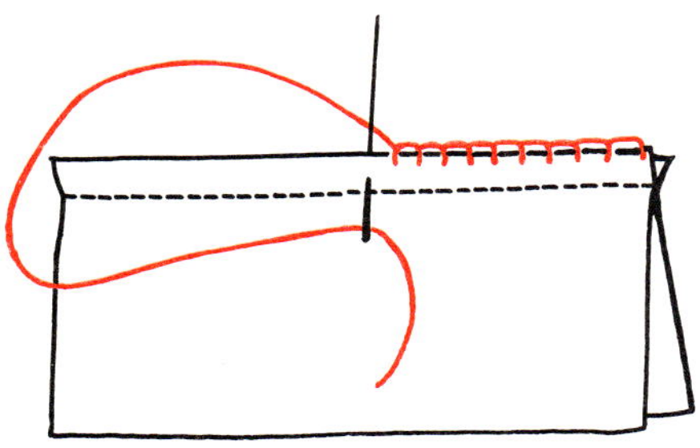

Lockere, stark fransende Stoffkanten mit **Schlingstich** einfassen.

> Die Zickzackversäuberung und das Umstechen der Stoffkanten eignen sich vorwiegend für solche Schnittkanten, die später als Nahtzugabe innen liegen.

Aufgabe: Nehmen Sie die Arbeitsprobe der einfachen Naht zur Hand:
Fassen Sie die eine Schnittkante der Nahtzugabe mit dem Schlingstich ein.

Die zweite Kante umstechen Sie.

Versäubern Sie die Außenkanten der Arbeitsprobe mit dem Zickzackstich der Nähmaschine.

TV 4.4. Säume

Man unterscheidet:

den **eingeschlagenen** Saum

Anwendung:
Haushaltswäsche
Berufsbekleidung
Nachtwäsche
dünne Oberbekleidung
Blusen

Fertige Saumbreite: 1–3 cm
Einschlagbreite: 0,5–1 cm

den **offenkantigen** Saum

Anwendung:
Hosen
Röcke
Kleider
Jacken
Mäntel

Fertige Saumbreite: 3–5 cm

Eingeschlagener Saum

dreifach zuschneiden

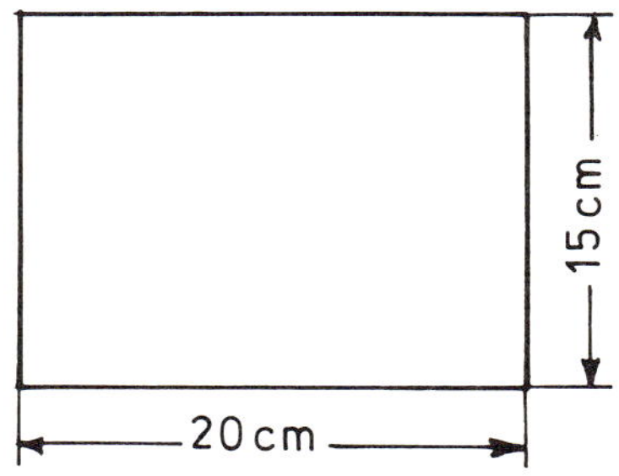

Saumeinschlag und Saumbreite gleichmäßig abmessen und mit Schneiderkreide anzeichnen.

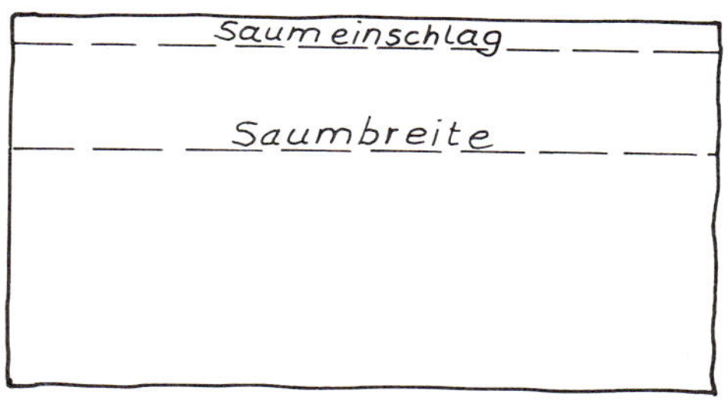

Zuerst den Saumeinschlag, dann die Saumbreite zur linken Stoffseite umschlagen. Saum feststecken oder -reihen.

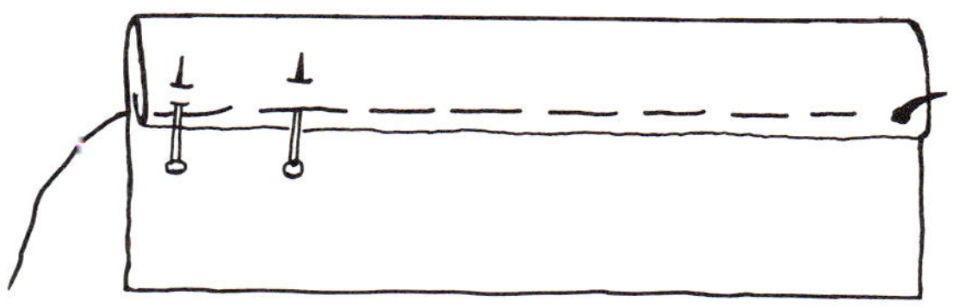

Saum dicht neben der Umbruchkante (knappkantig) mit der Nähmaschine festnähen.

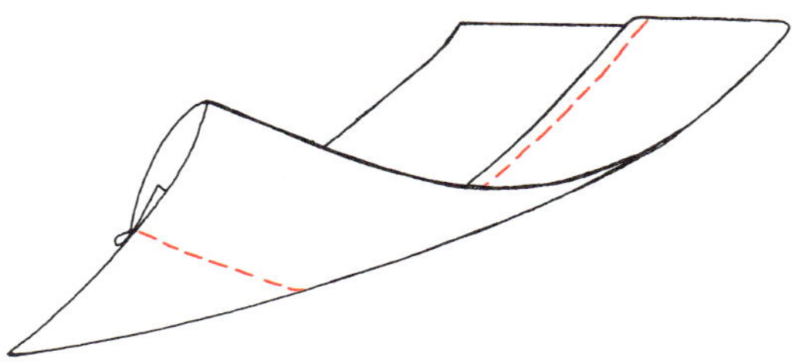

Hohl durch die Umbruchkante säumen.

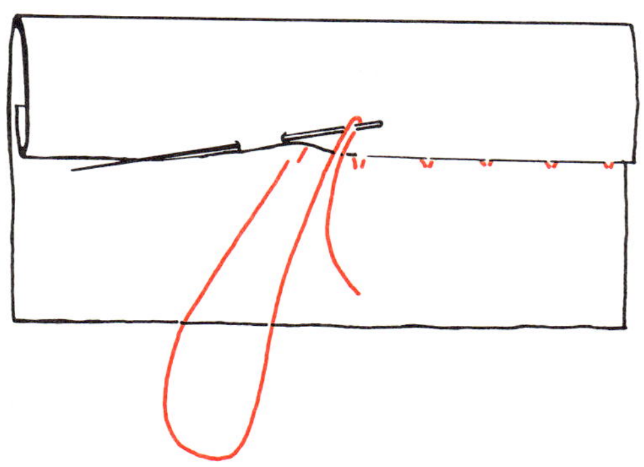

Maschinengenähte Säume sind auf der rechten und linken Stoffseite sichtbar.

Handgenähte Säume sind auf der rechten Stoffseite nicht sichtbar.

Offenkantiger Saum

Die Schnittkanten mit Zickzackstich versäubern.
Saumbreite abmessen und anzeichnen.

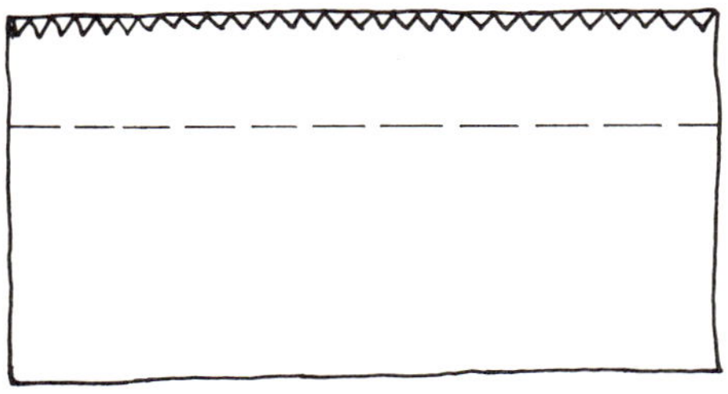

Den Saum zur linken Stoffseite umschlagen.
Saum feststecken oder -reihen.

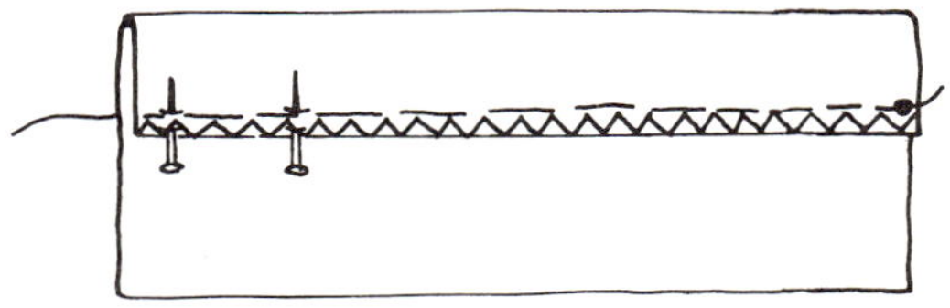

Den Saum so umschlagen,
daß die versäuberte Stoffkante 2 mm übersteht.
Mit der Nadel abwechselnd
Saum und Oberstoff erfassen.
Nähfaden locker nachziehen.

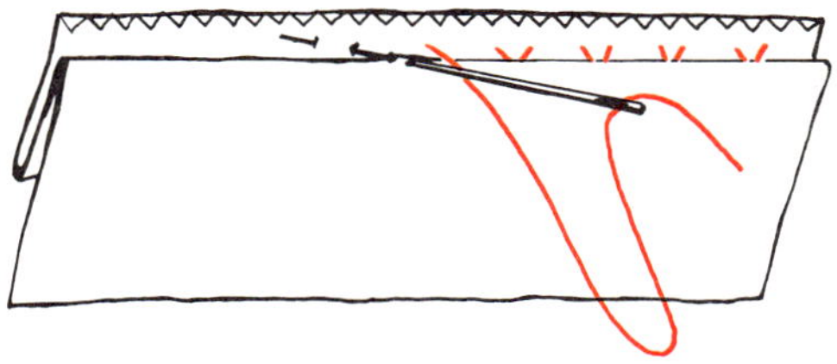

TV 4.5. Verarbeitung von Schrägstreifen

Schnittkanten, die eine Abschlußkante bilden
(z. B. Hals- und Armausschnitt, Tascheneingriff, usw.),
werden durch angesetzte Schrägstreifen versäubert.

Schrägstreifen werden **schräg zum Fadenlauf** aus dem Stoff geschnitten. Sie sind sehr dehnfähig und passen sich jeder Schnittkantenform an.

Zuschnittmaß

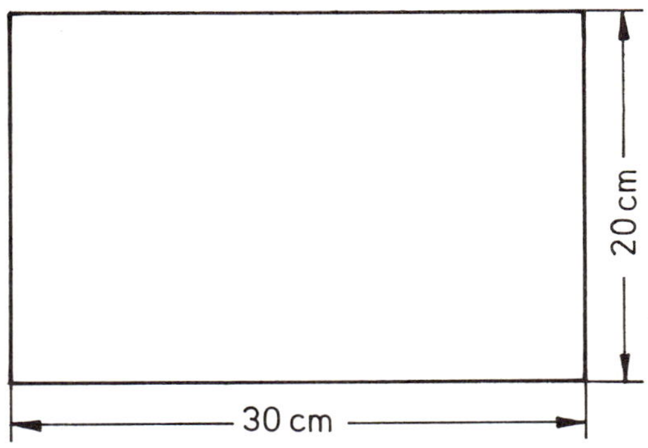

einfach zuschneiden

Zuschneiden der Schrägstreifen

Eine Ecke des Stoffes so umschlagen,
daß Längs- und Querfäden genau aufeinander liegen.
Von der Bruchkante aus
mehrere Streifen anzeichnen (ca. 5 cm breit).

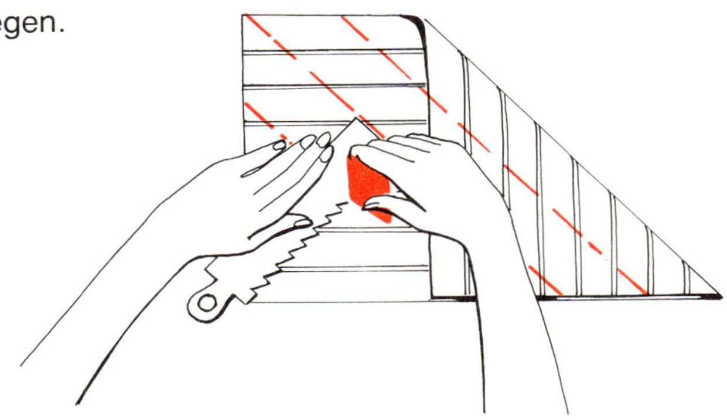

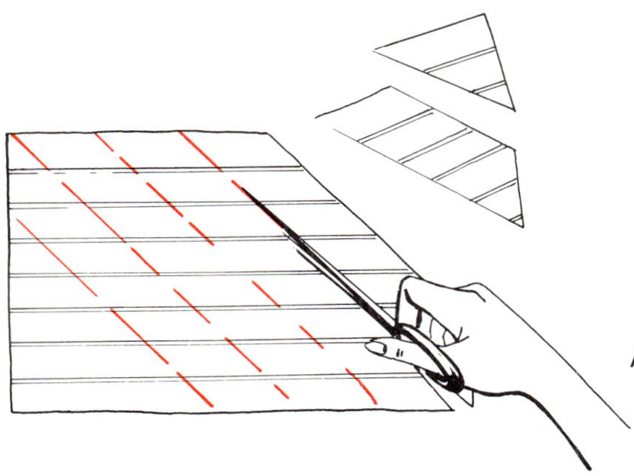

Angezeichnete Streifen ausschneiden.

Verlängern der Schrägstreifen

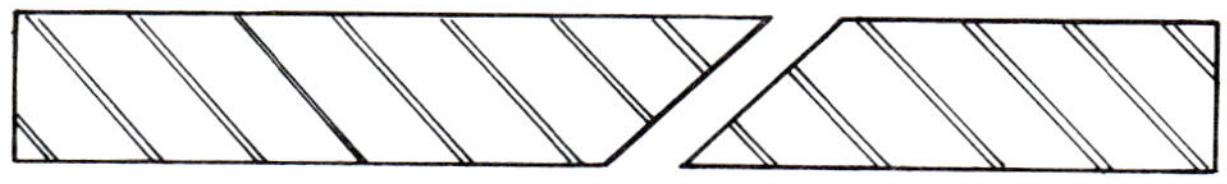

Schrägstreifen aus Oberstoffresten müssen häufig noch bis zur erforderlichen Länge aneinandergesetzt werden.

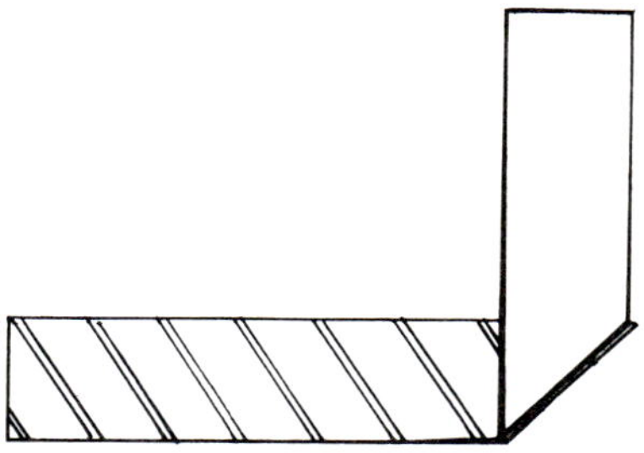

Die Schrägstreifen an den Schmalseiten rechts auf rechts aufeinanderlegen.

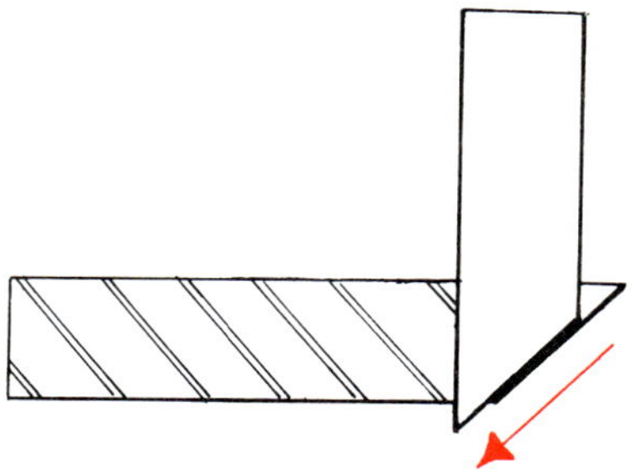

Die Schnittkanten der Schmalseiten um 1 cm verschieben.
Dabei kreuzen sich die Längskanten.

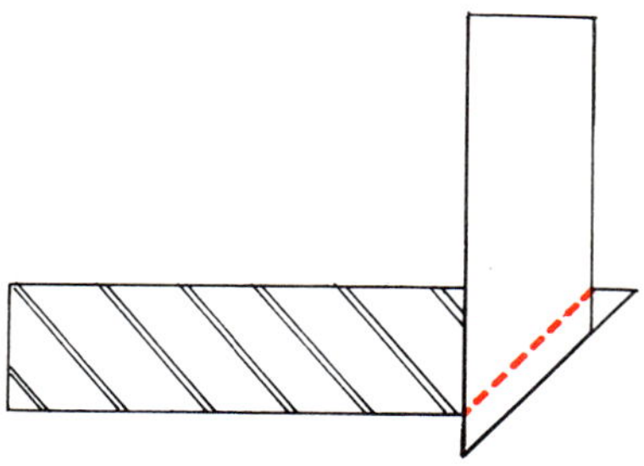

Die Schrägstreifen
zwischen den Kreuzungspunkten zusammennähen.

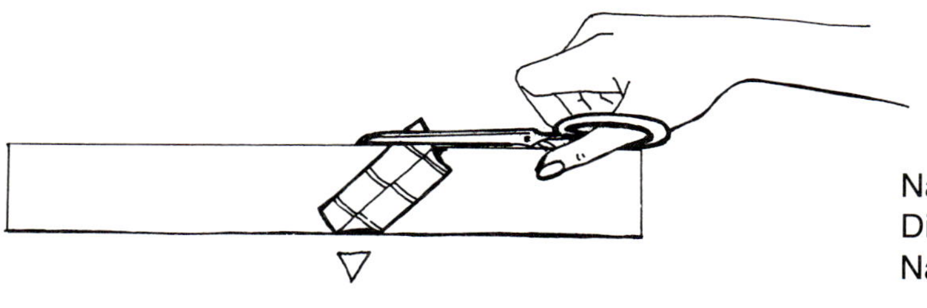

Naht ausstreichen.
Die überstehenden Ecken der Nahtzugaben abschneiden.

Schrägband ist als Meterware erhältlich:
in vielen Farben, in verschiedenen Breiten (2,5–5 cm),
aus Baumwolle, Viskose und Synthetic, mit offenen und umgebügelten Schnittkanten.

Ansetzen der Schrägstreifen

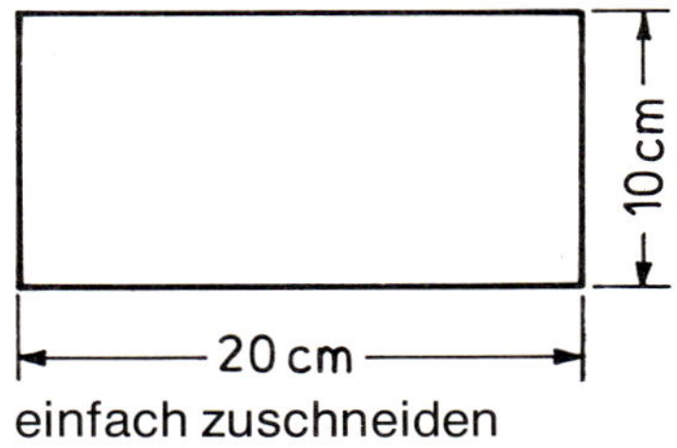

Doppelt gelegte Schrägstreifen lassen sich besonders leicht und zeitsparend verarbeiten.

Die Verwendung von Schrägstreifen erfolgt durch: Verstürzen – Paspeln – Einfassen.

Vorbereitungsarbeit:
Schrägstreifen der Länge nach auf halbe Breite bügeln.
Nicht dehnen!
Die rechte Stoffseite liegt außen.

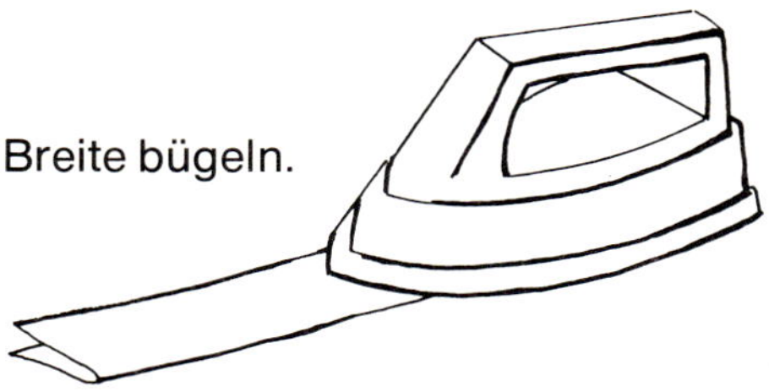

Verstürzen

Verstürzt angenähte Schrägstreifen sind auf der rechten Stoffseite nicht sichtbar.

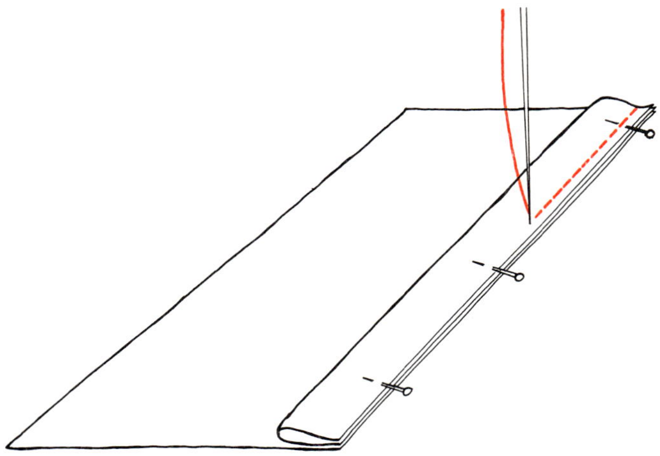

Schrägstreifen rechts auf rechts
an die Schnittkante stecken.
Füßchenbreit annähen.

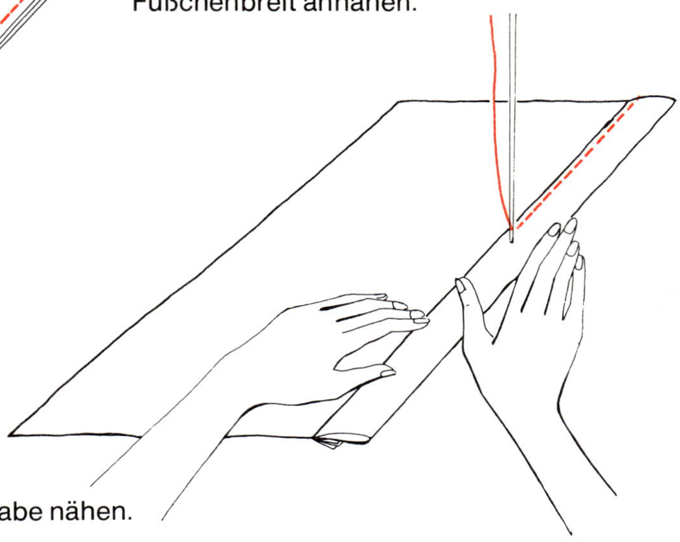

Schrägstreifen nach außen biegen.
Evtl. Rundungen einschneiden.
Naht ausstreichen.
Schrägstreifen knappkantig auf die Nahtzugabe nähen.

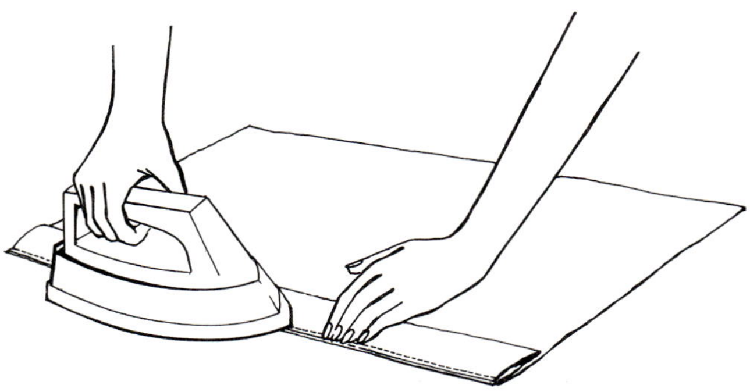

Schrägstreifen nach innen wenden.
Umbruchkante bügeln.

Paspeln

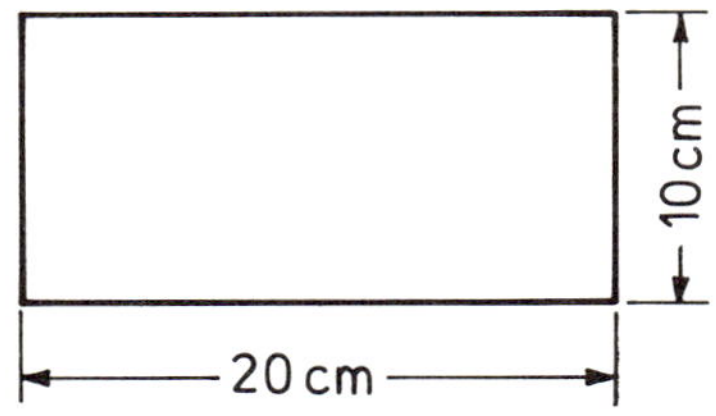

einfach zuschneiden

Bei dieser Verarbeitung bleibt auf der rechten Stoffseite ein Teil des Schrägstreifens als sog. Rollpaspel sichtbar.

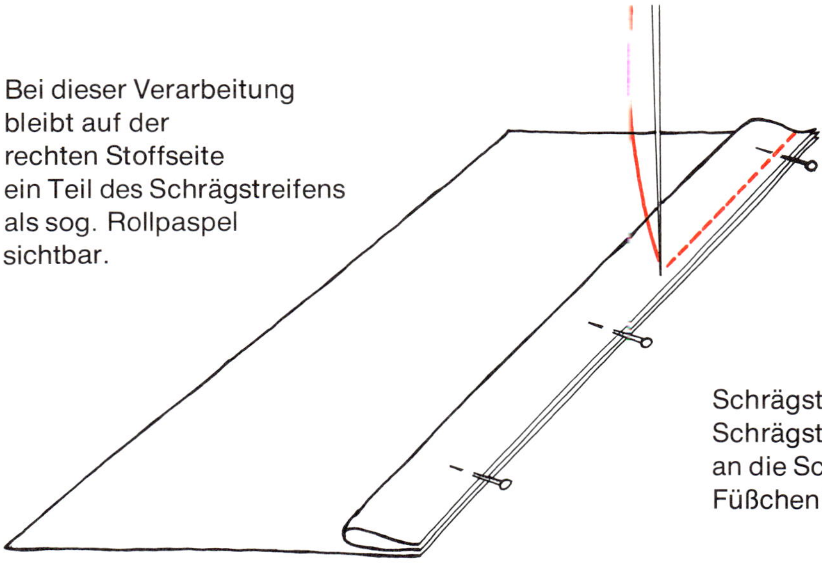

Schrägstreifen auf halbe Breite bügeln.
Schrägstreifen rechts auf rechts an die Schnittkante stecken.
Füßchenbreit annähen.

Schrägstreifen um die Nahtzugabe legen.
Die geschlossene Schrägstreifenkante auf der linken Stoffseite bis knapp über die Ansatznaht ziehen.
Stoffkante feststecken oder -reihen.

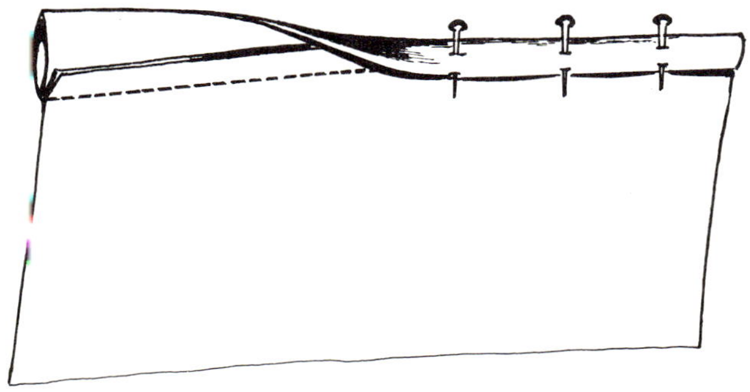

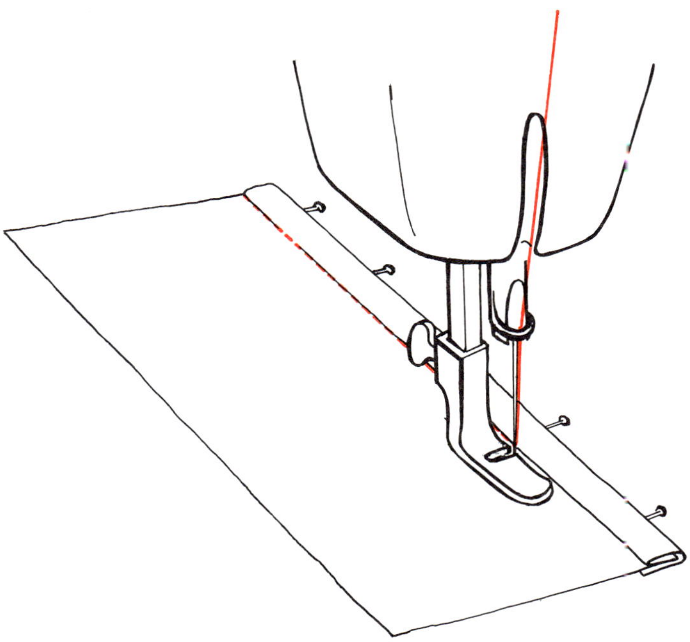

Von der rechten Stoffseite durch die Ansatznaht gegennähen.
Mit dem Reißverschlußfuß gelingt diese Naht besonders leicht.

Einfassen

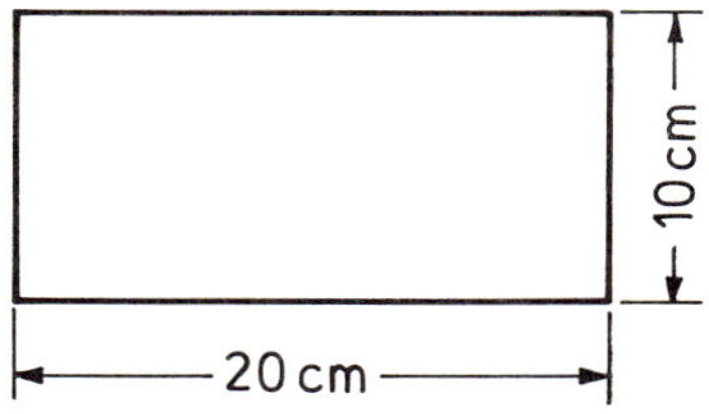

einfach zuschneiden
+ 20 cm Fertig-
schrägband

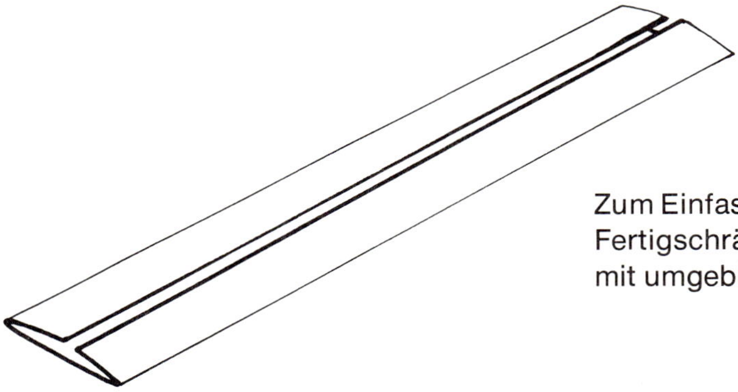

Zum Einfassen verwendet man
Fertigschrägstreifen
mit umgebügelten Schnittkanten.

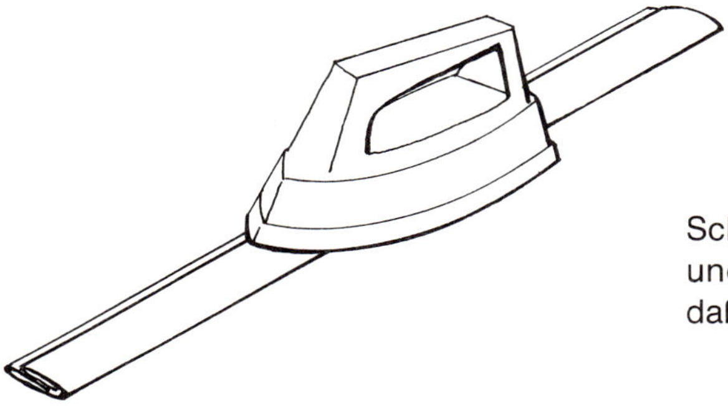

Schrägstreifen so doppelt legen
und bügeln,
daß die untere Kante 2 mm vorsteht.

Schrägstreifen um die Oberstoffkante legen.
Die kürzere Streifenseite
liegt auf der rechten Stoffseite.
Schrägstreifen festreihen.
Von der rechten Stoffseite aus
den Schrägstreifen knappkantig festnähen.

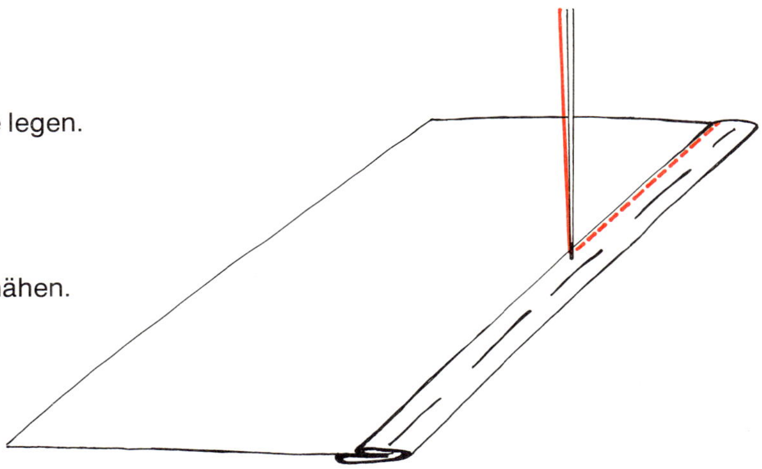

TV 4.6. Formgebende Techniken

Körperbau und Modellentwurf bestimmen die Form unserer Bekleidung.
Durch **Abnähen** und durch **Einhalten der Stoffweite** (Kräuseln)
werden die Stoffteile in die gewünschte Form gebracht.

einfach zuschneiden

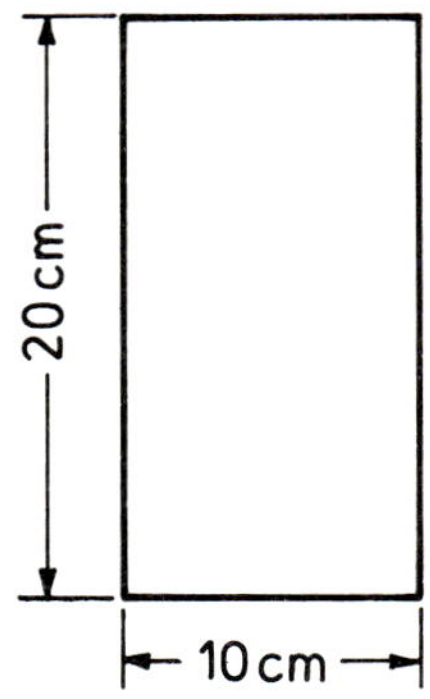

Abnäher

> Mit dem **Abnäher** wird die Zuvielweite auf die linke Stoffseite abgenäht.

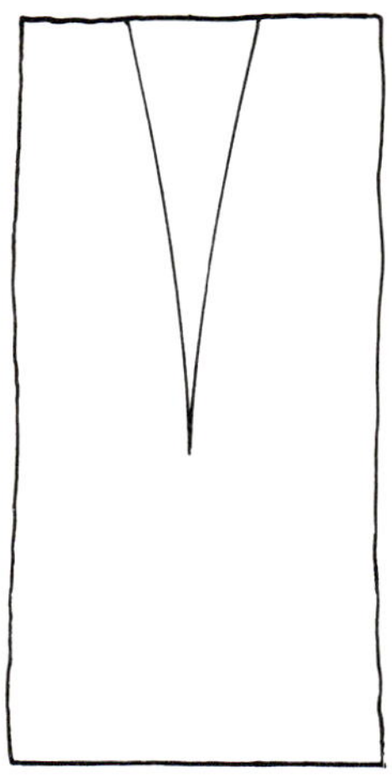

Abnäher nach Schablone einzeichnen.

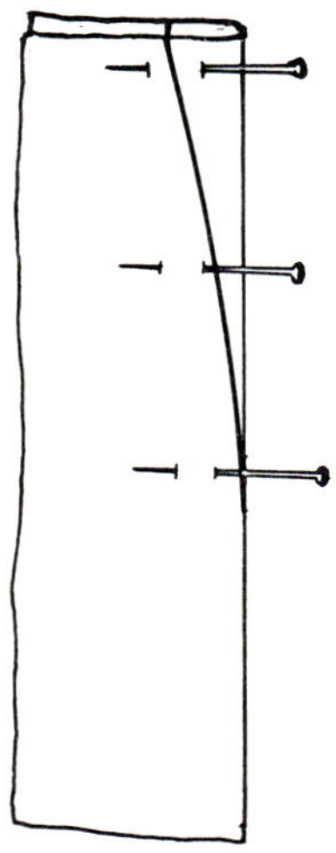

Stoff rechts auf rechts zusammenlegen.
Beide Abnäherlinien müssen genau aufeinanderliegen.
Den Abnäherbruch bis zur Abnäherspitze feststecken.

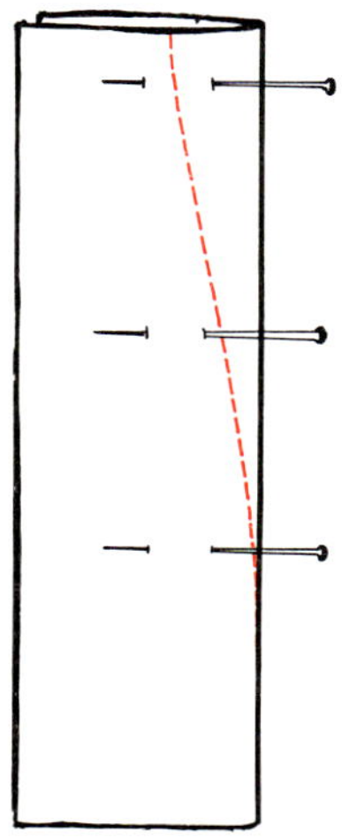

Abnäher in leichtem Bogen verlaufend nähen.
So entspricht er der Körperform.
Die letzten 2 cm der Naht genau in der Bruchkante auslaufen lassen.
Dadurch werden „Stofftüten" auf der rechten Stoffseite vermieden.

Breite Abnäher werden auseinandergebügelt.

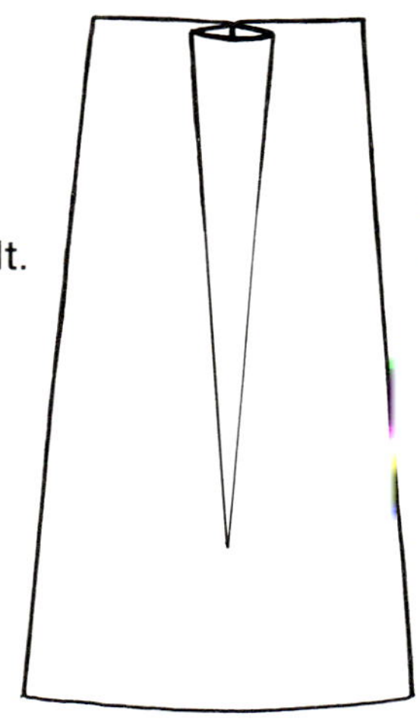

Schmale Abnäher nach einer Seite hin bügeln.

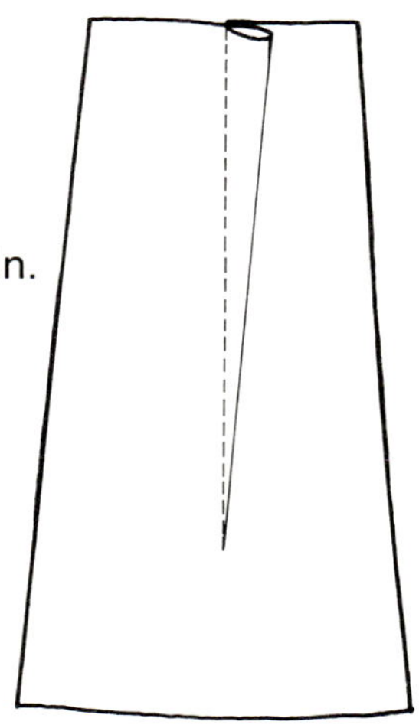

Kräuseln

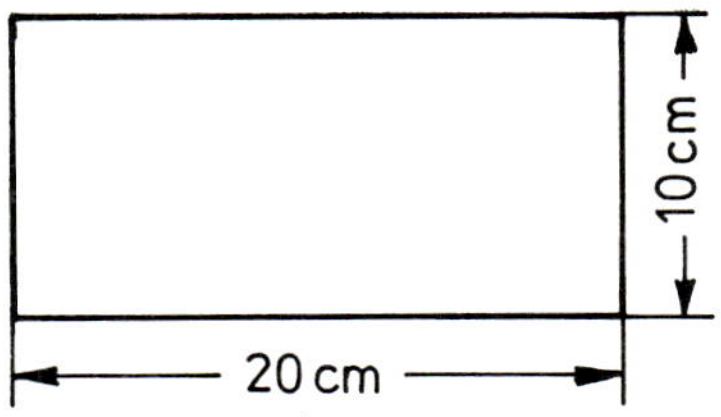

je einfach zuschneiden

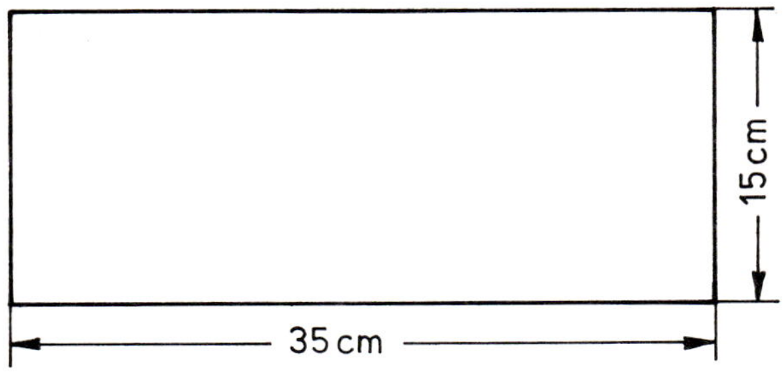

Durch **Kräuseln** wird die Zuvielweite auf das gewünschte Maß zusammengezogen.

Zwei füßchenbreite Nähte mit Stichlänge 4 nähen. Nahtanfang und Nahtende nicht vernähen.

Die beiden Unterfäden festhalten. Den Stoff, ohne zu zerren, zusammenschieben.

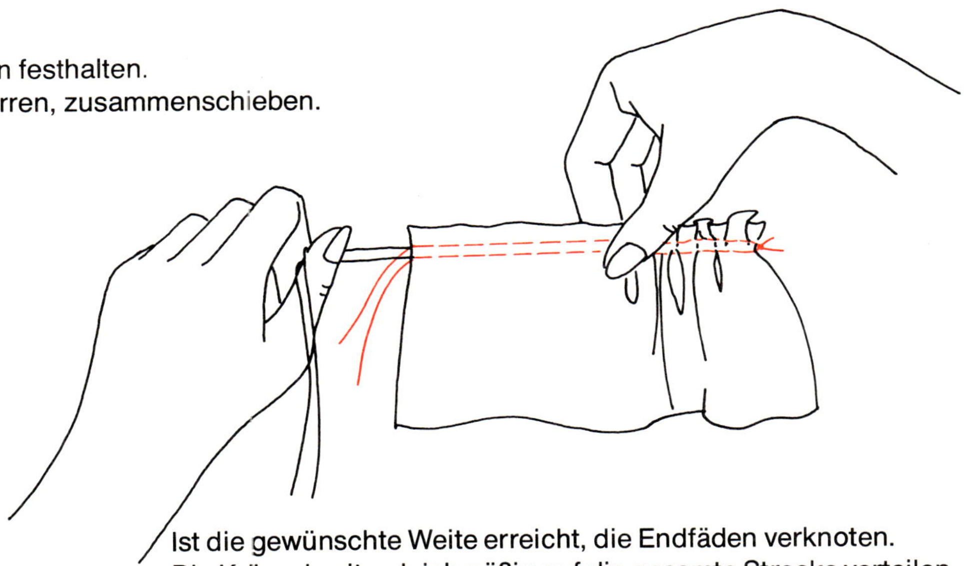

Ist die gewünschte Weite erreicht, die Endfäden verknoten. Die Kräuselweite gleichmäßig auf die gesamte Strecke verteilen.

Beide Stoffteile zusammenstecken und zwischen den beiden Kräuselnähten mit normaler Stichlänge zusammennähen. Sichtbare Kräuselnähte entfernen.

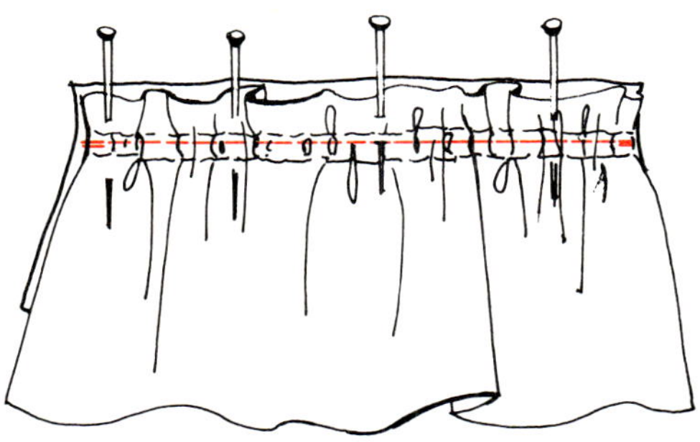

fertige Werkprobe

TV 4.7. Verschlüsse

Knopfverschluß

Knopf und Knopfloch verschließen zwei **übereinanderliegende** Stoffkanten.

zweifach zuschneiden

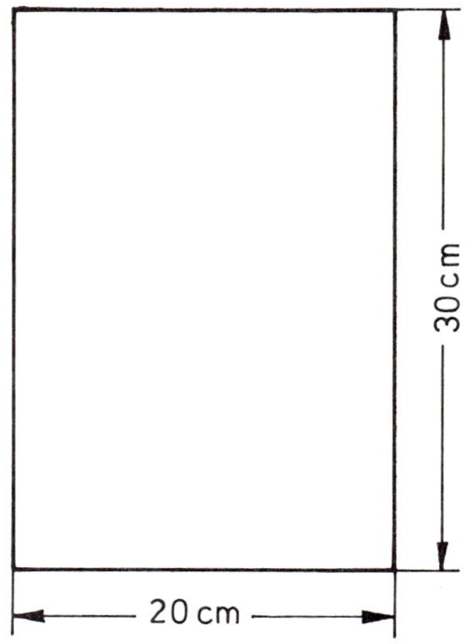

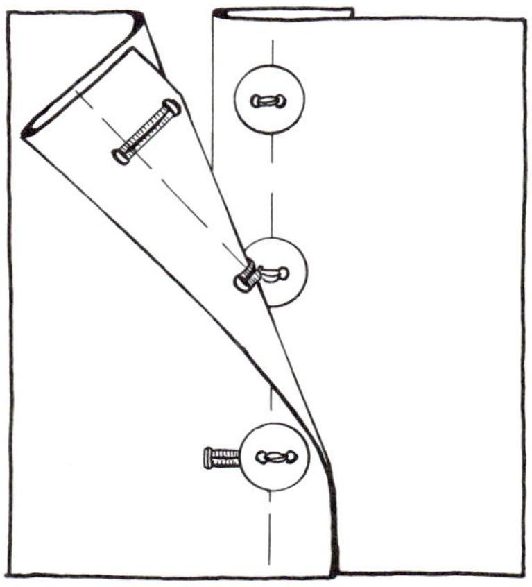

In die obere Stoffkante, den **Übertritt,** wird das **Knopfloch** gearbeitet.

Auf die untere Stoffkante, den **Untertritt,** wird der **Knopf** gesetzt.

Bevor Sie die Lage von Knopf und Knopfloch anzeichnen, markieren Sie die **Mittellinie** von Über- und Untertritt.

Das Knopfloch überragt die Mittellinie um 2 mm.

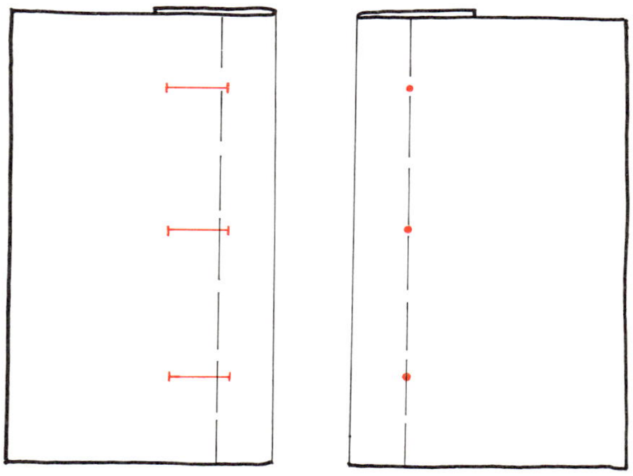

Der Knopf wird genau auf die Mittellinie gesetzt.

Der Knopfverschluß sitzt glatt und faltenlos, wenn unter dem Knopf genügend Raum für den Übertritt ist. Deshalb werden alle Knöpfe mit einem **„Stiel“** angenäht.

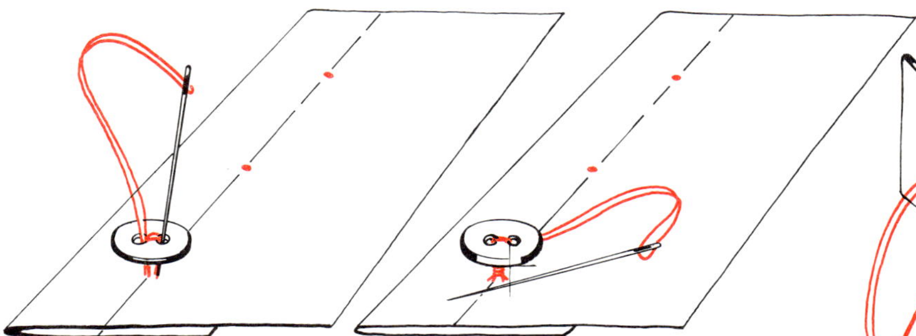

Den Knopf mit doppeltem Faden annähen. Den Nähfaden nur soweit nachziehen, daß der Knopf einen Stiel erhält.

Den Stiel dicht mit dem Nähfaden umwickeln.

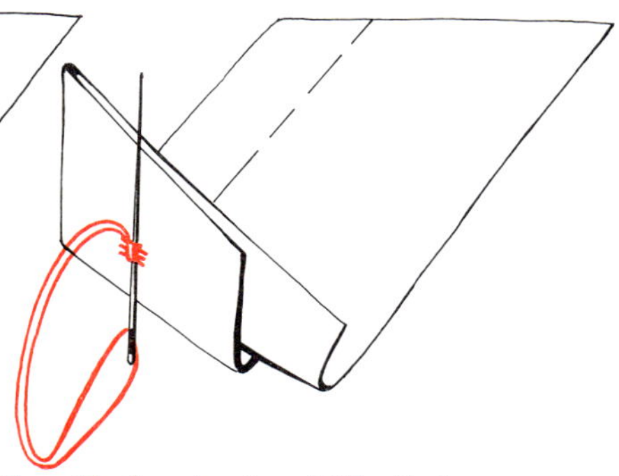

Den Faden in den Nähstichen auf der Unterseite vernähen.

Mit dem **Zickzackstich der Nähmaschine**
lassen sich Knopflöcher schnell und gleichmäßig herstellen.
Maschinengenähte Knopflöcher werden **zuerst genäht** und **anschließend aufgeschnitten.**

Stellen Sie die Nähmaschine ein: **Stichbreite** – 2 **Stichlänge** – 0,4 **Nahtlagehebel** nach links

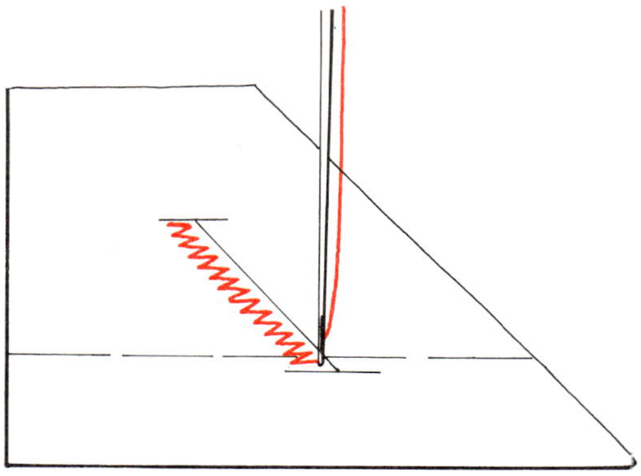

Knopflochlänge anzeichnen.
Die erste Raupennaht in Knopflochlänge nähen.
Am Ende dieser Naht
die Nadel rechts im Stoff stecken lassen.
Nähfuß anheben.
Den Stoff so drehen, daß die Raupennaht
jetzt rechts von der Nadel liegt.
Nähfuß senken.
Noch einen Stich nach links nähen.

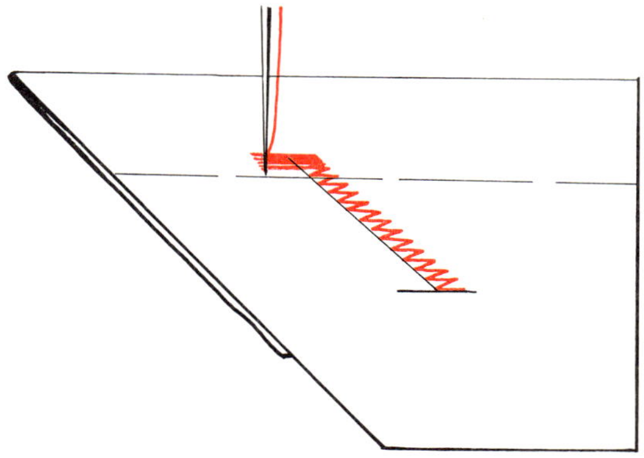

Den Stichbreitenhebel herunterdrücken.
Mit 6 Stichen den ersten Riegel nähen.

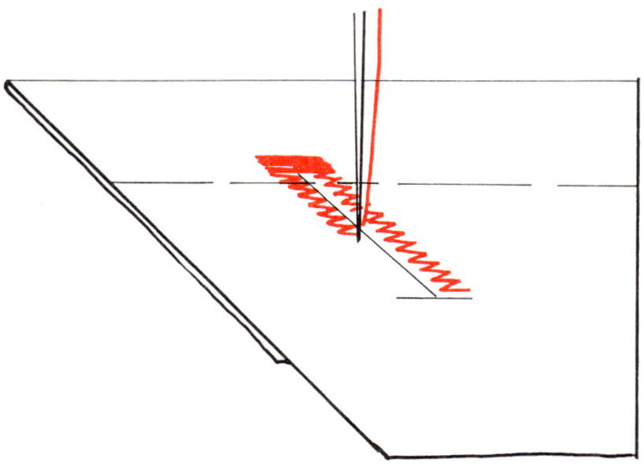

Stichbreitenhebel loslassen.
Zweite Raupennaht nähen.
Zwischen der ersten und zweiten Raupennaht
muß ein Abstand von 1 mm
zum Aufschneiden bleiben.

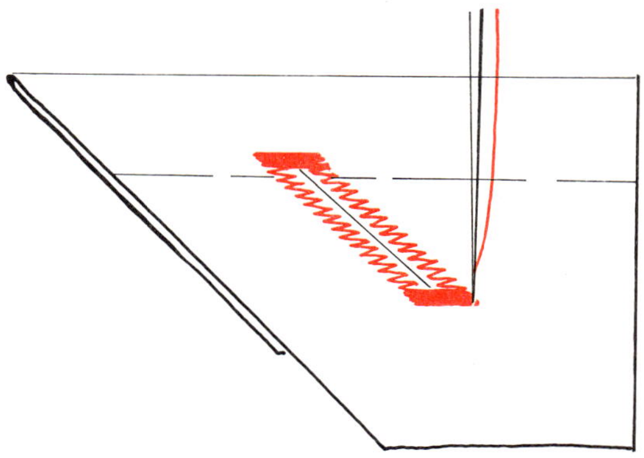

Stichbreitenhebel herunterdrücken
und den zweiten Riegel nähen.

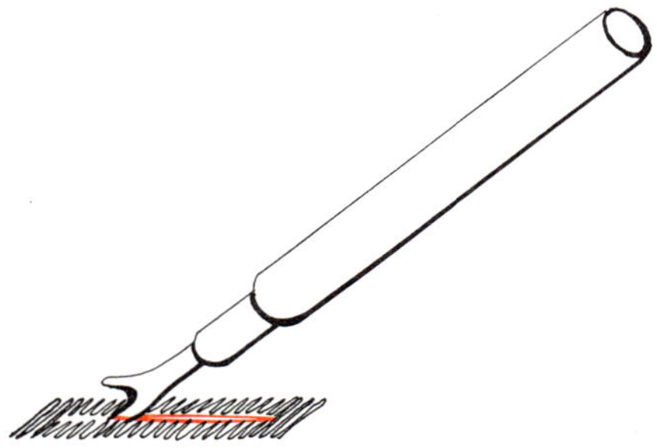

Das Knopfloch vorsichtig mit einem Trenner
oder einer scharfen Schere aufschneiden.
Die Nähstiche dürfen beim Schneiden nicht verletzt werden.

Reißverschluß

Mit dem Reißverschluß
werden zwei **gegeneinanderliegende**
Stoffkanten zusammengehalten.

zweifach zuschneiden
+ Reißverschluß –
14 cm lang

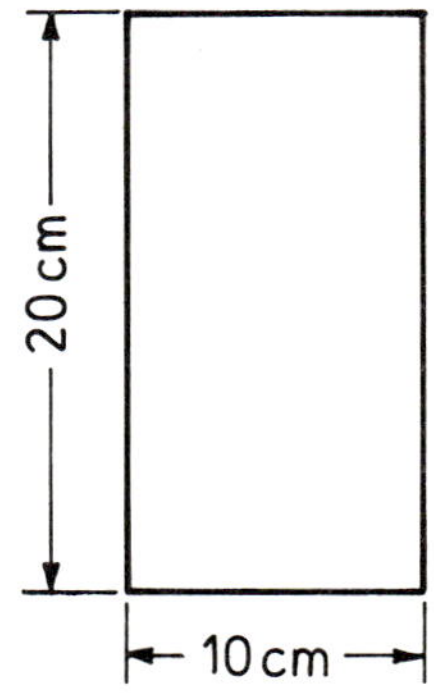

Verdeckt eingearbeiteter Reißverschluß:
An Hosen und Röcken findet man überwiegend den **verdeckt eingearbeiteten** Reißverschluß.

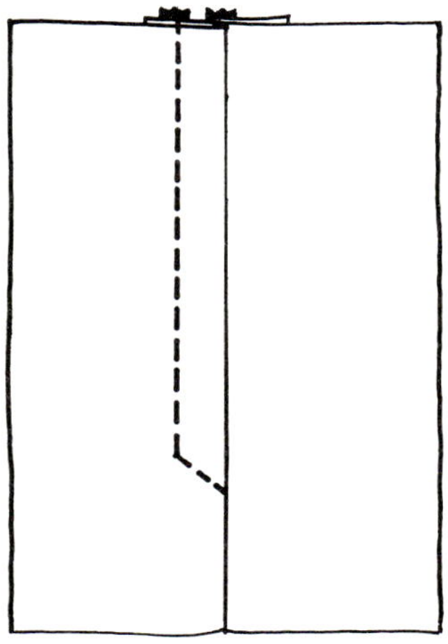

Arbeitsablauf:

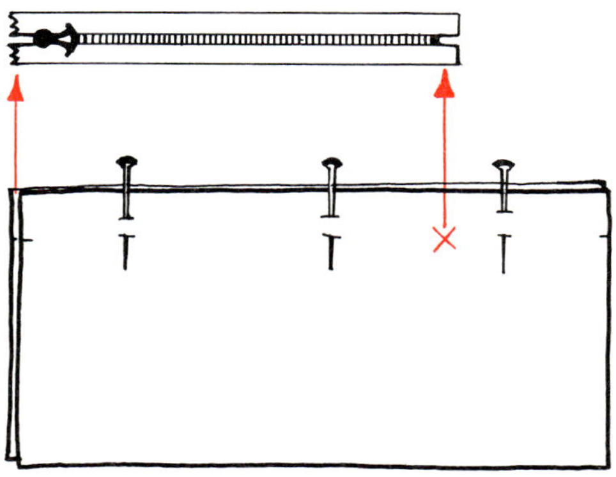

Schnittkanten versäubern.
Stoffteile rechts auf rechts zusammenstecken.
Reißverschlußlänge anzeichnen.

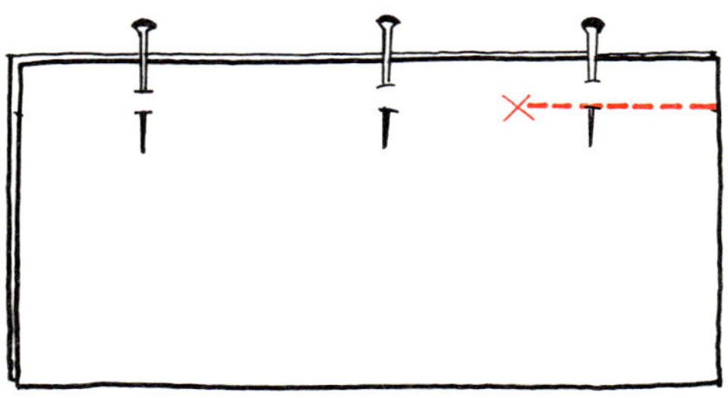

Reißverschlußlänge offenlassen.
Vom angezeichneten Reißverschlußende ab die Stoffteile zusammennähen.
Nahtlagehebel in der Mitte.
Nahtanfang und Nahtende gut vernähen.
Nahtbreite 3 cm.

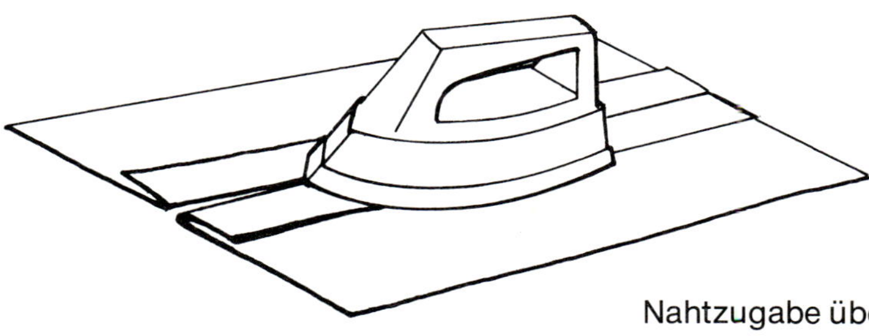

Nahtzugabe über die ganze Länge auseinanderbügeln.

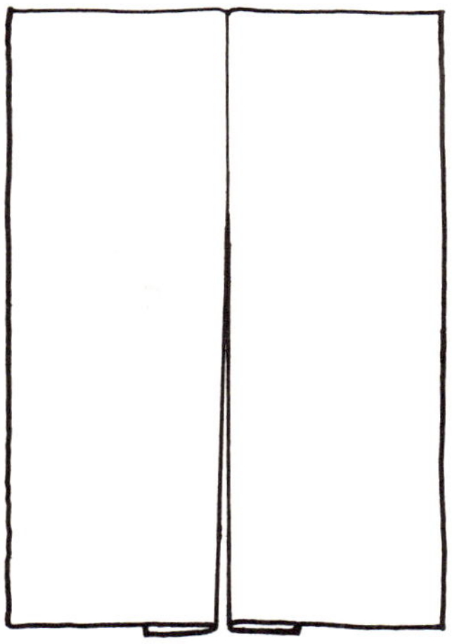

Rechte Stoffseite
nach oben legen.

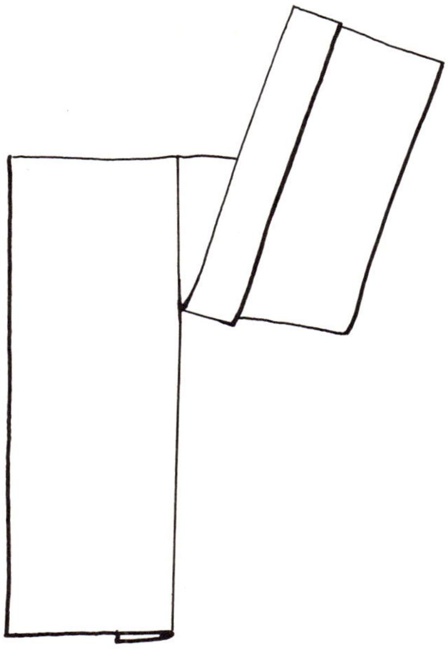

Rechte Nahthälfte
zurückklappen.

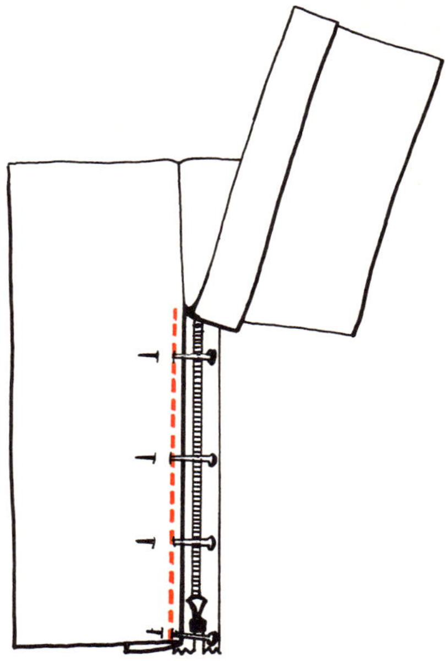

Den geschlossenen Reißverschluß so unter die linke Nahthälfte stecken,
daß die Reißverschlußzähnchen 0,5 cm von der Kante entfernt sind. Nahtlagehebel rechts.
Oberstoff knappkantig auf den Reißverschluß nähen.

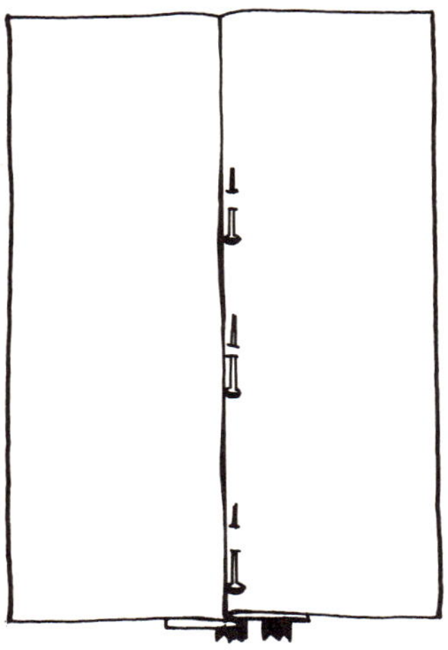

Rechte Nahthälfte auf den Reißverschluß stecken.
Die Stoffkante so weit nach links verschieben,
bis die knappkantige Naht verdeckt ist.

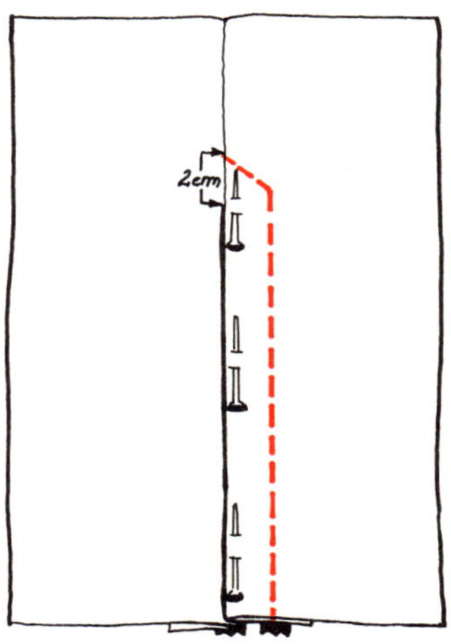

Nahtlagehebel links.
Rechte Nahthälfte ca. 1,5 cm von der Kante entfernt auf den Reißverschluß nähen.
Diese Naht 2 cm vor dem Reißverschlußende beginnen und schräg bis zur Nahtbreite nähen.

TV 5. Ausbessern

Vor dem Ausbessern: Wäsche- und Bekleidungsstücke nach Schäden durchsehen.
Alle Teile nach Art der Ausbesserungsarbeit sortieren.

Man unterscheidet folgende Ausbesserungsarbeiten:

Stopfen	**Flicken**	**Ergänzen**
mit der Hand, mit der Nähmaschine	Aufsetzen von Stoffteilen	z. B. Aufhänger annähen, Knöpfe annähen, Reißverschluß einsetzen

Die Größe des Schadens und die Art der Textilie bestimmen die Ausbesserungstechnik.

Handstopfen	bei kleinen Schäden an Oberbekleidung, besonders Strickwaren, z. B. dünn geschlissener Stoff, kleines Loch, kleiner Riß
Maschinenstopfen	bei kleinen Schäden an Haushaltswäsche und Berufsbekleidung
Flicken	bei größeren Schäden an Haushaltswäsche und Berufsbekleidung, z. B. große Löcher und Risse

Beachten Sie: Kleine Schäden lassen sich schnell und einfach beheben, deshalb frühzeitig ausbessern.

TV 5.1. Stopfen mit der Hand

Arbeitsmittel: Schadhafte Textilien, Stopftwist, Stopfgarn

Arbeitsgeräte: Stopfnadel, Stopfpilz oder Stopfei, Schere

Stopfpilz
zum Unterlegen der Schadstelle

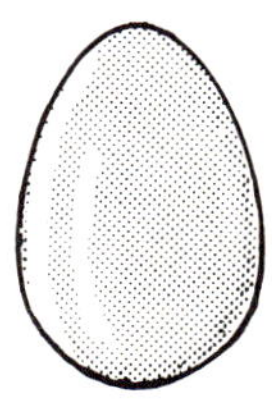

Stopfei,
besonders geeignet zum Stopfen von Kinderbekleidung

Zum Handstopfen verwendet man:

Stopftwist

Stopfgarn

Baumwollgarn,
das durch Teilen auf verschiedene Stoffstärken abgestimmt werden kann, für Haushaltswäsche, Unterwäsche und Wirkwaren aus Baumwolle

Woll- oder **Synthetikgarn,**
für Strickwaren und Strümpfe aus Wolle oder synthetischen Fasern, bzw. Mischgarnen

Die Schadstelle über einen Stopfpilz oder ein Stopfei ziehen.

Dicht nebeneinanderliegende Fäden spannen, die im Randteil (ca. 1 cm breit) gut eingestopft werden.

Die Nähstiche im Rand und an den Enden **versetzt** arbeiten.

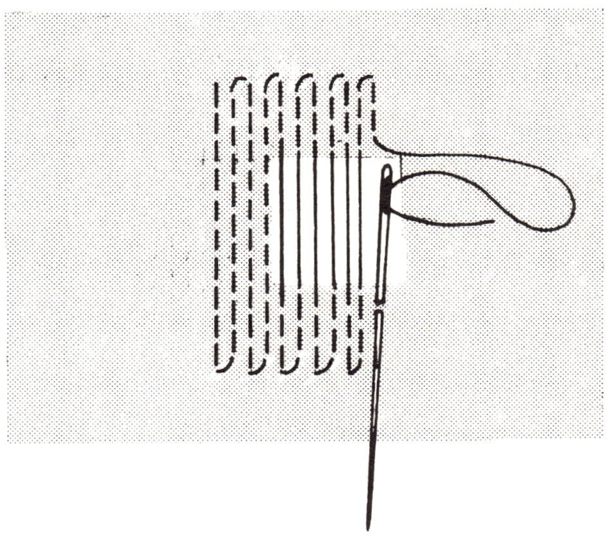

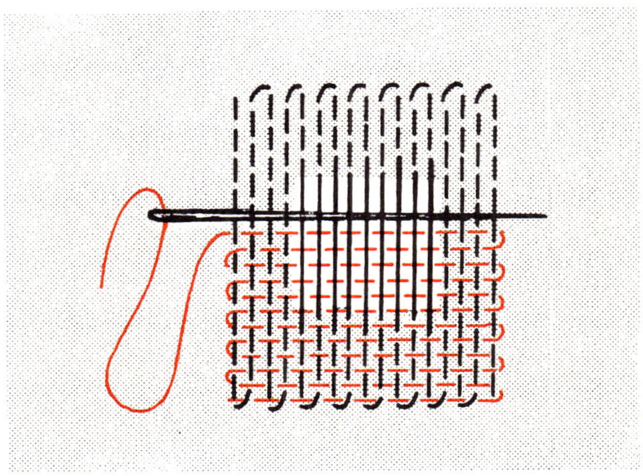

Die gespannten Fäden in Querrichtung durchstopfen. Dabei abwechselnd einen Faden über- und unterqueren.

Jede Reihe versetzt arbeiten.

TV 5.2. Stopfen mit der Nähmaschine

Arbeitsmittel: schadhafte Textilien, Maschinenstick- und -stopfgarn

Arbeitsgeräte: Nähmaschine, Stopffuß, Überdeckstichplatte, Stopfrahmen, Schere

Stopfrahmen

Die Schadstelle glatt und stramm
in die Mitte des Stopfrahmens spannen.

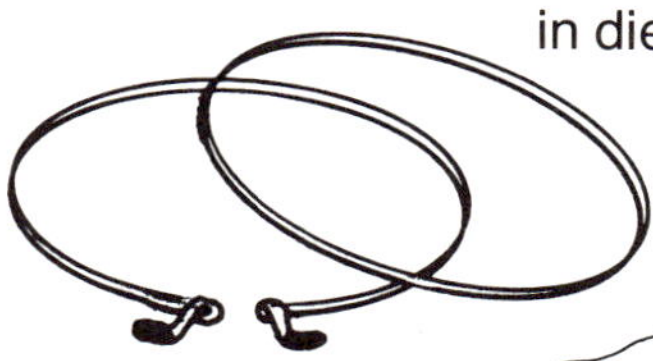

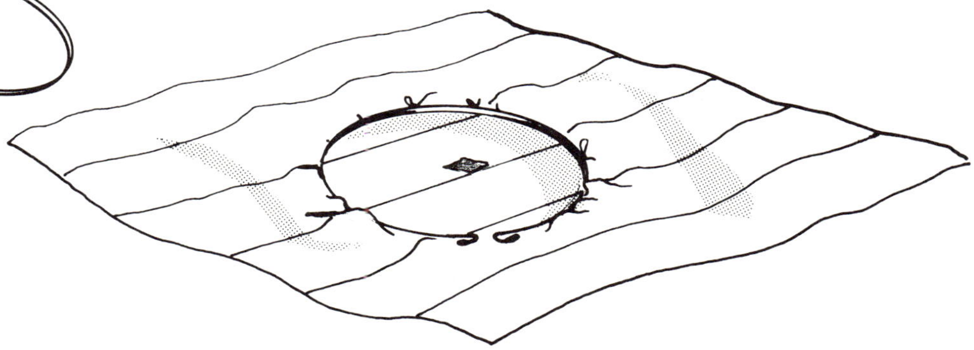

Beim Stopfen mit der Nähmaschine als **Ober-** und **Unterfaden Maschinenstick-** und **-stopfgarn** verwenden.

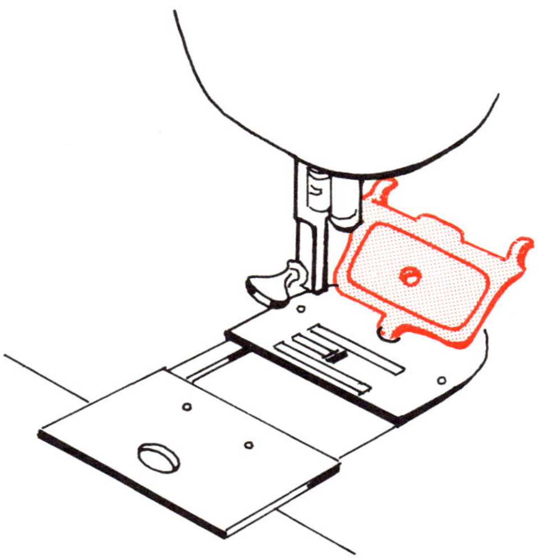

Maschinennadel entfernen,
Nähfuß abschrauben,
Transporteur versenken,
Überdeckstichplatte anbringen.

Überdeckstichplatte mit dem Schieber festklemmen,
Stopffuß anschrauben,
Maschinennadel einsetzen.

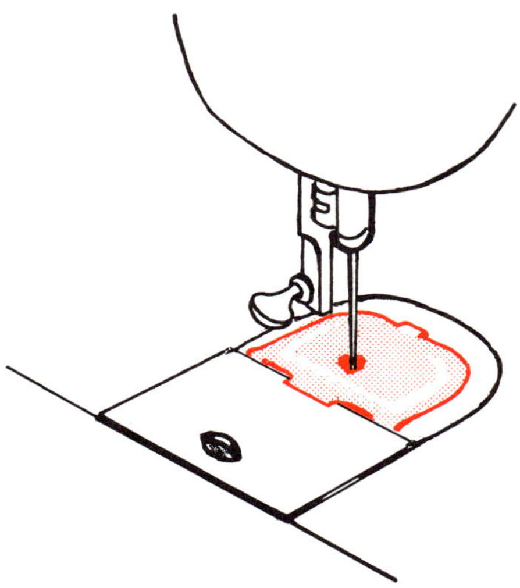

Die Schadstelle eingespannt unter den Stopffuß bringen.

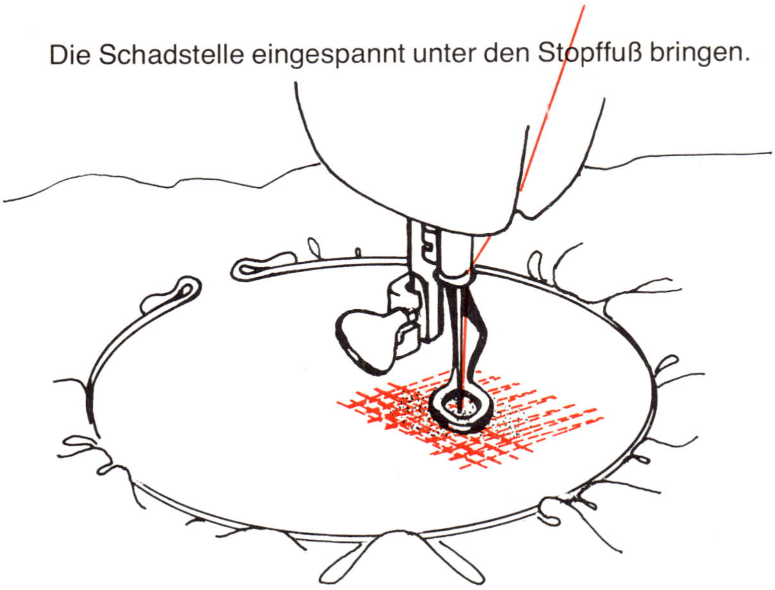

Nähfußheber senken.
Nähmaschine in Gang setzen.

Den Rahmen mit beiden Händen vor- und zurückbewegen, dabei ein gleichmäßiges Fadengitter über die Schadstelle spannen.

Ränder ca. 1 cm übernähen.

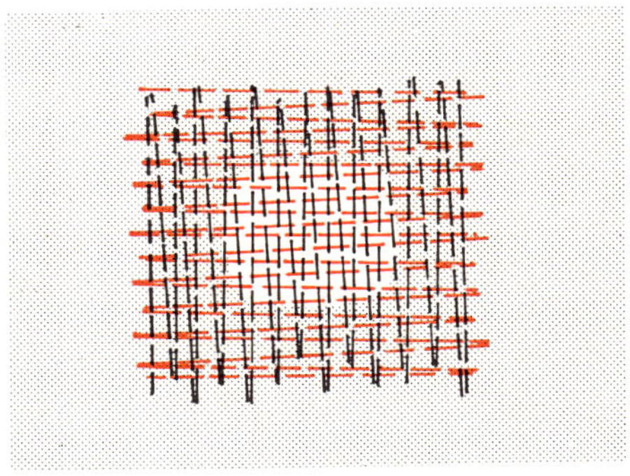

In Querrichtung das Fadengitter gleichmäßig überstopfen.

Beachten Sie: Immer mit dem Fadenlauf des Gewebes stopfen.
Die Stopflinien nicht in gleicher Höhe enden lassen, damit sich die Stopfstelle weicher dem Gewebe anpaßt.

Stopfbeispiele:

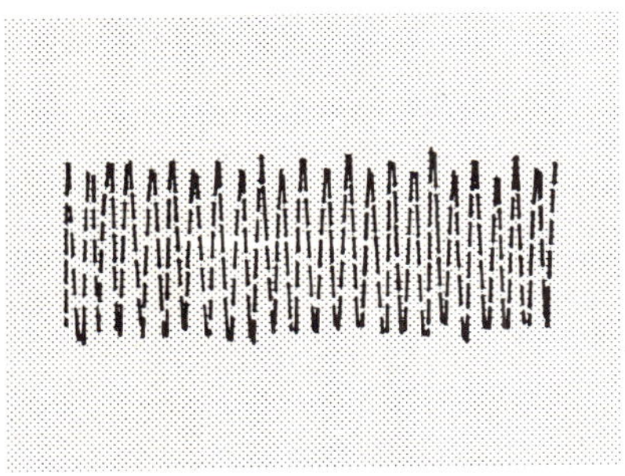

gerader Riß oder Schnitt

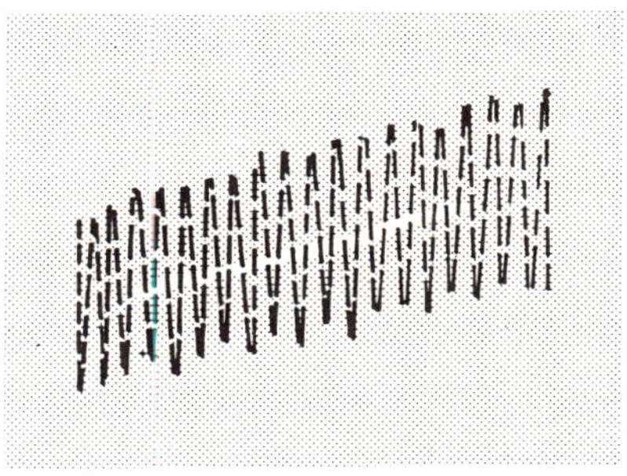

schräger Schnitt

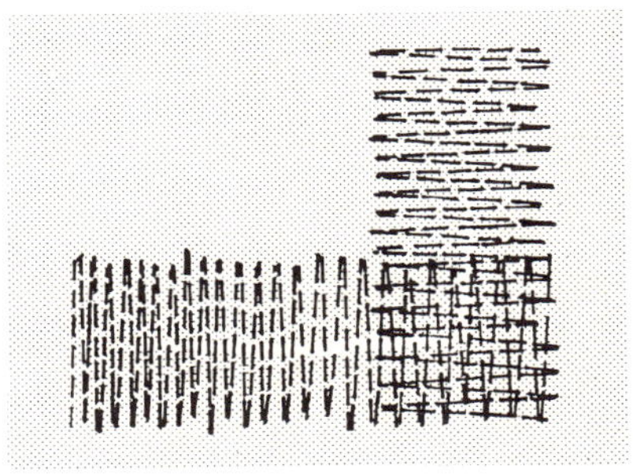

Winkelriß

Stopfen ohne Stopffuß

Mit Hilfe des Rückwärtsganges kann bei hochgestelltem Transporteur auch mit dem normalen Nähfuß gestopft werden.

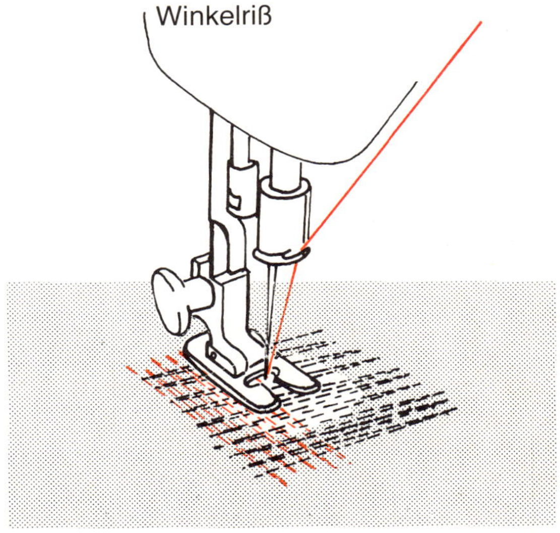

Fadenspannung sorgfältig auf den Stoff abstimmen.
Mit der linken Hand den Rahmen gleichmäßig vor- und zurückbewegen, ihn dabei leicht nach links schieben.

Mit der rechten Hand die Rückwärtstaste bedienen.

TV 5.3. Flicken

Arbeitsmittel: schadhafter Stoff, Flickstoff, Nähgarn

Arbeitsgeräte: Nähmaschine, Zentimetermaß oder Lineal, Schere, Stecknadeln

> Vor dem Flicken das ganze Wäsche- oder Bekleidungsstück überprüfen.
> Der Stoff muß noch so fest sein, daß sich das Ausbessern lohnt.

> Passenden Flickstoff auswählen. Er muß gewaschen sein
> und in Stärke, Farbe und Musterung zum schadhaften Gewebe passen.

Aufgesetzter Flicken

Anwendung:
Haushaltswäsche, Berufsbekleidung.

Zuerst wird die **Flickengröße** ermittelt:

Prüfen Sie, wie weit die schadhaften und dünnen Stellen reichen.

Schadhafte Stellen ausbügeln.

Umrisse mit leichtem Bleistiftstrich anzeichnen.

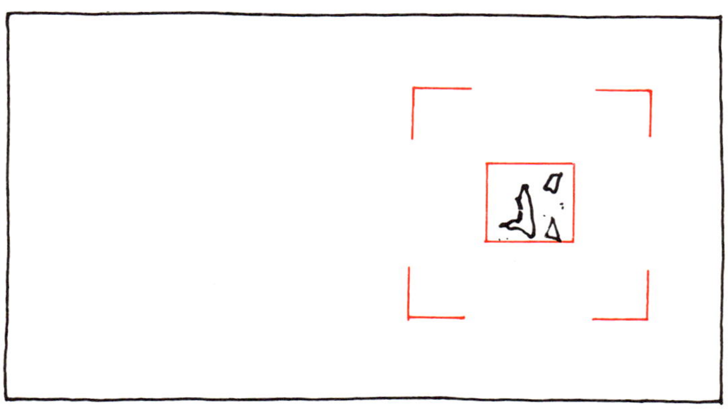

Die angezeichnete Stelle ausmessen und an allen Seiten je 3 cm zurechnen.

In dieser ermittelten Größe einen viereckigen Flicken fadengerade zuschneiden. Bei gemustertem Stoff dabei das Muster beachten.

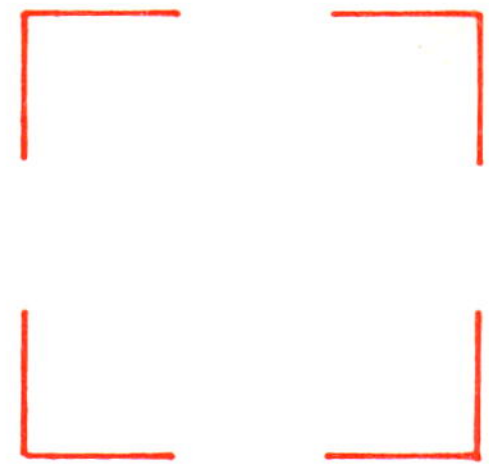

Flicken ringsum 0,5 cm breit umknicken.

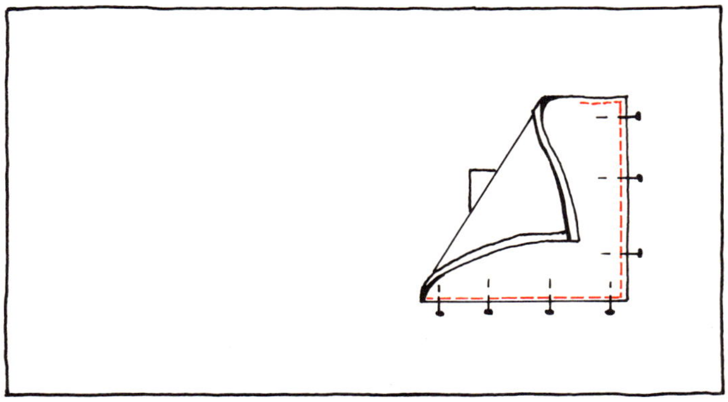

Flicken auf die rechte Stoffseite so aufstecken, daß die Schadstelle genau unter der Mitte des Flickens liegt. Fadenlauf und Muster beachten. In der Mitte einer Längskante beginnend den Flicken knappkantig aufnähen.

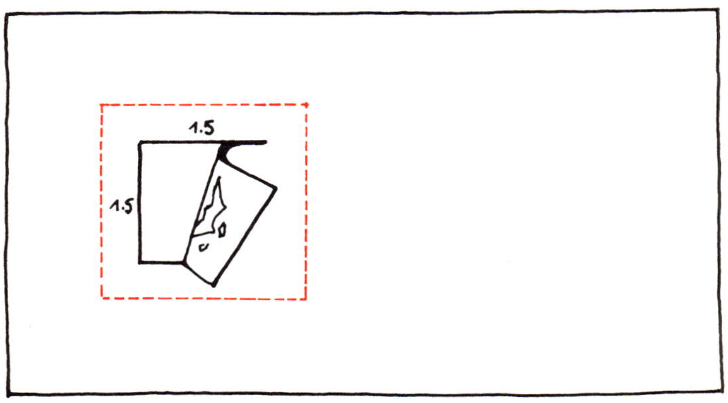

Von der linken Stoffseite aus die Schadstelle vorsichtig 1,5 cm neben der Naht ausschneiden.

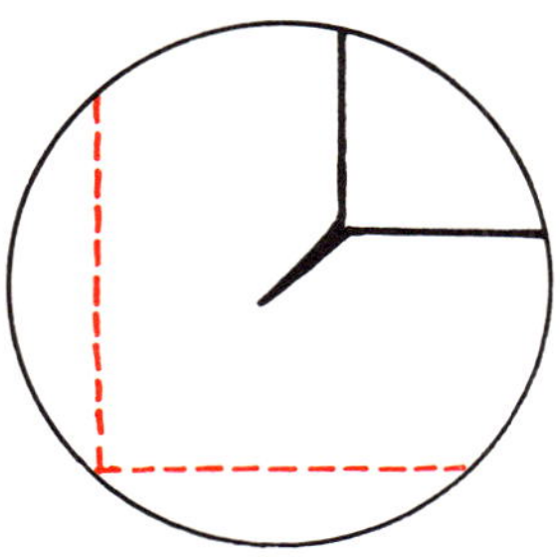

Ecken 0,75 cm schräg einschneiden.

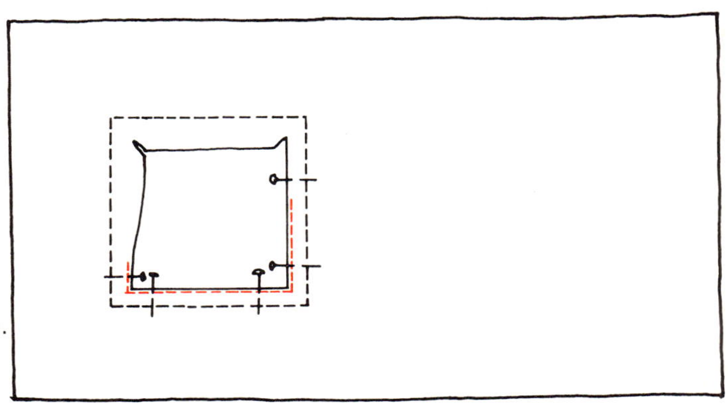

Schnittkanten einschlagen und feststecken. Ecken mit einer Stecknadel nachdrücken. Einschlag knappkantig aufnähen.

TV 5.4. Befestigen von Aufhängern

Arbeitsmittel: 2 × 12 cm Halbleinenband
10 mm breit

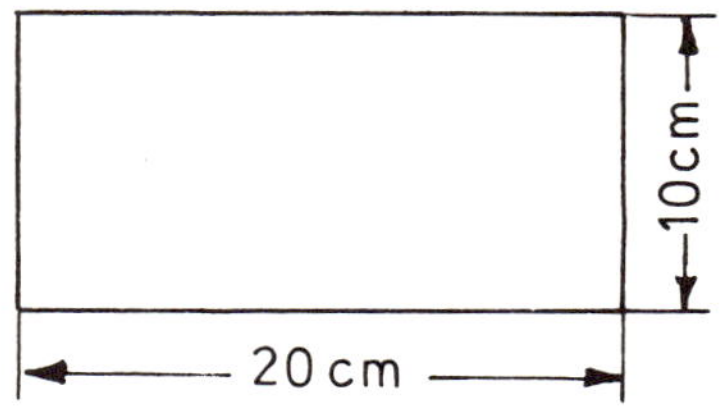

einfach zuschneiden

Eingesetzter Aufhänger

Anwendung:
Ersetzen zerrissener Aufhänger an gesäumten Kanten, z. B. Geschirrtücher, Handtücher, Frottierwäsche, Neuanfertigen von Geschirrtüchern.

Beim Ersetzen zerrissener Aufhänger die Saumkante 10 cm weit vorsichtig auftrennen.
Alte Aufhängerreste entfernen.
Saum aufstreichen.

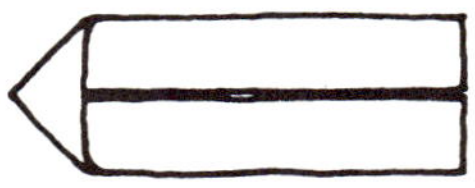

Leinenband falten.
Bei größerer Anzahl die Form bügeln.

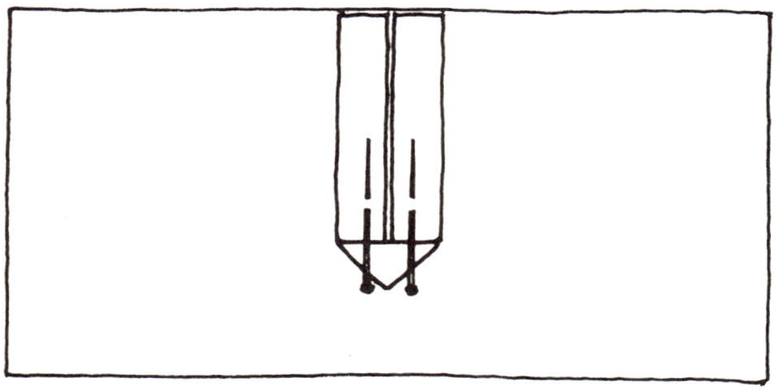

Aufhänger mit den Schnittkanten bis an die Stoffkanten schieben.

Aufhänger feststecken.

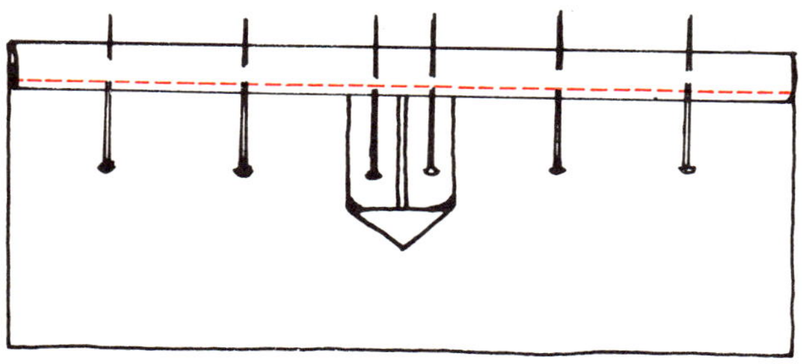

Die Stoffkante zweimal zum Saum umschlagen.
Saumbreite = 1 cm.

Saum feststecken und knappkantig mit der Nähmaschine übernähen.

Aufgesetzter Aufhänger

Anwendung:
Bei ungesäumten Tüchern, z. B. Putztücher, Spültücher, Staubtücher

Aufhänger an beiden Seiten 1 cm breit umknicken.

Vorbereiteten Aufhänger
parallel zur Tuchkante
oder schräg in einer Tuchkante
feststecken.

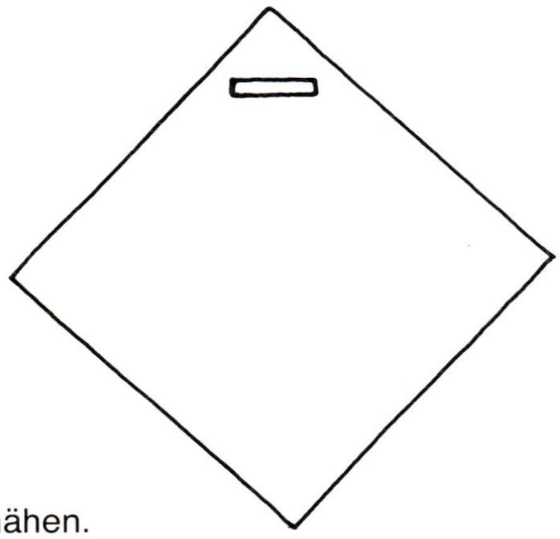

Stichlänge 1 einstellen.

Beide Enden kästchenförmig übernähen.

TV 5.5. Verwendung von Textilklebstoff

Bei Verwendung von **Textilklebstoff** werden einige Näh- und Ausbesserungsarbeiten durch Bügeln ersetzt.

Aufgebügelt werden u. a.:

Fertigflicken
Ersatzhosentaschen
Einlagestoff

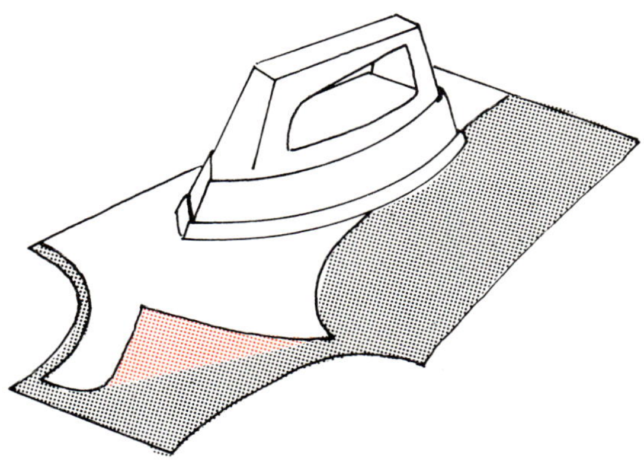

Die Stoffunterseite
ist mit Textilklebstoff beschichtet.
Er ist **wärmeempfindlich.**

Beim Bügeln schmilzt der Klebstoff
und verbindet die Stofflagen fest miteinander.
Bei **sachgemäßem** Aufbügeln
ist der Klebstoff **wasch-** und **reinigungsbeständig.**

Fertigflicken und **Hosentaschen**
werden auf die **rechte Stoffseite,**
Einlagestoff auf die **linke Stoffseite** aufgebügelt.

Hinweis: Beachten Sie die Bügeltemperatur und Bügeldauer,
die der Hersteller in der Gebrauchsanleitung angibt.

TV 6. Maße und Maßnehmen

Soll unsere Kleidung den richtigen „Sitz“ haben, so muß:

die **Konfektionsgröße** stimmen,
z. B. für den Einkauf über den Versandhandel.

für eine Anfertigung
die **Schnittgröße** passen.

Um diese Größen zu ermitteln, muß man zunächst die **eigenen Körpermaße** kennen.

So messen Sie Ihre Körpermaße:

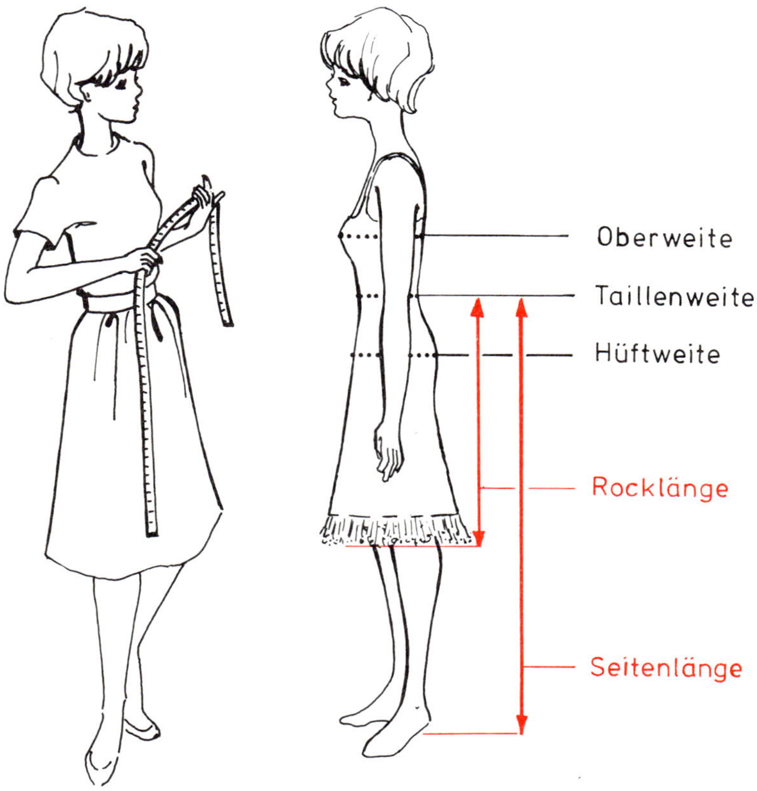

Oberweite:
waagerecht über den Rücken
und die stärkste Stelle der Brust

Taillenweite:
waagerecht rund um den Körper

Hüftweite:
waagerecht über die
stärkste Stelle des Gesäßes

Rocklänge:
senkrecht von der Taille abwärts
bis zur gewünschten Länge

Seitenlänge:
senkrecht von der Taille
über die Hüfte bis zum Fußboden

Messen Sie: über einem Unterkleid oder dünner Oberbekleidung,
bei gerader, aber entspannter Körperhaltung,
mit einem Zentimetermaß, dessen Zahlen deutlich lesbar sind.
Lassen Sie sich beim Messen der eigenen Körpermaße helfen.
Notieren Sie die Körpermaßzahlen sofort nach dem Messen.

Mit Hilfe der Körpermaßzahlen können Sie:
Fertigschnitte überprüfen und berichtigen,
einfache Schnitte, z. B. Rockschnitte, selbst anfertigen.

Ermitteln der Konfektionsgröße

Um die Konfektionsgröße oder Schnittgröße zu ermitteln,
benötigt man außer den eigenen Körpermaßen eine Tabelle mit Normalmaßen.

Normalmaße sind Durchschnittsmaße.

Tabelle für Damen-Normalgrößen (Konfektionsgrößen)

Größen	32	34	36	38	40	42	44	46
Oberweite	78	80	84	88	92	96	100	104
Taillenweite	60	63	65	67	70	74	80	86
Hüftweite	86	88	90	94	98	102	106	112
Seitenlänge	106	106	107	107	108	109	109	110

Ähnliche Tabellen finden Sie in Schnittmusterheften,
Versandhauskatalogen und auf Einzelschnitten.

So ermitteln Sie **Ihre Konfektionsgröße** oder **Schnittgröße:**

Vergleichen Sie die eigenen Körpermaße
mit den Normalmaßen einer Größentabelle.
Lesen Sie Ihre passende Größe
über der Spalte ab, deren Zahlen
mit Ihren Maßen weitgehend übereinstimmen.

Stimmen nicht alle Maßzahlen einer Größe
mit Ihren eigenen Maßen überein, so richten
Sie sich für die Auswahl von Schnitten:
für Blusen und Kleider – nach der Oberweite
für Röcke und Hosen – nach der Hüftweite

Aufgaben:
Messen Sie Ihre Körpermaße,
und lassen sie durch andere nachmessen.
Ermitteln Sie mit Hilfe der eigenen Körpermaße und der Tabelle
für Normalmaße Ihre Konfektions- oder Schnittgröße.

Hilfsmittel für die Textilverarbeitung

Schneiderkreide
oder **Kreidestift**
zum Anzeichnen von Naht-
und Schnittlinien.

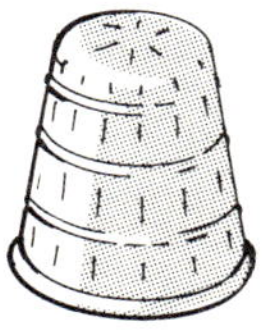

Fingerhut
zum Schutz des Mittelfingers
bei Handnäharbeiten.

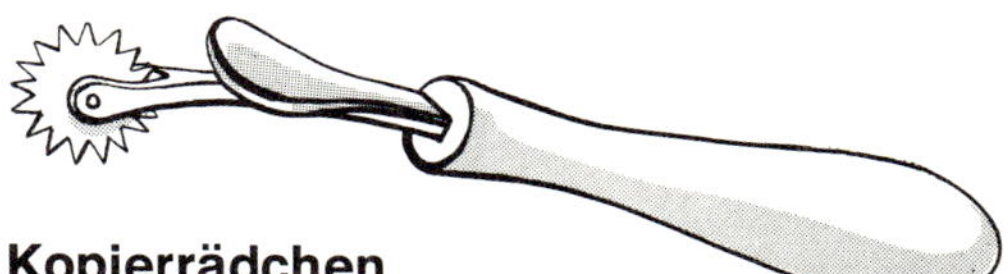

Kopierrädchen
zum Übertragen von Schnitten
oder Kennzeichnen von Nahtlinien.

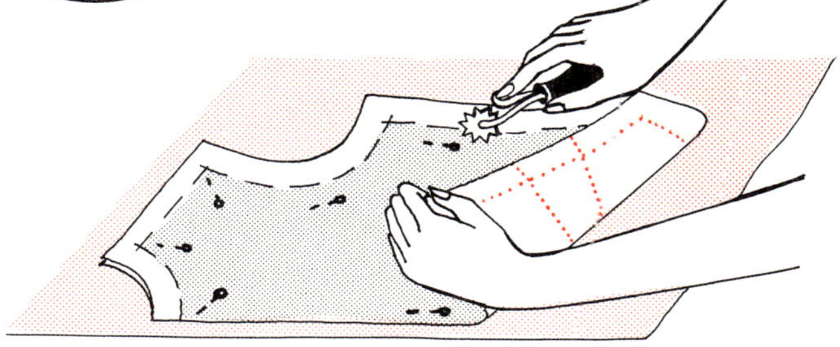

Kopierpapier
zum Durchpausen der Nahtlinien
auf die Stoffunterseite.

Beachten Sie: Die Werkzeuge und Hilfsmittel für die Textilverarbeitung
sind z. T. scharf und spitz. Damit nichts beschädigt
und niemand verletzt wird, müssen alle Werkzeuge
geordnet in einem festen Behälter aufbewahrt werden.

TV 7. Arbeiten mit Schnittmustern

Normalerweise benötigt man ein **Schnittmuster.**
Denn Stoffteile „aus freier Hand" zuzuschneiden,
ist nur wenigen Nähkünstlern mit sehr viel Erfahrung vorbehalten.

Man unterscheidet:

selbstgefertigte Schnittmuster	**Fertigschnittmuster** (Einzelschnitt)	**Schnittmusterbogen**

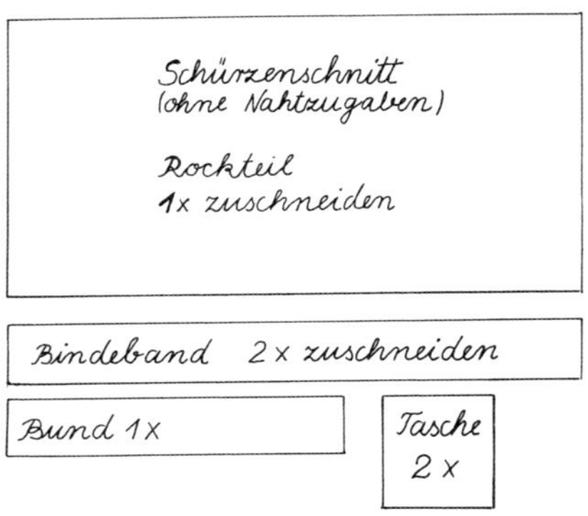

Zur Herstellung von Schürzen und ähnlichen einfachen Gegenständen lassen sich Schnittmuster leicht selbst anfertigen.

Dabei werden die entsprechenden Maße sehr sorgfältig auf festes Papier übertragen.

Vor dem Ausschneiden beschriften Sie alle Schnittmusterteile,

z. B. an einem Schürzenschnitt.
Rockteil 1× zuschneiden,
Taschen 2× zuschneiden.

Der Fertigschnitt besteht aus einer Packung, die alles Notwendige für den Zuschnitt eines Modells enthält:
Angaben zum Stoffverbrauch,
alle Schnittmusterteile,
Schnittlagepläne für verschiedene Stoffbreiten,
ausführliche Arbeitsanleitung.

Fertigschnitte erhält man in Fachgeschäften und großen Kaufhäusern.

Schnittmusterbögen findet man in Modeheften, die im Zeitschriftenhandel angeboten werden.

In den Modeheften sind viele verschiedene Modelle in unterschiedlichen Größen abgebildet.

Die Schnitteile aller Modelle sind auf 4–6 Schnittmusterbögen übereinandergedruckt.

Von diesen Schnittmusterbögen müssen die einzelnen Schnitteile herausgezeichnet werden.

Dabei helfen die Anleitungen im beiliegenden Arbeitsheft.

TV 7.1. Schnittmusterbogen

Alle in einem Modeheft abgebildeten Modelle sind mit einer Kennzahl versehen.
Im beiliegenden **Arbeitsheft** findet man dann **unter dieser Kennzahl** verschiedene Angaben:

Die Modellbeschreibung im Arbeitsheft:

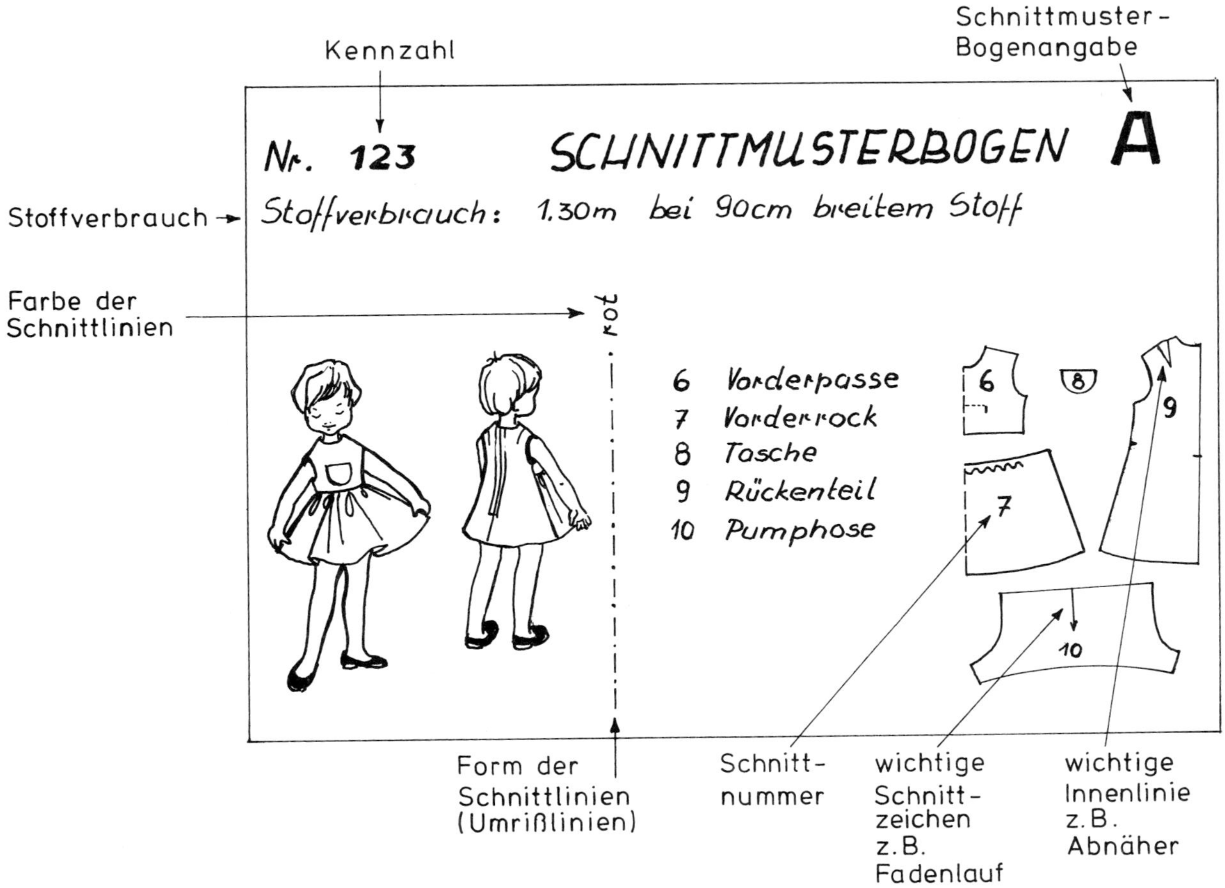

Schnittmusterbogen, **Schnittnummern,** **Farbe und Form** der Schnittlinien	helfen, den richtigen Schnitt aus dem Schnittmusterbogen auf Papier zu übertragen.
Innenlinien, **Schnittlinien,** **Schnittzeichen**	sind notwendige Hilfen für den Zuschnitt und für das Nähen. Sie dürfen deshalb beim Übertragen der Schnitteile auf Papier nicht vergessen werden.

Übertragen der Schnitteile aus dem Schnittmusterbogen

Die Schnitteile sind in dem Liniengewirr der Schnittmusterbögen schwer zu finden.
Deshalb sind an den Rand jedes Bogens **Schnittnummern,** als **Suchnummern,** aufgedruckt.
Am oberen Bogenrand die ungeraden Zahlen, am unteren Bogenrand die geraden Zahlen.
Senkrecht unter oder über der Suchnummer findet man schnell die entsprechende Schnittnummer.

Ausschnitt aus einem Schnittmusterbogen:

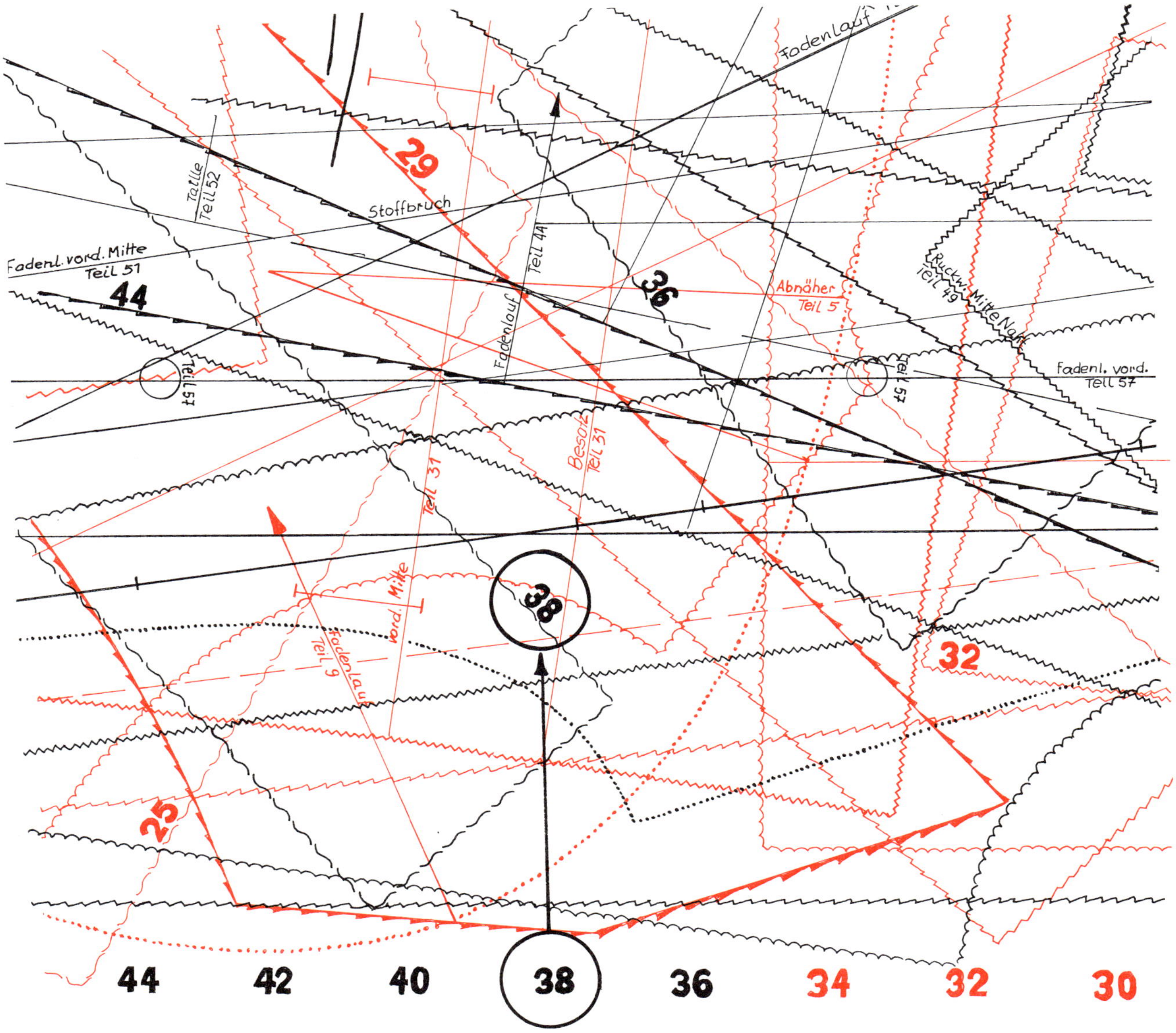

Alle Schnitteile, die zu einem Modell gehören, werden **einzeln** auf Papier übertragen.

Man unterscheidet:

Durchpausen | **Durchrädeln**

Durchpausen:

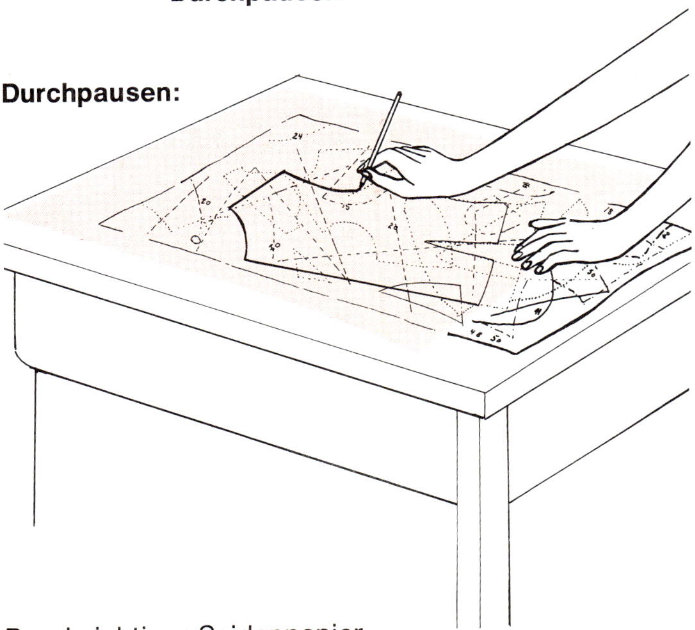

Durchsichtiges Seidenpapier **auf** den Schnittmusterbogen legen.

Die Umrißlinien der Schnitteile sowie alle wichtigen Innenlinien und Schnittzeichen durchzeichnen.

Zum Durchpausen braucht man eine **feste** und **glatte Unterlage.**

Durchrädeln:
Festes Papier **unter** den Schnittmusterbogen legen.

Mit dem Kopierrädchen alle Schnittlinien und Schnittzeichen in das untergelegte Papier drücken.

Zum Durchrädeln braucht man eine **weiche Unterlage** (evtl. eine Wolldecke auf den Tisch legen).

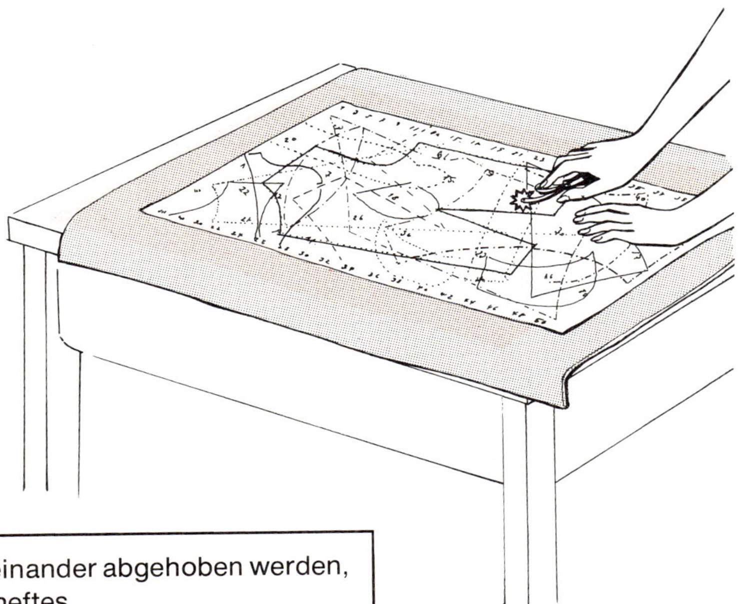

> Bevor Papier und Schnittmuster voneinander abgehoben werden, **kontrolliert** man mit Hilfe des Arbeitsheftes, ob auch alle wichtigen Innenlinien und Schnittzeichen übertragen worden sind.

Die **Schnitteile** werden mit allen Angaben, die man innerhalb der Schnitte im Schnittmusterbogen vorfindet, **beschriftet.**

Vor dem Ausschneiden alle **Schnitteile kennzeichnen** (z. B. Passe, Tasche).

Sprache der Schnitte – Zeichen und Linien

Schnittmuster haben eine eigene „Sprache".
Sie besteht aus Zeichen und Linien, die eine bestimmte Bedeutung haben.

Diese Zeichen und Linien geben:
Hilfestellung beim Zuschneiden
und Anweisungen für die Verarbeitung.

Die häufigsten Zeichen und ihre Bedeutung:

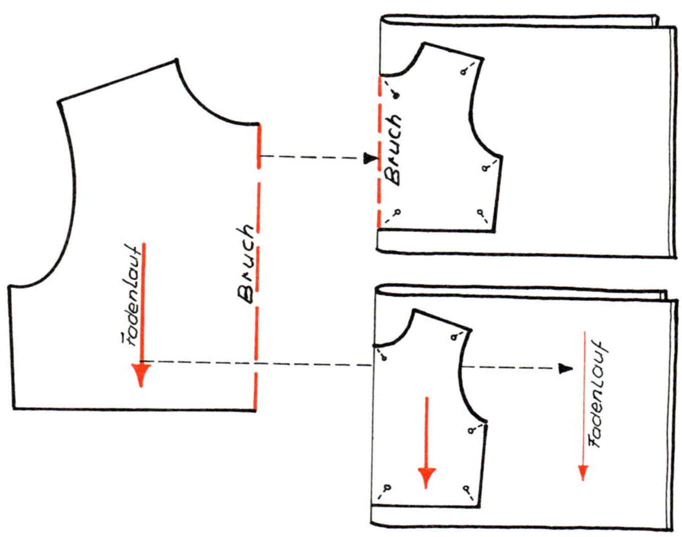

Stoffbruch:
Diese Schnittmusterkante wird ohne Nahtzugabe unmittelbar an eine geschlossene Stoffkante gelegt.

Fadenlauf:
Die Schnittmusterteile müssen so auf den Stoff gelegt werden, daß alle Fadenlaufzeichen mit dem Verlauf der Fäden im Stoff übereinstimmen.

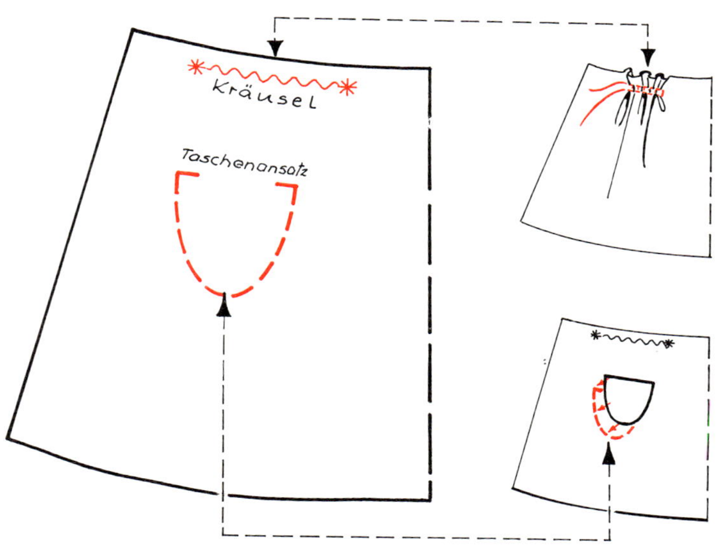

Kräuseln:
Der Stoff zwischen den Sternchen wird eingehalten oder gekräuselt. Häufig ist die endgültige Weite in cm im Schnitt angegeben, z. B.
* ––––– auf 16 cm einhalten –––––*

Taschenansatz:
An dieser Markierungslinie wird die vorgefertigte Tasche aufgesetzt.

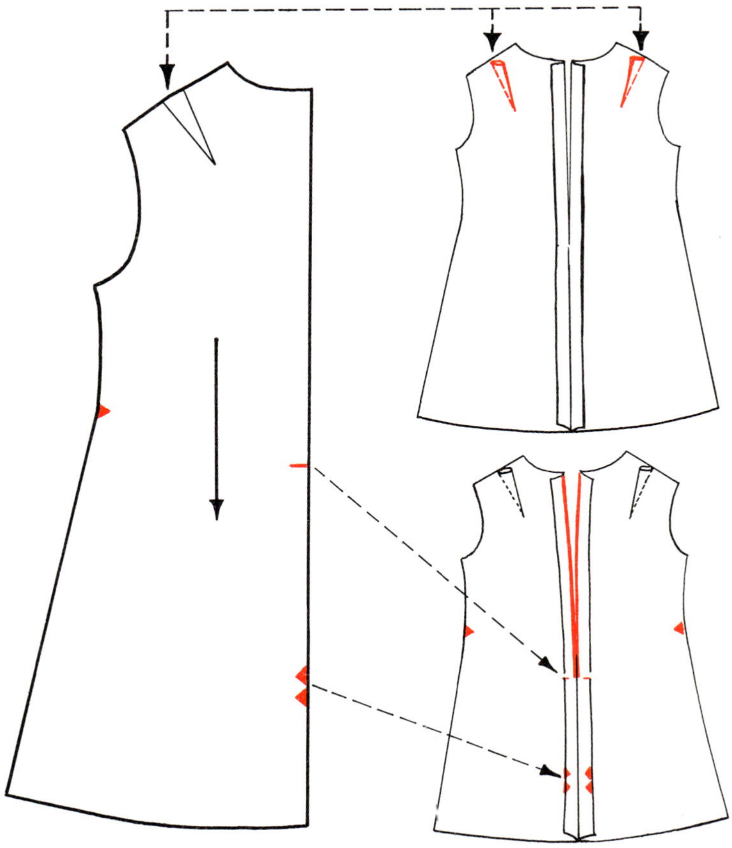

Abnäher:
Sie geben dem Bekleidungsstück erst die Form, die unserem Körper entspricht. Beim Übertragen der Schnitte auch auf nicht an der Umrißlinie liegende Abnäher achten.

Verschluß:
Dieses Zeichen gibt die Verschlußlänge an.

Nahtansatz:
Einige Schnittkanten haben einfache oder mehrfache Einkerbungen. Beim Zusammennähen der Einzelteile müssen gleiche Einkerbungen in gleicher Höhe aufeinandergelegt werden.

TV 7.2. Auflegen der Schnittmusterteile

Das Auflegen der Schnittmusterteile auf den Stoff ist ein großes **„Puzzle-Spiel“.**
Es macht Spaß, die Schnitteile solange auf dem Stoff zu verschieben,
bis sie besonders stoffsparend nebeneinanderpassen.
Wie bei allen Spielen sind aber auch hierbei bestimmte **Regeln** einzuhalten und zu beachten.

1. Da Schnittmuster im allgemeinen nur im halben Maß hergestellt werden, muß der Stoff vor der Schnittauflage **doppelt gelegt** werden.

So könnte die Doppellage aussehen:

Bei aufeinander liegenden Webekanten
ist die geschlossene Stoffkante,
– **der Stoffbruch –,** in der Stoffhälfte.

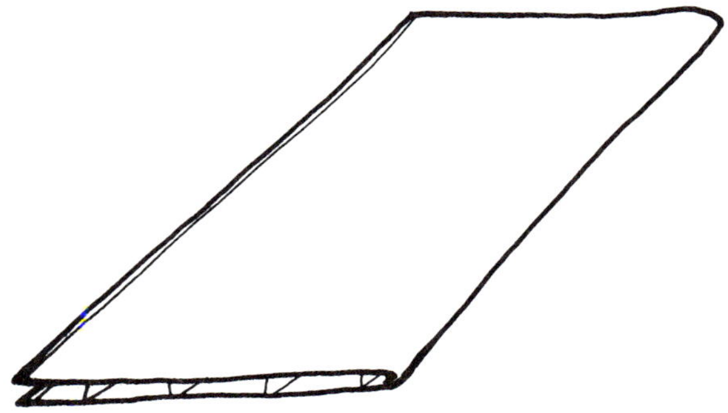

Der Stoffbruch kann aber
beliebig verschoben werden,
wenn dadurch ein sparsameres Einlegen
der Schnitte möglich ist.

Müssen mehrere Schnitte an den Stoffbruch,
so können auch zwei geschlossene
Stoffkanten gebildet werden.

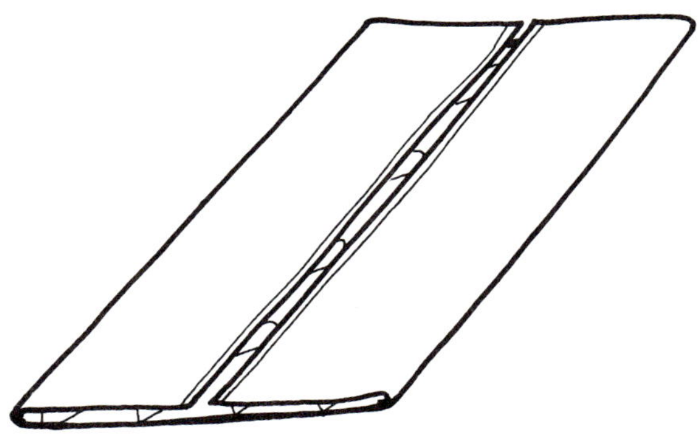

Wird kein Stoffbruch benötigt, läßt sich
der Stoff auch in voller Breite zusammenlegen.

Achtung!
Nicht alle Stoffmuster
und Stoffarten
lassen diese Doppellage zu!
(s. TV 3.).

2. Bei doppelt gelegtem Stoff muß die **rechte Stoffseite** (Stoffoberseite) **innen** liegen.

3. **Stoffmuster** und **Stoffart** bestimmen die Schnittauflage mit.

Läuft das Stoffmuster in eine Richtung, so spricht man von **Kopfmuster.** Liegen die Fasern an der Stoffoberfläche in einer Richtung (z. B. bei Samt, Kord), so bezeichnet man diese Richtung als **Strichrichtung.**

Bei diesen Stoffen müssen **alle Schnittmusterteile in einer Richtung** aufgelegt werden.

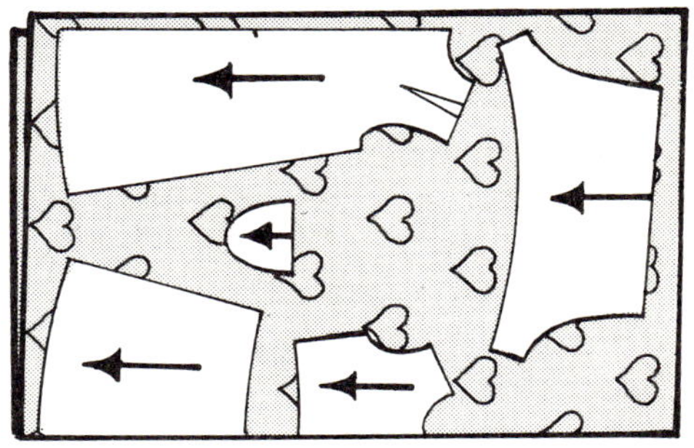

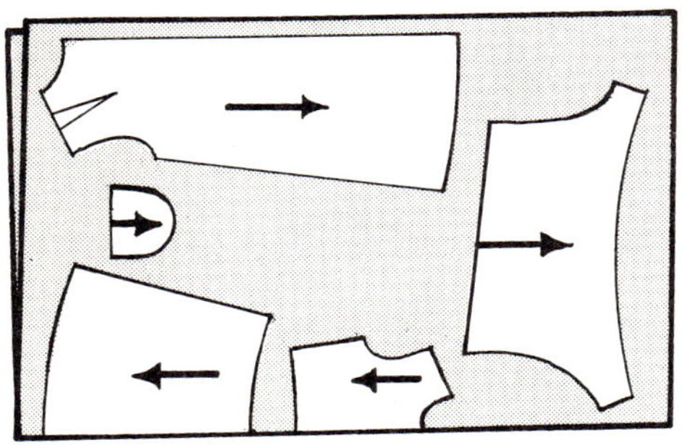

Bei Stoffen ohne Kopfmuster und ohne Strichrichtung können die Schnitteile **gegeneinander versetzt** auf den Stoff aufgelegt werden.

4. Die **Fadenlaufzeichen** der Schnitte müssen alle mit dem **Fadenlauf des Gewebes** übereinstimmen.

5. Bei der Schnittauflage müssen noch **Saum- und Nahtzugaben** berücksichtigt werden, da sie bei den meisten Schnitten fehlen.

Richtmaße für die Zugaben:

	für fest gewebte Stoffe und Strickwaren cm	für locker gewebte Stoffe cm
Säume	2–5	5–7
Hals- und Armausschnitte, Armkugel, Kragen, Manschetten	1	1,5
alle übrigen Nähte	2	2,5

TV 7.3. Zuschneiden

Sorgfältiges Zuschneiden erleichtert später das Zusammennähen der Stoffteile.

Für das Zuschneiden werden benötigt:

Zentimetermaß | **Handmaß** oder Lineal | **Stecknadeln** | **Schneiderkreide** | eine scharfe **Zuschneide-schere**

Bevor das Schnittmuster auf dem Stoff befestigt wird, kontrolliert man:

ob die linke Stoffseite nach oben zeigt,
ob auch alle Schnittmusterteile auf dem Stoff aufliegen,
ob bei der Schnittauflage das Stoffmuster und die Strichrichtung beachtet wurden,
ob Fadenlaufzeichen und Stoffbruch berücksichtigt wurden,
ob die Schnitteile genügend Abstand voneinander haben für die notwendigen Naht- und Saumzugaben,
ob eine sparsame Schnittauflage gewählt wurde.

Nach der Kontrolle werden die Papierschnitte mit Stecknadeln auf dem Stoff befestigt. Dabei sollen die Stecknadeln nicht über den Schnittrand ragen, sie stören sonst beim Anzeichnen der Nahtlinien und beim Zuschneiden. Anschließend mit einem Handmaß oder Lineal rund um das Schnittmuster die **Naht- und Saumzugaben** abmessen und mit Schneiderkreide anzeichnen.

Beim Zeichnen auf gleichmäßig breite Zugaben achten. Die Ecken der Schnitteile besonders sorgfältig nachzeichnen.

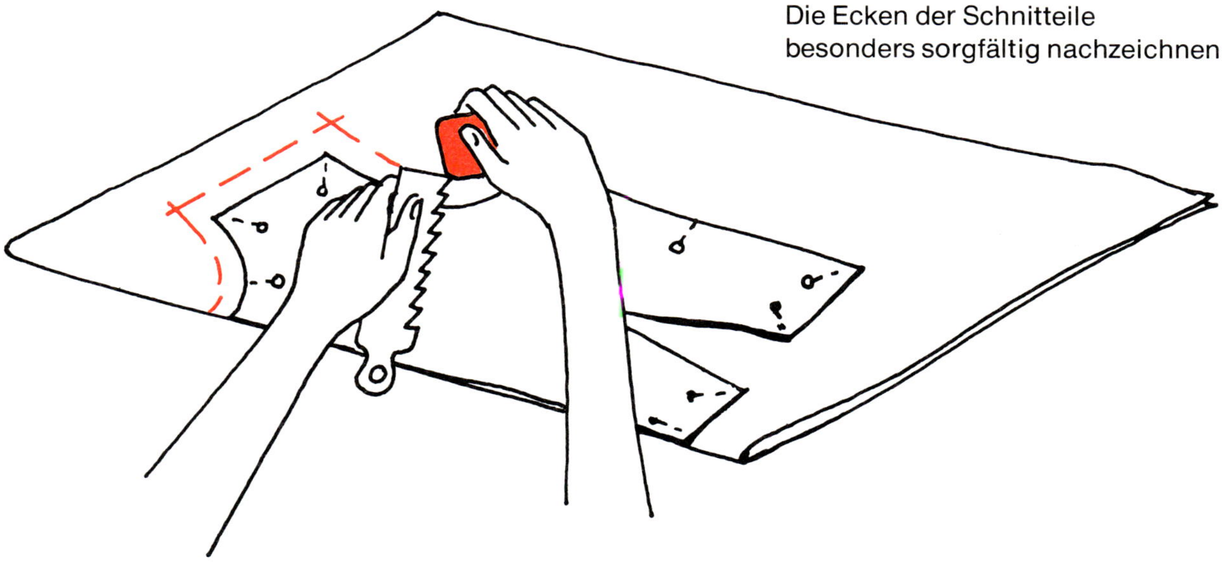

Nachdem alle Naht- und Saumzugaben aufgezeichnet sind, die Schnitteile entlang der **Zugabenlinie** ausschneiden.

Beachten Sie: Ungleichmäßige Nahtzugaben und abgerundete Ecken erschweren später das Zusammennähen der Stoffteile.

TV 7.4. Übertragen der Schnittlinien auf den Stoff

Bevor das Schnittmuster vom Stoff abgehoben wird,
müssen:

die **Nahtlinien** (Umrißlinien),
die **Innenlinien** (z. B. Abnäher, Taschenansatz),
die **Markierungszeichen** (z. B. Kräuselzeichen, Ansatzpunkte),

auf den Stoff übertragen werden.

Bei doppelt gelegtem Stoff auch auf die unten liegende Stoffseite.

Übertragen der Schnittlinien: Durchkopieren – Durchschlagen mit Reihgarn

Das **Durchkopieren mit Kopierpapier** ist besonders zeitsparend.

Das Schneiderkopierpapier mit der **Farbseite nach oben** unter die beiden Stofflagen legen.

Auf dem oberen Stoff Umrisse und Markierungen der Schnitte nachzeichnen.

Bei dünnen Stoffen genügt der Zeichendruck, um auch den unten liegenden Stoff zu beschriften.

Bei dickeren Stoffen die Linien mit einem Kopierrädchen nachrädeln.

Durchkopieren mit Schneiderkopierpapier:

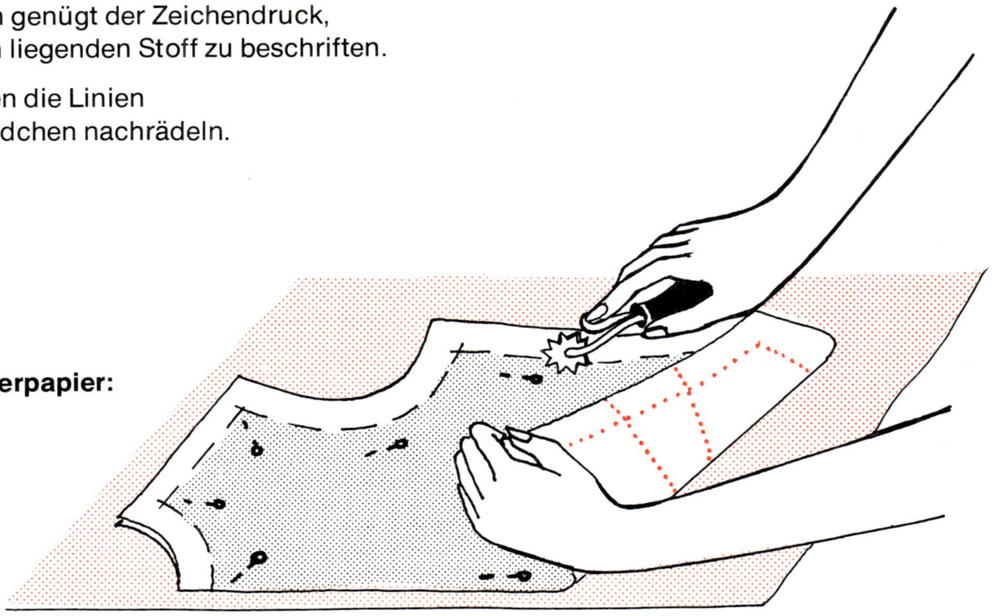

Das Durchkopieren ist **geeignet** für alle **fest gewebten, undurchsichtigen** Stoffe, wenn sich die Farbe des Kopierpapieres deutlich vom Stoff abhebt.
Da sich die Kopierfarbe vom Gewebe schlecht entfernen läßt, ist diese Methode **ungeeignet** bei **weißen** oder **durchscheinenden** Stoffen.

Das **Durchschlagen mit Reihgarn** ist zeitaufwendiger, aber für alle Stoffarten geeignet.

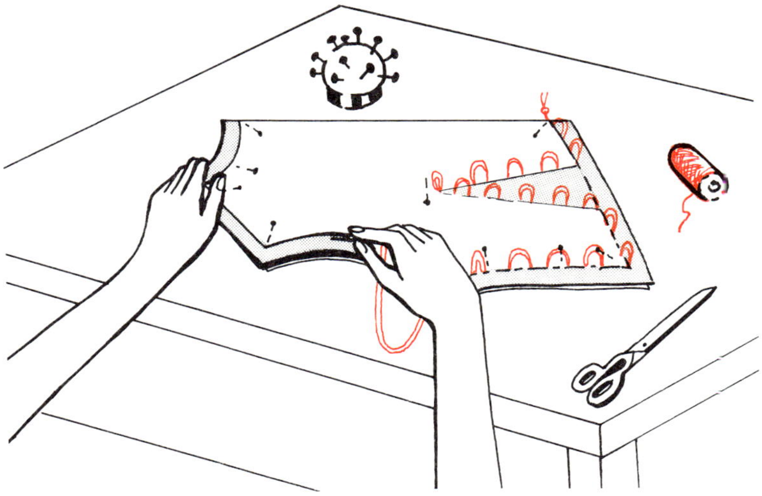

Mit langem, doppelten Reihfaden, dicht am Papierschnitt entlang **große Heftstiche** nähen. Dabei den Reihfaden nicht ganz durch den Stoff nachziehen. Mindestens jeder zweite Stich soll eine ca. 2 cm große Schlinge bilden.

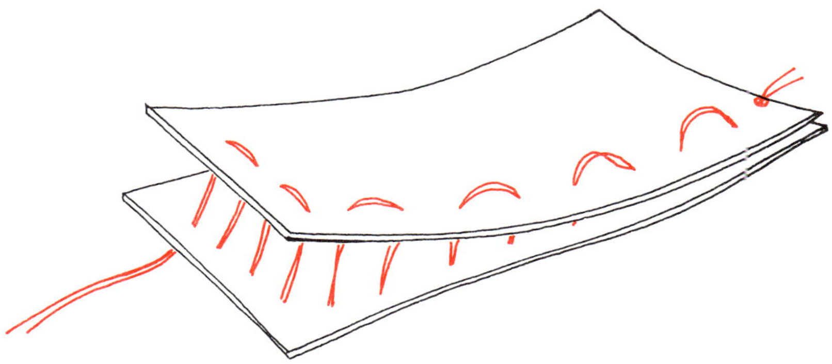

Den Papierschnitt abnehmen und die beiden Stofflagen soweit wie möglich **auseinanderziehen.**

Dabei bilden sich **Fadenstege,** die vorsichtig mit der Schere durchgetrennt werden.

Der durchgeschlagene Reihfaden ist sowohl auf der rechten, wie auch auf der linken Stoffseite gut zu erkennen.
Nach dem Zusammenheften der Stoffteile müssen die Durchschlagfäden aus dem Stoff entfernt werden.

Sachwortverzeichnis